# 《高职生国防教育》编委会

"十三五"职业教育国家规划教材

经中国人民解放军陆军特种作战学院指挥系专家组审定

# 高职生国防教育

主　编　李卫东　莫坚义

扫码下载名淘云课堂
观看国防教育慕课

GUANGXI NORMAL UNIVERSITY PRESS
广西师范大学出版社
·桂林·

**图书在版编目（CIP）数据**

高职生国防教育 / 李卫东，莫坚义主编．—2 版．—桂林：广西师范大学出版社，2019.8（2023.8 重印）
ISBN 978-7-5598-1911-6

Ⅰ．①高… Ⅱ．①李…②莫… Ⅲ．①国防教育－高等职业教育－教材 Ⅳ．①G641.8

中国版本图书馆 CIP 数据核字（2019）第 131815 号

广西师范大学出版社出版发行
（广西桂林市五里店路 9 号　邮政编码：541004
网址：http://www.bbtpress.com）
出版人：黄轩庄
全国新华书店经销
长沙鸿发印务实业有限公司印刷
（湖南省长沙县黄花镇黄垅村黄花工业园 3 号　邮政编码：410137）
开本：787 mm × 1 092 mm　1/16
印张：14.75　　字数：269 千字
2019 年 8 月第 2 版　　2023 年 8 月第 18 次印刷
定价：42. 00 元

# 前　言

国无防不立，民无兵不安，国泰才能民安，这是为历史所证实的真理。近代以来，一场又一场的外族侵略，一份又一份不平等条约的签订，数千万同胞宝贵生命的逝去，都在不断地告诫我们，要重视国防与军队建设，更要重视公民国防意识的培养，使每一位公民都自觉承担起国防的义务。只有这样，国家才能立足于世界，才有生存发展的空间。

我们的军队是人民军队，我们的国防是全民国防。国防教育是建设和巩固国防的基础，是增强民族凝聚力、提高全民素质的重要方面，是一个国家、一个民族必不可少的基本教育。党和国家一直强调要加强国防教育，增强全民国防观念，使关心国防、热爱国防、建设国防、保卫国防成为全社会的思想共识和自觉行动。

1949 年，中国共产党经过 28 年艰苦卓绝的斗争，终于领导人民建立了新中国，推翻了压在人民身上的三座大山，使人民过上了好日子。但是，“生于忧患，死于安乐”。当今世界依然不太平，国际战略形势风云变幻，大国利益关系错综复杂，国家安全形势依然严峻。“国家兴亡，匹夫有责。”在我国国家安全内涵和外延比历史上任何时候都要丰富、时空领域比历史上任何时候都要宽广的今天，我们更应该大力加强国防教育，培养公民国防观念与国家安全意识，引导每一个人关心国防、支持国防，夯实国家安全的群众基础，筑牢国家安全防线。

新时代要有新气象。对于我们新时代的大学生来说，学习国防课程，参加军事训练，唤醒我们的防患意识，增强应有的国防观念，掌握基本的国防知识，学习必要的军事技能，自觉维护国家利益，服从国家安全需要，积极投身于国防现代化建设，是我们的责任和义务，也是我们锤炼品格、拓展格局的重要行动。

摆在我们面前的这本《高职生国防教育》，是根据 2019 年 1 月教育部、中央军委国防动员部印发的《普通高等学校军事课教学大纲》提出的内容框架，参考高职学校军事课教学实际修订而成的，并依据《中国军事百科全书》和相关政策、法律法规等严格核对了知识表述，力图为同学们提供一个权威准确的国防知识读本。整体上，全书语言简练，图文并茂，栏目多样，并以二维码链接相关视频内容，可以更好满足同学们的学习需求。

党的十八大以来，我国国防和军队建设取得了历史性成就、发生了历史性变革，为新时代坚持和发展中国特色社会主义、实现中华民族伟大复兴提供了强大战略支撑，这是值得我们引以为豪的事情。我国正处在由大向强发展的关键阶段，前所未有走近世界舞台中央，前景十分光明，挑战也十分严峻。国防和军队建设是国家安全的坚强后盾，军事手段是实现伟大梦想的保底手段。把军队建设得更强大，这样底气才足，腰杆才硬。让我们一起跟随新时代的步伐，为我们的国防和强军事业加油，为我们的中国梦、强军梦奋斗！

编者

# 目　录

CONTENTS


1　第一章　中国国防

2　第一节　国防概述
13　第二节　国防法规
24　第三节　国防建设
35　第四节　武装力量
45　第五节　国防动员

51　第二章　国家安全

52　第一节　国家安全概述
55　第二节　国家安全形势
61　第三节　国际战略形势

65　第三章　军事思想

66　第一节　军事思想概述
67　第二节　外国军事思想
70　第三节　中国古代军事思想
74　第四节　当代中国军事思想

91 第四章 现代战争

92 第一节 战争概述
95 第二节 新军事革命
102 第三节 机械化战争
108 第四节 信息化战争

115 第五章 信息化装备

116 第一节 信息化装备概述
122 第二节 信息化作战平台
132 第三节 军事信息系统
135 第四节 信息化杀伤武器

139 第六章 共同条令教育与训练

140 第一节 共同条令
142 第二节 分队的队列动作
145 第三节 训练与实践

149 第七章 射击与战术训练

150 第一节 轻武器射击
158 第二节 单兵与分队战术

163 第八章 防卫技能与战时防护训练

164 第一节 格斗基础

172 第二节 战场救护
181 第三节 核生化防护

187 **第九章 战备基础与应用训练**

188 第一节 战备规定
191 第二节 紧急集合
193 第三节 行军与宿营
199 第四节 野外生存
211 第五节 识图用图
220 第六节 电磁频谱监测

224 **参考文献**

225 **附录 推荐学习资源**

# 第一章

# 中 国 国 防

兵者，国之大事，死生之地，存亡之道，不可不察也。

——《孙子兵法》

## 本章导言

有国就有防，自古以来，无论国家的形态和性质怎样变化，国与国之间的领土争端、利益纠纷总是时常发生的。一个国家要自立于世界民族之林，拥有主权和保持人文地理完整，必须具有抵御外来侵略的国防力量。

# 第一节　国防概述

国防是人类社会发展与安全需要的产物，是国家生存和发展的安全保障，关系到国家的生死存亡和民族的兴衰荣辱。“国无防不立，民无兵不安。”只要国家存在，就必须建设有效维护国家安全利益和发展利益的强大国防。关注国防、了解国防、建设国防，是每个公民义不容辞的责任。

## 一、国防的内涵

国防，就是国家防务。它是国家为防备和抵抗侵略，制止武装颠覆，保卫国家的主权、统一、领土完整、安全和发展利益所进行的军事以及与军事有关的政治、经济、外交、科技、文化、教育等方面的活动。

国防关系着国家的存亡和发展，是国家安全、民族独立的重要保证。国防也是维护世界和平的主要力量。这决定了国防的重要地位。

新中国成立后，面对外敌的威胁，解放军在朝鲜、中印边界、中苏边界、中越边界进行了坚决的战斗，击败了敌人，从而为我国营造了几十年的和平发展空间。随着我国综合国力的增强，中华民族越来越自信，越来越被认可，若没有强大的国防作为支撑，这些是难以实现的。国无防不立，年轻人是国家的未来，大学生更应该投身到国防建设中，为保卫我们的社会主义建设成果而努力，为创造我们的和平发展空间而奋斗。

## 二、国防的类型

按照不同的标准，国防可以分为若干类型。按照军事战略和国防建设的目标，国防可以分为扩张型、联盟型、中立型和自卫型四种类型。

### 1. 扩张型国防

扩张型国防奉行霸权主义侵略扩张政策，打着“防卫”“人道主义”“维护人权”等旗号，意图将其疆域以外的国家或地区纳入其势力范围，对别国进行侵略、颠覆和渗透。它把国防作为侵犯别国主权和领土、干涉他国内政的代名词。美国是典型代表。

### 2. 联盟型国防

联盟型国防以结盟的形式联合一部分国家进行防卫，以弥补自身国防力量的不足。欧盟国家是典型代表。

### 3. 中立型国防

中立型国防是指中小发达国家为了保障本国的安全和发展，严守和平中立的国防政策。中立型国防的最大特征是在国际冲突或战争面前严格恪守和平中立的政策。瑞士是典型代表。

### 4. 自卫型国防

自卫型国防以防止外敌侵略为目的，在国防建设上依靠本国力量，广泛争取国际同情和支持，以达到维护本国安全、维护周边地区与世界和平稳定的目的。它以反对侵略、维护世界和平、保卫国家安全与发展为根本宗旨。中国奉行积极防御的国防政策，是此类型的代表。

## 三、我国国防历史

中国是世界上历史悠久的文明古国之一。在数千年的漫长历程中，我国国防经历了屈辱与荣耀、衰败与昌盛的历史。它记录了中华民族悲壮的过去，有着沉痛的教训；也积累了成功的经验，充满着中华民族的勇敢和智慧。回顾我国的国防历史，会给我们许多有益的启迪和警示。

### （一）古代国防的兴衰（1840年以前）

夏王朝的建立，标志着中国最初的国防的产生。秦始皇统一全国后，国防才真正担负起维护政权和抗击外敌入侵的双重任务。为巩固国防，秦王朝采取了一系列综合治理措施:设郡而治,筑路通邮,实行军屯,等等。盛唐时期,国家非常重视国防建设,注重讲武,苦练精兵,改良兵器,实行"怀柔四方,华夷一体"的防务政策,使唐朝北部边疆数十年无战祸。从秦汉到隋唐,再到两宋、元明和晚清,国防的基本趋势是由弱到强,再从强盛走向衰弱。

### 1. 兵制建设

兵制主要指军事制度,包括武装力量体制、军事领导体制和兵役制度等。我国古代兵制在发展中取得了巨大的成就。

夏王朝时期,奴隶主阶级为巩固其统治,镇压奴隶的反抗,抵御外族侵扰或继续征服周边的氏族,建立了由少数不参加生产劳动的贵族上层成员组成的卫队,这就是夏朝最初形式的国家军队,也就是后世国家常备军的雏形。当时军队由夏王亲自率领。

商朝,据从殷墟(商朝后期都城遗址,位于今河南安阳)出土的甲骨卜辞,已经有"王作三师:左、中、右"的记载,这说明当时国家军队已经有固定的编制——王师。

西周,据记载,当时已有"宗周(今陕西西安西南)六师"、"成周(今河南洛阳东北)八师",也就是说西周已经出现常备军,同时出现了高层军事领导体制:"周王"、卿和司马。部队的编成也出现了不同的类型,有虎贲、甲士、车兵、步卒、厮徒等。

春秋战国时期,随着战车数量的增加,各国又出现了军的编制,多数编为左、中、右三军或上、中、下三军。军事领导体制上也出现了将、相分职,在国王之下,文职称相,武职为将,相议政,将领军,同时出现以将为统帅组成的军事机构。

西周时期的主要兵种是车兵,到战国时步兵从车兵的依附地位中解脱出来,成为一支独立的兵种,在战争中占据了主要地位。继车兵、步兵之后又产生了建制骑兵,有的诸侯国为了战争的需要,使水师也成为能独立作战的兵种。

秦始皇统一中国后,随着中央集权制的建立,全国有了统一的军队,并形成了由京师兵、郡县兵、边兵组成的武装力量体制。京师兵类似现在的野战部队或战略机动部队(兵称正卒),由皇帝直接指挥调遣。郡县兵类似现在的地方部队,部署在各郡县,维护地方政权(兵称更卒)。边兵主要部署在边境地区,类似现在的边海防守备部队(兵称戍卒)。

秦朝以后,汉承秦制,兵役制度进行了改革,但武装力量体制基本上沿用了中央部队、地方部队、边防部队这三种基本类型。

### 2. 国防工程建设

我国古代为巩固边海防,修筑了数量众多、规模庞大的国防工程,到了明朝就形成了比较有代表性的完整的边海防体系,如城池、长城、海防要塞等。

(1)边防建设

著名的万里长城,是我国古代在漫长的岁月中修建起来的巨大的国防工程。

早在2000多年前，战国时期的燕国、赵国、秦国就开始各自修建长城。秦始皇统一六国后，大力修建和扩展，把北部长城各段连接起来。以后，经各个朝代的多次修建，到明代形成了东起辽宁虎山、西至甘肃嘉峪关的万里长城。

长城

历代还沿着长城一线设置重镇，驻守重兵。历史上著名的有“九边”“三关”等。

(2)海防建设

我国古代海防建设主要是从明代开始的，明代以前，虽建有水师，并进行水战和海上攻防作战，但还没有明确的海防设施。元朝末年，当时日本正处于南北朝的分裂时期，封建领主下面失意的武士、浪人、商人等形成了庞大的海盗队伍，在中国东南沿海进行武装掠夺和骚扰，历史上称之为“倭寇”。到了明朝初期，倭寇的侵扰活动日益严重，给沿海地区带来了深重的灾难。为了抵御倭寇，明朝开始加强海防建设，在沿海设置卫、所，建立水军，有效地防御了倭寇对我国东南沿海的入侵和骚扰。戚继光就是历史上抗击倭寇的著名将领。

### 拓展阅读

#### 明代民族英雄戚继光

戚继光

戚继光(1528年11月12日—1588年1月5日)，字元敬，号南塘，晚号孟诸，卒谥武毅。汉族，山东蓬莱人。明朝抗倭名将，杰出的军事家、书法家、诗人、民族英雄。

戚继光在东南沿海抗击倭寇十余年，扫平了多年为虐沿海的倭患，确保了沿海人民的生命财产安全，后又在北方抗击内犯的蒙古部族十余年，保卫了北部疆域的安全，促进了蒙汉民族的和平发展，并写下了十八卷本《纪效新书》和十四卷本《练兵实纪》等著名兵书，还有《止止堂集》及在各个不同历史时期呈报朝廷的奏疏和修议。同时，戚继光又是一位杰出的兵器专家和军事工程家:他改造、发明了各种火攻武器;他主持建造的大小战船、战车,使明军水路装备优于敌人;他富有创造性地在长城上修建空心敌台,进可攻、退可守,是极具特色的军事工程。

清朝在明代卫、所的基础上,逐步将沿海建成炮台要塞式的防御体系。要塞可分为海岛要塞、海口要塞、海岸要塞和江防要塞。海岛要塞有长山、舟山、澎湖等。海口要塞有虎门、温州、镇海、吴淞、大沽等。海岸要塞有厦门、福州、乍浦、威海、烟台、山海关、旅顺、大连等。江防要塞有江阴、江宁(南京)、营口等。除了建有这些炮台要塞式的防御体系,清朝还编有江河水师和外海水师。但是,随着清朝政府的腐败,到清朝中期海防也日渐虚弱。

### (二)近代国防的屈辱(1840~1949)

中国近代国防史既是一部中华民族屡受侵略、受尽屈辱的历史,也是一部中华民族屡败屡战、不断抗争的历史。整个过程可分为两个时期。

#### 1. 清朝后期的国防

清朝后期的国防,指1840~1911年的国防。这一时期,武备松弛、内乱丛生、外患不息、国防衰败,是一段“有国无防”而遭人欺凌、任人宰割的屈辱历史。

从1840年鸦片战争到1911年辛亥革命这70多年间,列强对中国发动了5次规模较大的战争:一是鸦片战争(1840~1842),二是第二次鸦片战争(1856~1860),三是中法战争(1884~1885),四是中日甲午战争(1894~1895),五是八国联军侵华战争(1900~1901)。

**拓展阅读**

### 清末民族英雄冯子材

中法战争中爱国将领冯子材率领军队奋勇杀敌,在刘永福黑旗军的配合下痛击法军,取得了镇南关大捷,并由此导致法国茹费理内阁的倒台。

冯子材

1885年,年近68岁的冯子材临危受命,领导抗击法军入侵的战斗。他率领9000多人的部队到达前线,带领各路将官认真勘察地形,决定诱敌深入,在镇南关内与法军决一死战。为了表示他的抗击决心,他把两个儿子带在身边。在他的带动和鼓舞下,部队士气大振。

在备战就绪之后,冯子材决定出兵扰敌,“引鱼上钩”。1885年3月23日,法军大举出动,越过镇南关关门,进入清军防线。冯子材父子身先士卒,挥刀迎敌,纵横冲杀,打得法军鬼哭狼嚎,丢盔弃甲,退出关外。据考证,此次战斗中法军阵亡74人,但已是遭遇过的前所未有的失败。接着,清军乘胜出关追敌,连克文渊、驱驴、谅山、长庆府、观音桥等地。法军招架不住,被打得落花流水。

在列强弱肉强食政策下,旧中国与列强签订了大大小小数百个不平等条约,割地、赔款,丧权辱国。在国防上,当时漫长的海防线上,竟找不到一个自己享有完全主权的港口。在中华大地上,俄国在长城以北,英国在长江流域,日本在台湾、福建,德国在山东,法国在云南,将绝大部分中国领土变成了它们的势力范围。列强的入侵,不仅使中国在政治上、经济上、文化上蒙受了巨大损失,而且使中国人的人格尊严丧失殆尽。

有压迫就有反抗,有侵略就有斗争。为了反对外来侵略和争取民族强盛,中华民族的优秀儿女赴汤蹈火,奋斗不息。广州三元里人民,首先自发地兴起了抗英斗争。虎门销烟中奋力抗英的林则徐、邓廷桢、关天培;誓死保卫定海的葛云飞;"舁梓出关,抗击沙俄,收复新疆"的左宗棠;血溅海疆的丁汝昌、邓世昌;疾呼"生气"的龚自珍;倡导"师夷长技以制夷"的魏源;为"恢复中华,创立民国"鞠躬尽瘁、死而后已的孙中山……他们或血战沙场,为国捐躯;或折冲樽俎,力争主权;或外争权利,实业救国;或启迪民智,教育救国;或改革文艺,激励民心;或武装起义,重造中华……从而唤醒一代代民众,为保卫国家而战,为驱逐强虏而战。

2. 民国时期的国防

1911年的辛亥革命,推翻了几千年的封建统治,但由于革命的不彻底,仍没有使中国摆脱半殖民地半封建社会的状况,帝国主义国家依然在中华大地上横行无忌,中国依然是有边不固,有海无防。"二十一条"的签订和"巴黎和会"上中国外交的失败,激起了中华民族同仇敌忾、共御外侮的决心和勇气。以1919年五四运动为标志,中国反对帝国主义侵略的斗争发展到新阶段。特别是1921年7月中国共产党的成立,把中国人民救亡图存的斗争推向新的高潮。

中国共产党一大会址

1931年"九一八"事变后,面对日本的侵略,南京国民政府却奉行"攘外必先安内"的方针,一味妥协退让,出卖民族利益,使东北大片国土迅速沦陷。1937年卢沟桥事变后,日本进一步扩大了对中国的侵略,中华民族到了生死存亡的紧要关头。中国共产党高举团结抗日的旗帜,肩负着民族的希望,与国民党再度合作，领导全国人民进行了艰苦卓绝的抗战。

1945年8月15日，日本宣布无条件投降，中国取得了近代历史上第一次抗击外敌侵略的彻底胜利。当时，中国人民迫切需要一个和平安全的环境来休养生息。中国共产党顺民心、从民愿，不计前嫌，准备与国民党第三次携手，合作建国。但是，国民党背信弃义，出尔反尔，撕毁《双十协定》，悍然发动全国规模的反共反人民内战。中国共产党领导全国人民经过数年的解放战争，打败了国民党军队，建立了中华人民共和国，结束了100多年来的屈辱国防史。

## 四、国防历史启示

以史为鉴，可以知兴替。中国数千年的国防历史，有过声威远播、天下安泰的自豪，也有过遍体鳞伤、不堪回首的屈辱；有过引而不发、强虏驻足的宁静，也有过抗敌卫国、保卫家园的巨大胜利。在建设中国特色社会主义的征途中，重温国防历史，我们可以从中得到许多有益的启示。

### 1. 经济发展是富国强兵的基础

历史实践表明，战争不仅是军队与军队单方面的较量，而且是整个国家经济、科学技术和国防实力的抗衡。

经济是国防的物质基础，国防的强大有赖于经济的发展，即富国是强兵的基础。国富不忘兵强。国防与经济，历来是国家独立和发展不可或缺的两个重要条件。

春秋战国时期，管仲就将富国与强兵两个方面相提并论，反对将二者割裂和对立起来。《管子·治国》说："粟多则国富。国富者兵强，兵强者战胜，战胜者地广。"

**拓展阅读**

**富国也要强兵**

1820年，中国是当时世界上经济实力最强的国家，居世界第一。当时中国的GDP是欧洲的1.22倍，但在国家这么富裕的情况下，清朝却因为武备松弛，忽视国防建设，导致1840年在鸦片战争中被英国打败，中华民族蒙受了巨大屈辱和灾难，割地、赔款、烧杀、抢夺几乎把中国的经济逼上了绝境。1890年中国的GDP是日本的5.28倍，并且军队员额和军费是日本的两倍还多，但在甲午战争中我们却被日本打败了。所以，一个国家只注重发展经济，而忽视国防建设，纵然"国富"也难有"兵强"。

### 2. 政治昌明是国防巩固的根本

中国国防历史表明，政治腐败、军无斗志是战争失败的直接原因。

政治与国防紧密相关，国家的政治是否开明，制度是否进步，直接关系到国防能否巩固。我国古代历代王朝，凡是兴盛时期，都十分注意修明政治，实行开明的治国安邦之策。战国时期的秦国为西部小国，自商鞅变法以后，修政治、明法度、发展生产，国力日渐强大，为统一六国奠定了雄厚的物质基础。唐代之初，百废待兴，正是由于制定并实施了一系列行之有效的政治制度，国家很快从隋末的战争创伤中恢复过来，形成了国力昌盛、空前统一的大唐王朝。与此相反，凡是衰落的朝代或时期，无一不是政治腐败、国防虚弱。唐朝中期以后，以及清末都是如此。

### 3. 忧患意识是国防建设的精神根基

中国先哲一再强调："安而不忘危，存而不忘亡，治而不忘乱。""思所以危则安矣，思所以乱则治矣，思所以亡则存矣。"居安思危方能有备无患。一代明君唐太宗，励精图治，重视武备，奖励耕战，因而国力昌盛，遂成"贞观之治"。而唐玄宗后期，却因为承平日久，每日沉迷于歌舞升平之中，认为中国之兵可销，兵器当禁。人民久不习武，居安思危意识淡薄，结果导致"渔阳鼙鼓动地来，惊破霓裳羽衣曲"，安史之乱突发，天下分裂，盛唐衰败。

同样，大清盛世的缔造者，沉溺于"盛世"之中，最终使盛世成为近代中国落后于世界的肇端。落后就要挨打，清王朝在鸦片战争的中西碰撞中不堪一击。

中国近代国防史雄辩地证明：全民国防意识的觉醒和凝聚，不仅是抗战的胜利之源，而且是中华民族伟大复兴的力量之源。

### 4. 民族团结是国防强大的关键

纵观中国数千年的国防历史，凡是国家统一、民族团结的时期，国防就强大；凡是国家分裂、民族矛盾尖锐的时期，国防就虚弱。清朝末年，在西方列强的大举入侵面前，腐朽的清政府不仅不敢发动大规模反侵略战争，不依靠、不支持人民群众进行战争，反而认为"患不在外而在内""防民甚于防火"，对人民群众自发组织的反侵略斗争进行残酷镇压，结果是屡战屡败，割地赔款，丧权辱国。抗日战争时期，中国共产党领导建立了广泛的抗日民族统一战线，并在敌强我弱的情况下，坚持人民战争的战略战术，充分动员和组织人民，团结一切抗日力量，共同抗击侵略，最终取得了抗日战争的彻底胜利。

## 五、现代国防观

现代国防观念与传统国防观念有很大的不同,那种把战争意识等同于国防意识,把军事力量等同于国防力量,把加强战备视为加强国防的认识,已经不适应当今国防建设的需要。特别是随着冷战的结束和"冷和平"的开始,以及新军事革命对国防带来的巨大冲击,国家的安全利益范畴涉及了政治、经济、外交、文化等各个方面。国家间的利益冲突和安全方面的较量,已由军事力量的较量转向综合国力的较量,国防建设的战略目标已经不仅仅是为了赢得战争,而更主要的是遏制战争、避免战争。军事力量的使用,更多的是配合国家的政治、经济、外交和文化等方面的斗争,力求通过平时国防建设能量的有节制的释放,来实现"不战而屈人之兵"的最高战略效果。国防力量构成的多元化,军事斗争准备的多样化,国防建设的长期化、全民化,已经成为当今国防观念中的最新内容。

### (一)现代国防的内涵

现代国防是传统国防的继承和发展,是军事国防、政治国防、经济国防、科技国防、文化国防、网络国防、太空国防、海洋国防等涉及各个领域各个行业的综合国防,是一种大国防。

从这种大国防观念来看,除了国家之间的军事威胁,其他各种威胁即非传统威胁也是大国防所涵盖的内容。

### (二)现代国防的特征

现代国防又称为社会国防、全民国防,是一种全新的国防理念和实践活动。其基本特征主要表现在以下几个方面。

1. 国家利益的整体性

伴随着经济的发展,特别是科技的进步,国家安全利益的内涵不断扩展。21 世纪国防的职能正在由维护地缘明确的"硬疆界",扩展到争取有利于自己的"软环境";由保卫本土不受侵犯,扩展到在全球或地区范围争取政治、经济和安全秩序的影响力与主导权;由打赢战争,扩展到在战争与非战争状态下都能保障国家利益的实现。此外,现代国防还特别强调国家安全必须依靠整体性防务。一个国家只有经济不断强大、科技不断发展、国防实力不断增强、国防安全意识不断提升,以及与周边国家睦邻友好,才能真正实现长治久安。

2. 国防力量的综合性

现代国防是综合国力的体现,国防力量是以综合国力为基础的综合国防力,有了雄厚的综合国力，才有可能建设强大的国防力量。国家的整体实力，是指国家的政治、经济、科技、军事、文化、外交和自然等综合力量的集合。同样，强大的国防实力也是多种力量的综合。尽管军事力量依然是国防力量的主体，但现在国防力量的构成不再局限于单一的军事力量，而更加突出复合力量建设。

3. 国防手段的多元性

由于对国家的威胁来自诸多方面，除了兵戎相见的“硬对抗”，还有各种“软伤害”式威胁，如意识形态和文化冲突、信息攻击等。因此，单纯的军事行为，已不能满足安全防卫的需要。现在的国防斗争，不仅可以使用军事手段在战场上进行武力对抗，而且可以通过政治对话、外交谈判、经济封锁、心理施压和军备控制等非战争手段在更广阔的空间进行激烈的较量；既依靠国家的国防实力，也依靠国家的国防潜力。在某一时期、某一方面，可以根据情况突出选择使用某一种手段，并以其他手段来配合，不固守一种方式。

4. 国防建设的系统协调性

现代国防是一个以科技为龙头，以经济为骨干，通过总体性的战略运筹，谋求综合国防效益的有机系统。国防斗争更重视质量优势而不仅是数量优势，更重视整个系统的威力而不仅是某些单元的作用。因此，世界各国普遍着眼于从宏观规划上合理调整军队、准军事组织和预备役部队的比重，调整军队内部各军种、兵种的比重，以及如何在发展武器装备、改进编制体制、强化军事训练、完善战场建设等方面更有利于协调行动，发挥系统的整体效能。与此同时，整个国家要做到平战结合、寓军于民，在确保国家经济实力不断增强的基础上，加强军事力量，做到与综合国力协调发展。

5. 国防事业的社会性

随着国防内涵的扩展，全面增强防卫能力必然涉及各个领域和各条战线，因而与整个社会构成了密不可分的联系。依靠国家和社会的综合力量来建设国防，越来越受到各国重视。国防不只是“军防”，而是关系各个领域、各条战线和每个公民的事情，与整个社会密不可分。中国有句古训：“天下兴亡，匹夫有责。”古代尚有布衣曹刿战败齐师，商人弦高假命退秦师，今天我们更应牢记：“保卫祖国、抵抗侵略是每个公民的神圣职责。”作为当代大学生，我们一定要为国家的兴盛和国防的强大尽一己之力。

### （三）现代国防的功能

1. 威慑

威慑是指国家的国防综合实力对其他国家产生压服的力量，能够“不战而屈人之兵”。目前，美国的国防综合实力居世界第一，俄罗斯、英国、法国、德国、日本、印度等国家也有不错的国防综合实力，尤其是拥有核武器的国家对他国的威慑力更大。

2. 实战

实战是指通过以战止战的方式来阻止外敌入侵。有些国家也通过实战来实现其政治和经济目的，如美国通过反恐战争实现其颠覆他国的政治目的。

3. 增值

增值是国防建设过程中以及国防斗争中所衍生出来的对政治、经济、科技等方面发展产生的巨大的直接或间接的效益。如各种武器的发展，直接带动了钢铁等材料的发展；侦察卫星的发展，也促进了世界通信业的繁荣。

## 六、为什么要开展国防教育

1. 国防建设的需要

军队需要大量的人才，尤其现代高科技战争，大量高素质人才决定了战争的走向。国防建设特别需要高素质人才，在军事技术高速发展的今天，高技术人才决定了武器体系的先进性，也决定了国防体系和制度的有效性。因此，国家迫切期盼广大高校学子投身于国防事业。为此，国家于2001年颁布了《中华人民共和国国防教育法》，以此来推动国防教育，高校开设国防教育课程就是以这个法律作为基本依据的。

2. 国家安全的需要

国防是每一个公民的责任，维护国家安全是每一个公民的义务。为此，国家专门颁布了与国家安全有关的法律。主要法律有：《中华人民共和国军事设施保护法》《中华人民共和国国防法》《反分裂国家法》《中华人民共和国国家安全法》《中华人民共和国反间谍法》等。

3. 青年成长的需要

“为天地立心，为生民立命”，自古就是年轻人的志向。年轻人是祖国的未来，但年轻人更需要机遇，尤其是发展的空间。毛泽东、周恩来等新中国主要领导人，在青年时代即怀揣救国的理想，投笔从戎，建立了不朽的功绩。新形势下，国防事业更需要大量的青年才俊去开拓创新，这正是青年人自我发展的舞台。

闪亮的名字

### 拓展阅读

**军工战线上的英雄——杨伟**

在我国军工战线上有很多默默无闻的英雄，他们用全部的生命打开了我国国防新局面，他们是真正的英雄。他们当中，很多人是大学毕业后才进入国防军工领域的，杨伟就是其中的一员。

1985 年，杨伟毕业于西北工业大学空气动力学与飞行力学专业，获工学硕士学位。22 岁的杨伟，进入当时条件十分简陋的成都飞机设计院工作，但他没有因此放松自己，也没有因同事们下海经商而动心，而是在实践中不断磨炼自己，提高自己，最终成为我国最年轻的飞机总设计师，领导团队研制出歼-10、歼-20 等国之重器。杨伟在为国防建设增添力量的同时，也实现了自己的人生价值。

杨伟介绍歼-20

## 第二节　国防法规

国防法规是国防体系的一个重要组成部分，是加强国防和武装力量建设的基本法律依据，是调整国防领域中各种关系、坚持依法治军、全面提高部队斗争力的重要保证，也是做好战争准备、赢得战争的根本保障。在全面依法治国、依法治军，中国特色社会主义法律体系已经形成的新形势下，国防法规对于保障国防和军队建设的顺利进行，做好军事斗争准备，具有十分重要的意义。

### 一、国防法规体系

#### (一)国防法规概念

法规是对法律法令规章制度的统称。国防法规就是关于国防方面的法律法令规章制度的统称。具体来说，国防法规是指国家为维护国防利益，调整国防领域内军事、政治、经济等各方面社会关系的法律规范的总和。其主要任务是调整和规范国家在国防领域中的各种社会关系，把国防建设纳入法治轨道，确保军队现代化、正规化建设。

#### (二)国防法规特性

国防法规是国家法规的重要组成部分，除具有法规的一般特性外，还具有它特有的属性。

法规的一般特性：(1)鲜明的阶级性，(2)高度的权威性，(3)严格的强制性，(4)普遍的适用性，(5)相对的稳定性。

国防法规的特有属性：

(1)调整对象的特殊性。国防法规是专门用来调整国防和武装力量建设领域的各种社会关系的。调整对象的特殊性,是指国防和武装力量建设领域的社会关系是军事性的。国防是国家行为,不只是军队的事,而是整个国家的事,是全民族的事。无论是行政部门,经济部门,科技、文化、教育等部门,还是社会各阶层人士,都与国防有密切的关系。

(2)司法适用的优先性。国防法规优先适用,是指在解决与国防利益、军事利益有关的法律问题时,如果国防法规和其他法规都有相关的规定,要以国防法规的规定作为司法依据,以国防法规作为评判是非的标准和采取行动的准则,其他法规要服从国防法规。优先适用不是指先后顺序,而是一种排他性的单项选择。在解决与国防利益、军事利益有关的法律问题时,只有国防法规起作用,其他法规不起作用,这也是符合国际惯例的。有一条国际公认的法律适用原则——"特别法优先于普通法",国防法规属于特别法,因而在司法活动中实行"军法优先"。

(3)处罚措施的严厉性。国防法规的处罚是很严厉的。国防法规对危害国防利益的犯罪行为,规定了比较严厉的处罚措施。如刑法规定,一般抢劫罪通常处三年以上十年以下有期徒刑;而冒充军警人员抢劫或抢劫军用物资的,处十年以上有期徒刑、无期徒刑或者死刑。又如平时应征公民拒绝服兵役,通常是行政处罚,还可以同时处以罚款,而战时要依法追究刑事责任。

(4)公开程度的有限性。大部分国防法规,特别是一些基本的、主要的国防法规是公开的,如国防法、兵役法、军事设施保护法等,但有少部分国防法规,特别是关于军队作战、训练、编制、装备和战备工作等方面的法规只限一定范围的人员了解,如战斗条令、战备工作条例等都规定了保密等级。

## (三)主要国防法规

### 1.《中华人民共和国国防法》

现行的国防法是2020年12月26日第十三届全国人民代表大会常务委员会第二十四次会议修订通过的。国防法科学地构建了中国特色国防领导体制,确立了我国国家机构的国防职权,为实现我国国防建设的现代化提供了法律和组织保障。全文共12章73条。

(1)国防法的基本内容

国防法主要对国家机构的国防职权,武装力量,边防、海防、空防和其他重大安全防卫领域,国防科研生产和军事采购,国防经费和国防资产,国防教育,国防动员和战争状态,公民、组织的国防义务和权利,军人的义务和权益,对外军事关系等问题作出了规定。

(2)国防法的作用

国防法为指导与规范国防和武装力量建设提供基本的法律依据,标志着我国国防建设在运行方式上实现了重大的转变,有利于长期稳定地贯彻落实党和国家关于国防和武装力量建设的方针、政策,有利于树立和维护我国爱好和平的国际形象。

**拓展阅读**

### 我国第一部国防法的诞生

1992 年 4 月 11 日,中央军委批准国防法作为重要的立法项目;1993 年 4 月 26 日,八届人大常委会呼吁尽快制定国防法;1993 年 6 月 7 日,中央批准了《关于起草〈国防法〉问题的请示》;1993 年 9 月 22 日,江泽民、李鹏、朱镕基、刘华清四位中央政治局常委批准成立国防法起草委员会;1994 年 1 月 26 日,经中央批准的《八届全国人大常委会立法规划》正式把国防法列入其中。经过几年准备、草拟、修订,八届全国人大五次会议于 1997 年 3 月 14 日正式通过国防法,即日起施行。

## 2.《中华人民共和国兵役法》

兵役法是规定国家兵役制度的法律规范,是公民依法服兵役的法律依据。

(1)兵役法的基本内容

现行的兵役法是由中华人民共和国第十三届全国人民代表大会常务委员会第三十次会议于 2021 年 8 月 20 日修订通过的,共 11 章 65 条。除总则和附则外,其他各章主要规定了兵役登记、平时征集、士兵的现役和预备役、军官的现役和预备役、军队院校从青年学生中招收的学员、战时兵员动员、服役待遇和抚恤优待、退役军人的安置、法律责任等。

**拓展阅读**

### 兵役法部分条款

第二条　保卫祖国、抵抗侵略是中华人民共和国每一个公民的神圣职责。

第四条　兵役工作坚持中国共产党的领导,贯彻习近平强军思想,贯彻新时代军事战略方针,坚持与国家经济社会发展相协调,坚持与国防和军队建设相适应,遵循服从国防需要、聚焦备战打仗、彰显服役光荣、体现权利和义务一致的原则。

第二十条　年满十八周岁的男性公民,应当被征集服现役;当年未被征集的,在二十二周岁以前仍可以被征集服现役。普通高等学校毕业生的征集年龄可以放宽至二十四周岁，研究生的征集年龄可以放宽至二十六周岁。

根据军队需要，可以按照前款规定征集女性公民服现役。

根据军队需要和本人自愿，可以征集年满十七周岁未满十八周岁的公民服现役。

第五十七条　有服兵役义务的公民有下列行为之一的，由县级人民政府责令限期改正；逾期不改正的，由县级人民政府强制其履行兵役义务，并处以罚款：

（一）拒绝、逃避兵役登记的；

（二）应征公民拒绝、逃避征集服现役的；

（三）预备役人员拒绝、逃避参加军事训练、担负战备勤务、执行非战争军事行动任务和征召的。

有前款第二项行为，拒不改正的，不得录用为公务员或者参照《中华人民共和国公务员法》管理的工作人员，不得招录、聘用为国有企业和事业单位工作人员，两年内不准出境或者升学复学，纳入履行国防义务严重失信主体名单实施联合惩戒。

(2)兵役法的作用

兵役法是加强我国现代化国防建设的重要法规之一，对于我国公民自觉地履行兵役义务，进一步加强民兵预备役建设和全民国防教育，增强全国各族人民的国防观念与国防意识，有着十分重要的作用。

## 拓展阅读

### "若有战，召必回"的法律基础

最近微博、微信上广泛传播着这样一则消息：一名海军退役士兵近日被征召返回部队。"若有战，召必回"，不仅是退役军人的爱国自觉，更有法律的明文规定。

一声"到"，一生到！

《中华人民共和国兵役法》第四十三条规定：为了应对国家主权、统一、领土完整、安全和发展利益遭受的威胁，抵抗侵略，各级人民政府、各级军事机关，在平时必须做好战时兵员动员的准备工作。

第四十四条规定：在国家发布动员令或者国务院、中央军事委员会依照《中华人民共和国国防动员法》采取必要的国防动员措施后，各级人民政府、各级军事机关必须依法迅速实施动员，军人停止退出现役，休假、探亲的军人立即归队，预备役人员随时准备应召服现役，经过预备役登记的公民做好服预备役被征召的准备。

**对拒服兵役的行为，绝不是一罚了之那么简单**

2018 年年初，两则关于“逃兵”的新闻引发网友广泛关注：

福建省福安市两名“95 后”青年入伍后因怕苦怕累，无正当理由强烈拒绝服兵役，被部队退回原籍。当地政府依法对这两名青年作出 6 项处罚：

(1)处以一次性经济罚款 3 万元；

(2)个人户籍“服役栏”备注“拒服兵役”永久字样，并落实三年内不得为拒绝服兵役人员办理出国出境手续；

(3)三年内不得聘用为机关、团体、事业单位和国有企业职工；

(4)三年内其家庭和个人不得享受低保和小额贷款等福利政策；

(5)三年内不得参加成人教育考试及办理恢复学籍手续；

(6)其个人拒服兵役行为列入重点领域和严重失信行为。

福建省泉州市政府对 3 名拒服兵役的青年开出了“史上最重罚单”：

(1)对 3 人分别处以 5 万元罚款；

(2)将 3 人拒服兵役行为通报相关公安机关备案，依法对其出境、就学、应聘相关权利给予限制；

(3)取消南安籍青年李某高校新生保留学籍资格。

3.《中华人民共和国国防动员法》

国防动员法规定了国防动员领域最基本的制度。

(1)国防动员法的基本内容

自 2010 年 7 月 1 日起施行的《中华人民共和国国防动员法》，共 14 章 72 条，包括：总则，组织领导机构及其职权，国防动员计划、实施预案与潜力统计调查，与国防密切相关的建设项目和重要产品，预备役人员的储备与征召，战略物资储备与调用，军品科研、生产与维修保障，战争灾害的预防与救助，国防勤务，民用资源征用与补偿，宣传教育，特别措施，法律责任，附则。

(2)国防动员法的作用

《中华人民共和国国防动员法》是全面规定和指导我国国防动员活动的重要法律，贯彻了平战结合、军民结合、寓军于民的方针，全面规定了各级政府、军事机关、公民和组织的职责、权利和义务。该法的公布施行，为完善国防动员体系、促进军民融合发展、提高国防动员能力提供了有力的法律保障，标志着我国国防动员建设进入了法治化、规范化发展的新阶段。

4.《中华人民共和国国防教育法》

国防教育法是对全民进行国防教育的法律规范。我国国防法、兵役法、教育法等法律中都有关于国防教育的内容。

(1)国防教育法的基本内容

《中华人民共和国国防教育法》于 2001 年 4 月 28 日起施行,共 6 章 38 条,主要规定了国防教育的地位、目的,国防教育的方针、原则,国防教育的领导、保障,学校的国防教育,社会的国防教育和法律责任等。

2001 年 8 月 31 日,全国人大常委会通过《关于设立全民国防教育日的决定》作为对《中华人民共和国国防教育法》的补充,确定每年 9 月的第三个星期六为全民国防教育日。

**拓展阅读**

### 国防教育法部分条款

第十三条　学校的国防教育是全民国防教育的基础,是实施素质教育的重要内容。

教育行政部门应当将国防教育列入工作计划,加强对学校国防教育的组织、指导和监督,并对学校国防教育工作定期进行考核。

第十五条　高等学校、高级中学和相当于高级中学的学校应当将课堂教学与军事训练相结合,对学生进行国防教育。

高等学校应当设置适当的国防教育课程,高级中学和相当于高级中学的学校应当在有关课程中安排专门的国防教育内容,并可以在学生中开展形式多样的国防教育活动。

高等学校、高级中学和相当于高级中学的学校学生的军事训练,由学校负责军事训练的机构或者军事教员按照国家有关规定组织实施。军事机关应当协助学校组织学生的军事训练。

(2)国防教育法的作用

忧患意识、尚武意识、责任意识离不开经常性的国防教育。《中华人民共和国国防教育法》用法律的形式使国防教育真正成为全民的事业,国防教育不再只是军队和各级领导的事情,而是全体中华人民共和国公民和所有国家机关、社会团体、学校、企事业单位的责任和义务。它的颁布施行,对于普及和加强国防教育,发扬爱国主义精神,促进国防建设和社会主义精神文明建设具有重大意义,标志着国防教育工作进入了一个新的发展阶段。

## 二、公民的国防义务和权利

国防是整个国家的国防，是全体人民的国防，而不仅仅是军队和武装组织的责任，每一个公民、组织都属于国防活动的承担者。

### （一）公民的国防义务

公民的国防义务，是指由宪法和法律规定的公民在国防活动中必须履行的责任，由国家强制力保证其落实。根据国防法规的规定，公民应履行以下6个方面的国防义务。

1. 依法服兵役的义务

兵役义务是公民在参加国家武装力量和以其他形式接受军事训练方面应当履行的责任。“国家兴亡，匹夫有责”，国家的安危与每个公民息息相关，每个公民尤其是适龄青年都应当带头履行国防义务，从关注国家利益、民族盛衰的高度，响应祖国的号召，积极报名应征。

我国宪法第五十五条规定：“保卫祖国、抵抗侵略是中华人民共和国每一个公民的神圣职责。依照法律服兵役和参加民兵组织是中华人民共和国公民的光荣义务。”兵役法第五条规定：“中华人民共和国公民，不分民族、种族、职业、家庭出身、宗教信仰和教育程度，都有义务依照本法的规定服兵役。”

公民履行兵役义务的主要形式有两种：服现役、服预备役。

服现役是公民在军队中所服的兵役。参加中国人民解放军和武装警察部队都是服现役。

服预备役是公民在军队以外所服的兵役，是国家后备兵员的形式。根据兵役法的规定，预备役分为军官预备役和士兵预备役。

2. 接受国防教育的义务

国防法第五十五条规定：“公民应当接受国防教育。”国防教育法第五条规定：“中华人民共和国公民都有接受国防教育的权利和义务。”

接受国防教育，参加军事训练、学习军事科学知识是大学生应履行的国防义务。按规定，高等学校学生军事训练采取军事理论教学和军事技能训练相结合的方法进行。军事理论课教学时数为36学时。军事技能训练时间为2~3周，实际训练时间不得少于14天。在组织军事技能训练时，要以中国人民解放军的条令条例为依据，严格训练，严格要求，培养学生良好的军事素质。

3. 保护国防设施的义务

国防设施是指国家直接用于国防目的的建筑、场地、设备，包括军事设施、人民防空设施、国防交通设施和其他用于国防目的的设施。国防设施是保障国家安全的重要基础设施，任何公民都有保护国防设施的责任，不得破坏、危害国防设施。

任何人不得非法进入军事禁区，不得对军事禁区进行摄影、摄像、录音、勘察、测量、描绘和记述，不得在军事禁区外围安全控制范围内或者在没有划入军事禁区、军事管理区的国防设施一定距离内，进行危害国防设施安全和使用效能的活动；不得进行影响人民防空工程使用或降低人民防空工程效能的作业，不得擅自拆除人民防空工程；任何人进行生产和其他活动时，不得影响国防交通工程的正常使用，不得危及国防交通工程设施的安全。公民对于破坏、危害国防设施的行为，应当检举、控告或制止。破坏、危害国防设施的行为要承担相应的法律责任。

**拓展阅读**

**军事禁区**

为保障军事行动和军事设施安全保密而划定的禁止或限制人员、车辆、船舶、航空器通过的区域称为军事禁区，包括陆地军事禁区、海上军事禁区、空中军事禁区。陆地军事禁区通常包括重要军事设施和地区，如营区、国防工程、武器生产试验基地、战略储备基地、重要机场、港口等。海上军事禁区和空中军事禁区，是为军事需要而在一个国家的领海和领空内划定的禁止或限制船舶航行和航空器飞行的区域。军事禁区分永久性禁区和临时性禁区。重要的、有特殊要求的军事禁区，还可由军队和地方政府共同设立专门机构，负责安全保卫工作，必要时派军队守卫。

### 4. 保守国家秘密的义务

国家秘密是指关系国家安全利益，在一定时间内只限范围内人员知悉的军事或与军事有关的政治、经济、外交、科技、教育等方面的事项。

泄露国家秘密、危害国家安全的，要承担相应的法律后果。为境外组织、机构、人员窃取、刺探、非法提供国家秘密的，依法追究刑事责任。对于为了牟取钱财而泄露国家秘密的，除追究相应的行政责任外，还要没收其非法所得。

**拓展阅读**

**间谍行为**

《中华人民共和国反间谍法》第三十八条规定下列行为属于间谍行为：

（一）间谍组织及其代理人实施或者指使、资助他人实施，或者境内外机构、组织、个人与其相勾结实施的危害中华人民共和国国家安全的活动；

（二）参加间谍组织或者接受间谍组织及其代理人的任务的；

（三）间谍组织及其代理人以外的其他境外机构、组织、个人实施或者指使、资助他人实施，或者境内机构、组织、个人与其相勾结实施的窃取、刺探、收买或者非法提供国家秘密或者情报，或者策动、引诱、收买国家工作人员叛变的活动；

（四）为敌人指示攻击目标的；

（五）进行其他间谍活动的。

**国家秘密的等级**

国家秘密的等级分为“绝密”“机密”“秘密”三级。其标准是：“绝密”是最重要的国家秘密，泄露后会使国家的安全和发展利益受到特别严重的损害。“机密”是重要的国家秘密，泄露后会使国家的安全和发展利益受到严重的损害。“秘密”是一般的国家秘密，泄露后会使国家的安全和发展利益受到损害。

#### 5. 支持国防建设、协助军事活动的义务

支持国防建设的形式多种多样。如：依法纳税，为国防教育和其他国防活动提供资金捐助，是从财力上支持；当修建国防设施需要征用、征购土地和设施器材时给予积极配合，是从物力上支持；大力宣传军人的英雄事迹，宣传国防的重大意义，开展拥军优属活动，在全社会营造尊重军人、重视国防建设的思想氛围，是从精神上支持。

#### 6. 担负国防勤务的义务

国防勤务，是指支援保障军队作战、承担预防与救助战争灾害以及协助维护社会秩序的任务。国防动员法第四十九条规定：“十八周岁至六十周岁的男性公民和十八周岁至五十五周岁的女性公民，应当担负国防勤务。”国防动员法第五十条规定：“被确定担负国防勤务的人员，应当服从指挥、履行职责、遵守纪律、保守秘密。担负国防勤务的人员所在单位应当给予支持和协助。”

### （二）公民的国防权利

根据国防法规的规定，公民享有提出建议、制止或者检举、取得补偿三个方面的国防权利。

第一，提出建议权。国防建议权的行使可采取多种形式进行，如通过人民代表向全国人民代表大会提出议案，撰写学术文章、咨询报告，给政府或军队有关部门写信、打电话，通过报纸、电视、广播、网络等媒体发表自己对国防建设的意见和建议等。

第二，制止或者检举权。《中华人民共和国国防法》第五十七条规定：“公民和组织有对国防建设提出建议的权利，有对危害国防利益的行为进行制止或者检举的权利。”

第三,取得补偿权。国家进行国防建设,武装力量开展军事行动,在某些情况下可能对公民的合法权益产生一定的影响。如修建国防设施需要征地和迁移居民,武装力量在军事演习或作战行动中需要依法征用公民的交通工具和其他物资,由此造成的经济损失,公民可以按国家有关规定取得补偿。

## 三、征兵入伍进行时

征兵工作是国防和军队建设的源头工程、基础工程、希望工程,事关国家安全、民族安危。“报国自古英雄事”,有国才有家,依法服兵役,踊跃报名参军,投身火热军营,一展报国之志,是每个中华儿女的光荣义务。

从此不同

### (一)入伍条件和流程

1. 入伍需要满足的条件

(1)年龄

男性:年满 18 至 22 周岁(当年 12 月 31 日),高职(专科)毕业生可放宽到 23 周岁,本科及以上学历毕业生可放宽到 24 周岁。

女性:年满 18 至 20 周岁(当年 12 月 31 日),应届高校毕业生可放宽到 22 周岁。

根据军队需要和本人自愿的原则,男女公民年龄可以放宽至 17 周岁。

(2)体检合格标准

身高:男性 160 cm 以上,女性 158 cm 以上。

体重:男性不超过标准体重的 30%,不低于标准体重的 15%;女性不超过标准体重的 20%,不低于标准体重的 15%。[标准体重=(身高-110)kg]

视力:右眼裸眼视力不低于 4.6,左眼裸眼视力不低于 4.5,眼底检查正常,除潜水员、潜艇人员、空降兵外,合格。

2. 大学生入伍流程

男女生报名时间、报名流程略有不同。

男生:网上登记—初审初检—体检政审—走访调查—预定新兵—张榜公布—批准入伍。

女生:网上登记—初审初检—体检考评—政治审查—预定新兵—批准入伍。

网上报名登记:符合当年征兵条件的大学生根据当年应征报名时间登录全国征兵网

(http://www.gfbzb.gov.cn),填写个人信息,并下载打印"保留入学资格申请表",也可到入伍地县(市、区)人民政府征兵办公室领取并填写"保留入学资格申请表"。

收到录取通知书的高校新生,应由县(市、区)兵役机关将其网上报名的学历由"应届高中毕业生"改为"高校新生"。

## (二)入伍及退役后优惠政策

国家鼓励高校学生参军入伍,对入伍服兵役的大学生实行一系列优惠政策。

### 1. 学费减免

国家对应征入伍服义务兵役的高校学生在校期间缴纳的学费进行一次性补偿,对获得的国家助学贷款实行代偿,退役复学的实行学费减免。

(1)学费减免标准

本专科生每人每年最高不超过8000元,研究生每人每年不超过12000元,在校期间已免除全部学费的学生、定向生、委培生和国防生等除外。

(2)国家资助学费减免流程

①登录"全国征兵网"打印"高校学生应征入伍学费补偿国家助学贷款代偿申请表"。

②将申请表送退役安置地征兵办公室审核盖章。

③复学(入学)时将申请表及退出现役证书复印件交学校学生资助管理部门审核,办理复学(入学)学费减免手续。

### 2. 大学生士兵退役后的优惠政策

(1)高职(专科)学生入伍经历可作为毕业实习经历。

(2)退役大学生士兵入学或复学后免修军事技能训练,直接获得学分。

(3)设立"退役大学生士兵"专项硕士研究生招生计划。根据实际需求,每年安排一定数量专项计划,专门面向退役大学生士兵招生。在全国研究生招生总规模内单列下达,不得挪用。

(4)将高校在校生(含高校新生)服兵役情况纳入推免生遴选指标体系。鼓励开展推荐优秀应届本科毕业生免试攻读研究生工作的高校在制定本校推免生遴选办法时,结合本校具体情况,将在校期间服兵役情况纳入推免生遴选指标体系。在部队荣立二等功及以上的退役人员,符合研究生报名条件的可免试(指初试)攻读硕士研究生。

(5)将考研加分范围扩大至高校在校生(含高校新生)。退役人员在继续实行普通高校应届毕业生退役后按规定享受加分政策的基础上,允许普通高校在校生(含高校新生)应征入伍服义务兵役退役,在完成本科学业后3年内参加全国硕士研究生招生考试,初试总分加10分,同等条件下优先录取。

(6)退役大学生士兵专升本实行招生计划单列。高职(专科)学生应征入伍服义务兵役退役,在完成高职学业后参加普通本科专升本考试,实行计划单列,录取比例在现行30%的基础上适度扩大,具体比例由各省份根据本地实际和报名情况确定。

(7)放宽退役大学生士兵复学转专业限制。大学生士兵退役后复学,经学校同意并履行相关程序后,可转入本校其他专业学习。

(8)具有高职(高专)学历的,退役后免试入读成人本科,或经过一定考核入读普通本科;荣立三等功以上奖励的,在完成高职(专科)学业后,免试入读普通本科。

(9)应征入伍的高校毕业生退役后报考政法干警招录培养体制改革试点招生时,教育考试笔试成绩总分加10分。

注意:未参加网上报名登记的大学生,在征兵期间需要补办网上登记手续,没有经过网上报名登记的大学生不享受有关优惠政策。

## 第三节 国防建设

国防建设是指为提高国防能力而进行的各个方面的建设。它是国家建设的重要部分,可分为精神与物质两个方面。

### 一、国防战略和国防政策

国防战略是对国防建设及运用综合国力维护国家安全、实现国防目标的总体构想,取决于国家战略和国家政策,最终体现国家利益。国防战略直接关系国防建设的发展,乃至战争胜负、国家存亡、民族兴衰。国防政策是国家制定的一定时期内指导国家防务的基本行动准则,是国家政策的重要组成部分。

《新时代的中国国防》白皮书

中国的社会主义国家性质,走和平发展道路的战略抉择,独立自主的和平外交政策,“和为贵”的中华文化传统,决定了中国始终不渝奉行防御性国防政策。

#### (一)坚决捍卫国家主权、安全、发展利益

坚决捍卫国家主权、安全、发展利益,这是新时代中国国防的根本目标。

慑止和抵抗侵略,保卫国家政治安全、人民安全和社会稳定,反对和遏制“台独”,打

击“藏独”“东突”等分裂势力，保卫国家主权、统一、领土完整和安全。维护国家海洋权益，维护国家在太空、电磁、网络空间等安全利益，维护国家海外利益，支撑国家可持续发展。

中国坚定维护国家主权和领土完整。南海诸岛、钓鱼岛及其附属岛屿是中国固有领土。中国在南海岛礁进行基础设施建设，部署必要的防御性力量，在东海钓鱼岛海域进行巡航，是依法行使国家主权。中国致力于同直接有关的当事国在尊重历史事实和国际法的基础上，通过谈判协商解决有关争议。中国坚持同地区国家一道维护和平稳定，坚定维护各国依据国际法所享有的航行和飞越自由，维护海上通道安全。

解决台湾问题，实现国家完全统一，是中华民族的根本利益，是实现中华民族伟大复兴的必然要求。中国坚持“和平统一、一国两制”方针，推动两岸关系和平发展，推进中国和平统一进程，坚决反对一切分裂中国的图谋和行径，坚决反对任何外国势力干涉。中国必须统一，也必然统一。中国有坚定决心和强大能力维护国家主权和领土完整，决不允许任何人、任何组织、任何政党在任何时候以任何形式把任何一块中国领土从中国分裂出去。我们不承诺放弃使用武力，保留采取一切必要措施的选项，针对的是外部势力干涉和极少数“台独”分裂分子及其分裂活动，绝非针对台湾同胞。如果有人要把台湾从中国分裂出去，中国军队将不惜一切代价，坚决予以挫败，捍卫国家统一。

### （二）坚持永不称霸、永不扩张、永不谋求势力范围

坚持永不称霸、永不扩张、永不谋求势力范围，这是新时代中国国防的鲜明特征。

国虽大，好战必亡。中华民族历来爱好和平。近代以来，中国人民饱受侵略和战乱之苦，深感和平之珍贵、发展之迫切，决不会把自己经受过的悲惨遭遇强加于人。新中国成立 70 多年来，中国没有主动挑起过任何一场战争和冲突。改革开放以来，中国致力于促进世界和平，主动裁减军队员额 400 余万。中国由积贫积弱发展成为世界第二大经济体，靠的不是别人的施舍，更不是军事扩张和殖民掠夺，而是人民勤劳、维护和平。中国既通过维护世界和平为自身发展创造有利条件，又通过自身发展促进世界和平，真诚希望所有国家都选择和平发展道路，共同防范冲突和战争。

中国坚持在和平共处五项原则基础上发展同各国的友好合作，尊重各国人民自主选择发展道路的权利，主张通过平等对话和谈判协商解决国际争端，反对干涉别国内政，反对恃强凌弱，反对把自己的意志强加于人。中国坚持结伴不结盟，不参加任何军事集团，反对侵略扩张，反对动辄使用武力或以武力相威胁。中国的国防建设和发展，始终着眼于满足自身安全的正当需要，始终是世界和平力量的增长。历史已经并将继续证明，中国决不走追逐霸权、“国强必霸”的老路。无论将来发展到哪一步，中国都不会威胁谁，都

不会谋求建立势力范围。

## (三)贯彻落实新时代军事战略方针

贯彻落实新时代军事战略方针,这是新时代中国国防的战略指导。

新时代军事战略方针,坚持防御、自卫、后发制人原则,实行积极防御,坚持“人不犯我、我不犯人,人若犯我、我必犯人”,强调遏制战争与打赢战争相统一,强调战略上防御与战役战斗上进攻相统一。

贯彻落实新时代军事战略方针,服从服务党和国家战略全局,落实总体国家安全观,强化忧患意识、危机意识、打仗意识,积极适应战略竞争新格局、国家安全新需求、现代战争新形态,有效履行新时代军队使命任务。根据国家面临的安全威胁,扎实做好军事斗争准备,全面提高新时代备战打仗能力,构建立足防御、多域统筹、均衡稳定的新时代军事战略布局。坚持全民国防,创新人民战争的战略战术和内容方法,充分发挥人民战争整体威力。

中国始终奉行在任何时候和任何情况下都不首先使用核武器、无条件不对无核武器国家和无核武器区使用或威胁使用核武器的核政策,主张最终全面禁止和彻底销毁核武器,不会与任何国家进行核军备竞赛,始终把自身核力量维持在国家安全需要的最低水平。中国坚持自卫防御核战略,目的是遏制他国对中国使用或威胁使用核武器,确保国家战略安全。

## (四)坚持走中国特色强军之路

坚持走中国特色强军之路,这是新时代中国国防的发展路径。

建设同国际地位相称、同国家安全和发展利益相适应的巩固国防和强大军队,是中国社会主义现代化建设的战略任务,是坚持走和平发展道路的安全保障,是总结历史经验的必然选择。

新时代中国国防和军队建设,深入贯彻习近平强军思想,深入贯彻习近平军事战略思想,坚持政治建军、改革强军、科技强军、人才强军、依法治军,聚焦能打仗、打胜仗,推动机械化信息化融合发展,加快军事智能化发展,构建中国特色现代军事力量体系,完善和发展中国特色社会主义军事制度,不断提高履行新时代使命任务的能力。

新时代中国国防和军队建设的战略目标是,同国家现代化进程相一致,全面推进军事理论现代化、军队组织形态现代化、军事人员现代化、武器装备现代化,力争到 2035 年基本实现国防和军队现代化,到本世纪中叶把人民军队全面建成世界一流军队。

### (五)服务构建人类命运共同体

服务构建人类命运共同体,这是新时代中国国防的世界意义。

中国人民的梦想与世界人民的梦想息息相通。一个和平稳定繁荣的中国,是世界的机遇和福祉。一支强大的中国军队,是维护世界和平稳定、服务构建人类命运共同体的坚定力量。

中国军队坚持共同、综合、合作、可持续的安全观,秉持正确义利观,积极参与全球安全治理体系改革,深化双边和多边安全合作,促进不同安全机制间协调包容、互补合作,营造平等互信、公平正义、共建共享的安全格局。

中国军队坚持履行国际责任和义务,始终高举合作共赢的旗帜,在力所能及的范围内向国际社会提供更多公共安全产品,积极参加国际维和、海上护航、人道主义救援等行动,加强国际军控和防扩散合作,建设性参与热点问题的政治解决,共同维护国际通道安全,合力应对恐怖主义、网络安全、重大自然灾害等全球性挑战,积极为构建人类命运共同体贡献力量。

## 二、国防体制

国防体制是国家为组织和实施国防活动而建立的组织体系及相应制度。包括国防领导体制、武装力量体制、国防动员体制、国防经济体制、国防科技与武器装备管理体制等。

世界各国的国防体制没有统一的模式,但都具有自卫的鲜明特点,存在着普遍性规律。一般都要求以宪法、法律、政策有关规定为依据,保证中央和上级的统一领导。在和平时期,国防体制要适应国防建设的客观需要。在战争情况下,国防体制着眼于快速有效地实施战争决策和指挥,协调各个领域和各条战线,充分发挥国防能力,确保战争的胜利。

### (一)国防领导体制

国防领导体制是指国家领导国防活动的组织体系及相应制度。包括国防领导机构的设置、职能划分和相互关系。

《中华人民共和国宪法》规定了中国共产党在国家生活包括国防事务中的领导地位和作用。《中华人民共和国国防法》第二十一条规定:“中华人民共和国的武装力量受中国共产党领导。”宪法和国防法还分别规定了全国人民代表大会及其常务委员会、中华人民共和国主席、中华人民共和国国务院、中华人民共和国中央军事委员会在国防方面的职权。根据宪法和国防法,中华人民共和国的国防领导职权由中共中央、全国人大及其常务委员会、国家主席、国务院、中央军委行使。

宪法规定:全国人民代表大会“决定战争和和平的问题”。全国人民代表大会常务委员会“在全国人民代表大会闭会期间,如果遇到国家遭受侵犯或者必须履行国际间共同防止侵略的条约的情况,决定战争状态的宣布”;“决定全国总动员或者局部动员”。中华人民共和国主席根据全国人民代表大会的决定和全国人民代表大会常务委员会的决定,“宣布战争状态,发布动员令”。中华人民共和国国务院“领导和管理国防建设事业”。中华人民共和国中央军事委员会“领导全国武装力量”,实行主席负责制。

## (二)武装力量体制

武装力量体制是指武装力量的组织体系与相应制度。包括武装力量总体构成及各种武装组织的结构、任务区分和相互关系等。

中华人民共和国实行的是由中国人民解放军、中国人民武装警察部队和民兵构成的三结合武装力量体制。中国人民解放军是武装力量的主体,由现役部队和预备役部队组成。现役部队是国家的常备军,由陆军、海军、空军、火箭军、战略支援部队和联勤保障部队组成,主要担负防卫作战任务,必要时可以依照法律规定协助维护社会秩序。中国实行义务兵役制为主体的义务兵与志愿兵相结合、民兵与预备役相结合的制度。

## (三)国防动员体制

国防动员体制是指国家为进行国防动员而确立的组织体系及相应制度。包括国防动员的组织机构设置、职能划分和相应关系等。目的是保障在必要时使全国或部分地区由平时状态转入战时状态,国家制度由平时体制转入战时体制,把战争潜力转化为战争实力,集中统一调动人力、物力、财力为战争服务。

中国全国或局部地区的动员机构,根据全国人民代表大会常务委员会的动员决定和国家主席的动员令组织实施动员。

## (四)国防经济体制

国防经济亦称军事经济,是为保障国家安全、满足军事需求而开展的经济活动及与此相适应的经济关系等的统称,是国民经济的组成部分。

国防经济体制又称“军事经济体制”,是指国民经济各部门、各层次实现平战结合、军民结合的组织体制和管理制度。目的是从财力、人力、物力上保障国防建设,不断增强战争实力和潜力,并在必要时将国民经济迅速转入战时轨道,支持战争的需要。

领导和管理国防经济的组织体系，包括国防经济的门类结构和管理体制两个方面。国防经济的门类结构指构成国防经济物质实体的各个门类及其内部关系，包括国防工业、基础工业、农业、交通运输、邮电通信、战略物资储备、国防财政、国防人力资源等。国防经济的管理体制包括中央和地方、平时和战时、军用和民用、沿海和内地、重点和一般等管理制度和管理方式。

中国的国防经济寓于国民经济之中，实行平战结合、军民融合的组织体制和管理制度。

### （五）国防科技与武器装备管理体制

国防科技体制，又称“军事科技体制”，是指国家国防科学技术的领导和管理、机构设置、职能划分及相互关系的制度。内容包括国防科学技术的预测、规划、论证和决策制度，研制、试验、生产、采购、使用制度，经费、物资管理制度，干部人事制度，标准、计量制度，情报和保密制度，国防专利制度，进出口制度等。目的是保证充分利用先进科学技术，加速改进和更新武器装备发展决策与实施的组织系统。

武器装备管理，是为使武器装备得到适时补充、合理使用并保持良好状态而进行的管理。通常是指武器装备从军队接收到退役、报废的一系列工作过程。主要包括武器装备的申请、补充、调整、动用、封存、保管、维修、转级、退役、报废和技术革新等。

武器装备管理体制，是指武器装备从接收到退役、报废一系列工作过程的管理体系和相应制度。

中国的国防科学技术及武器装备发展实行国家集中统一领导下的政府、军队和科研生产企事业单位分工负责、分级管理的体制，具有领导的权威性、管理的科学性、系统的有效性等特点。

## 三、国防成就

中华人民共和国经历了70多年的发展历程，国防和军队建设取得了举世瞩目的伟大成就。

### （一）新中国国防建设历程

新中国国防建设大体经历了以下四个阶段。

1. 恢复阶段（1949～1953）

这一时期国家处在外御帝国主义侵略、内治战争创伤和恢复经济时期，国防建设主要完成了三个方面的任务：

一是解放了全国大陆和除台湾、澎湖、金门、马祖之外的全部沿海岛屿，肃清了国民党在大陆的残余武装力量，平息了匪患，建立了边海防部队，加强了边海防守卫。

二是建立、健全了统一的军事领导机构和军事制度。建立了全军的领导机关和各级军事领导机构，加强了对全国武装力量的领导。建立了初具规模的海军、空军和各兵种部队，逐步开始了由单一陆军向诸军兵种全面建设的过渡。建立了几十所军事院校，为国防建设培养了大批现代化军事人才。

三是取得了抗美援朝战争的伟大胜利。经过 2 年 9 个月的浴血奋战，中朝方面迫使以美国为首的所谓“联合国军”在停战协议上签字。

致敬英烈：
谁是最可爱的人

## 拓展阅读

### 习近平总书记论抗美援朝战争及其深远意义

抗美援朝战争，是在交战双方力量极其悬殊条件下进行的一场现代化战争。当时，中美两国国力相差巨大。在这样极不对称、极为艰难的情况下，中国人民志愿军同朝鲜军民密切配合，首战两水洞、激战云山城、会战清川江、鏖战长津湖等，连续进行 5 次战役，此后又构筑起铜墙铁壁般的纵深防御阵地，实施多次进攻战役，粉碎“绞杀战”、抵御“细菌战”、血战上甘岭，创造了威武雄壮的战争伟业。全国各族人民由衷称赞志愿军将士为“最可爱的人”！经过艰苦卓绝的战斗，中朝军队打败了武装到牙齿的对手，打破了美军不可战胜的神话，迫使不可一世的侵略者于 1953 年 7 月 27 日在停战协定上签字。

在抗美援朝战争期间，党中央统揽全局，实施有力的战争动员和正确的战争指导，采取边打、边稳、边建的方针，开展了波澜壮阔的抗美援朝运动，全国各族人民举国同心支撑起这场事关国家和民族前途命运的伟大抗争，最终用伟大胜利向世界宣告“西方侵略者几百年来只要在东方一个海岸上架起几尊大炮就可霸占一个国家的时代是一去不复返了”！

抗美援朝战争伟大胜利，是中国人民站起来后屹立于世界东方的宣言书，是中华民族走向伟大复兴的重要里程碑，对中国和世界都有着重大而深远的意义。

经此一战，中国人民粉碎了侵略者陈兵国门、进而将新中国扼杀在摇篮之中的图谋，可谓“打得一拳开，免得百拳来”，帝国主义再也不敢作出武力进犯新中国的尝试，新中国真正站稳了脚跟。这一战，拼来了山河无恙、家国安宁，充分展示了中国人民不畏强暴的钢铁意志！

经此一战，中国人民彻底扫除了近代以来任人宰割、仰人鼻息的百年耻辱，彻底扔掉了“东亚病夫”的帽子，中国人民真正扬眉吐气了。这一战，打出了中国人民的精气神，充分展示了中国人民万众一心的顽强品格！

经此一战，中国人民打败了侵略者，震动了全世界，奠定了新中国在亚洲和国际事务中的重要地位，彰显了新中国的大国地位。这一战，让全世界对中国刮目相看，充分展示了中国人民维护世界和平的坚定决心！

经此一战，人民军队在战争中学习战争，愈战愈勇，越打越强，取得了重要军事经验，实现了由单一军种向诸军兵种合成军队转变，极大促进了国防和军队现代化。这一战，人民军队战斗力威震世界，充分展示了敢打必胜的血性铁骨！

经此一战，第二次世界大战结束后亚洲乃至世界的战略格局得到深刻塑造，全世界被压迫民族和人民争取民族独立和人民解放的正义事业受到极大鼓舞，有力推动了世界和平与人类进步事业。它用铁一般的事实告诉世人，任何一个国家、任何一支军队，不论多么强大，如果站在世界发展潮流的对立面，恃强凌弱、倒行逆施、侵略扩张，必然会碰得头破血流。这一战，再次证明正义必定战胜强权，和平发展是不可阻挡的历史潮流！

——习近平 2020 年 10 月 23 日在纪念中国人民志愿军抗美援朝出国作战 70 周年大会上的讲话

2. 全面建设阶段（1953～1965）

这一时期是我国国防建设突飞猛进的重大时期。这一时期，我国国防建设的主要任务是防御帝国主义侵略，保卫社会主义建设，保卫亚洲与世界和平。制定积极防御的战略方针，提出实现国防现代化的重大战略措施，包括精简军队、加速发展工业等，为国防现代化打基础；加强国防工程建设，在沿海、沿边和纵深要地建设防御工程体系；实行义务兵、军官薪金、军衔三大制度；大办军事院校，重新划分军区，完善战略、战役指挥体系；加强动员准备，建立各级动员机构和动员机制。这些重大措施有力地促进了我国国防现代化建设的全面发展，国防体系基本完成配套，某些领域已接近世界先进水平，并成功爆炸了第一颗原子弹。

3. 曲折发展阶段（1966～1976）

这一时期尽管有种种干扰和破坏，但毛泽东、周恩来等仍然领导维护了国家安全，保持了军队的稳定，顶住了霸权主义的压力，对发展国防尖端技术始终没有放松，保证了氢弹试验和人造地球卫星发射，并通过北反、南击的军事行动捍卫了国家主权。

4. 现代化建设阶段（1976 年至今）

“文革”结束后特别是党的十一届三中全会以来，我国军队建设和国防建设逐步走上了健康发展的轨道，军队现代化条件下的作战能力和威慑力有了新的提高。世纪之交，党中央、中央军委审时度势，提出了新时期军事斗争准备的基点从一般条件下的局部战争转变到打赢信息化条件下的局部战争上来的重大决策，指出了未来军事斗争的方向。党的十八大以来，一系列国防和军队改革措施的实施，为夺取未来战争的胜利奠定了坚实的基础。

### （二）新中国国防建设成就

新中国成立以来，国防和军队建设发生了翻天覆地的变化，取得了举世瞩目的成就。

#### 1. 铸造了一支强大的现代化合成军队

新中国成立时，人民解放军只是单一陆军，没有空军，没有海军。经过70多年的现代化建设及多次精简整编，人民解放军已经规模适度，结构明显优化，现代化水平和作战能力大为提高，形成了陆军、海军、空军、火箭军、战略支援部队、联勤保障部队诸军兵种合成的强大人民军队。人民解放军全面履行保卫祖国、保卫人民和平劳动的根本职能，同时，参加国际维和、反恐、公海护航活动，为维护世界和平发挥了重要作用。

中国军队一分钟

#### 2. 全面展开了军事人才队伍建设

新中国成立初期，全军即逐渐建立了正规的各级各类军事指挥院校和专业军事技术学校，培养军事指挥和专业军事技术干部。21世纪以来，中央军委出台一系列政策法规，采取措施大力加强军事人才队伍建设，以建设指挥官队伍、参谋队伍、科学家队伍、技术专家队伍和士官队伍“五支队伍”为重点，造就了大批适应信息化建设、胜任信息化条件下作战任务的高素质新型军事人才。同时，采取措施鼓励全日制本科毕业生入伍，培养造就了一大批高素质新型军事人才，为人民解放军更好地履行职能使命提供了力量支持，为基本实现国防和军队现代化奠定了坚实基础。

#### 3. 形成了门类齐全、综合配套的国防科技工业体系

国防科技是衡量一个国家综合国力的重要标志之一，也是国防现代化建设的一个重要方面。新中国成立以来，我国的国防科技从无到有，从落后到先进，建立起了包括电子、船舶、兵器、航空、航天和核能等门类齐全、综合配套的科研实验生产体系，取得了一大批具有国际先进水平的科研成果，为我军现代化建设和切实增强我国的综合国力作出了重要贡献。

#### 4. 国防后备力量建设取得了长足发展

1985年，党中央、国务院、中央军委明确提出：“精干的常备军和强大的后备力量相结合，是建设现代化国防的必由之路。”这一方针确立了民兵和预备役相结合的制度，初步形成了具有中国特色的国防后备力量体系。1995年成立了战争动员委员会，负责指导、协调全国的后备力量建设和动员工作。此外，加强了全民国防教育，特别是恢复并加强

了对大学、中学在校学生的军训工作，使国防教育逐步纳入整个国民教育体系，走上了法治化、规范化的轨道。

## 四、军民融合

军民融合就是把国防和军队现代化建设深深融入经济社会发展体系之中，全面推进经济、科技、教育、人才等各个领域的军民融合，在更广范围、更高层次、更深程度上把国防和军队现代化建设与经济社会发展结合起来，为实现国防和军队现代化提供丰厚的资源和可持续发展的后劲。

党的十八大以来，以习近平同志为核心的党中央高度重视军民融合发展，把军民融合发展上升为国家战略，充分发挥我国社会主义制度能够集中力量办大事的政治优势，不断开创军民融合深度发展新局面。2017 年 1 月 22 日，中央军民融合发展委员会正式成立，由习近平任主任，通过加强战略指导和规划统筹，使我国军民融合发展进入提速增效的快车道。在领导我国军民融合发展的伟大实践中，习近平就新时代军民融合发展作出一系列重要论述，明确了军民融合在党的指导思想中的重要地位，构成习近平新时代中国特色社会主义思想特别是习近平强军思想的重要内容。

### (一)军民融合是新形势新要求

在新时代，只有把经济建设的机遇期与国防和军队建设的机遇期统一起来，促进军民融合深度发展，才能在全面建设社会主义现代化国家的进程中最终实现强国梦与强军梦的统一。这也是西方发达国家的一条成功经验。如美国先进隐形战机大都是民用航空公司研制生产的；全球使用的互联网，最初是美国军方开发的。

他山之石，可以攻玉。学习借鉴发达国家的成功经验，强力推进军民融合发展，尽快缩短与西方发达国家国防建设的差距，是我国国防建设的新形势新要求。推进军民融合深度发展是支撑国家由大向强的必然选择，是赢得国际科技和军事竞争新优势的关键之举，是实现国家治理体系和治理能力现代化的内在要求，是建设世界一流军队的重要途径。

### (二)我国军民融合的发展成效

1. 把军民融合发展上升为国家战略

2015 年 3 月 12 日，习近平在十二届全国人大三次会议解放军代表团全体会议上第一次明确提出“把军民融合发展上升为国家战略”。我们党历来重视推进经济建设和国防建设协调发展。党的十八大以来，我们党在国家总体战略中兼顾发展经济和安全，把军民融合发展确立为兴国之举、强军之策，作出一系列重要论述和重大决策。党的十八届三中全会把军民融合发展改革纳入全面深化改革总体布局加以推进，军民融合发展体制改革基本到位。党中央成立中央军民融合发展委员会，强化对军民融合发展的集中统一领导。这些重大创举，开辟了中国特色军民融合发展理论和实践的新境界，促进了国家战略体系和能力新发展。

2. 战略指导和规划统筹显著加强

中共中央、国务院、中央军委印发《关于经济建设和国防建设融合发展的意见》，首次从中央层面明确了军民融合发展的重点。国务院、中央军委颁布实施《经济建设和国防建设融合发展"十三五"规划》，勾画出"十三五"时期军民融合发展蓝图。国防交通法、军人保险法等颁布实施，综合性法律立法工作加紧推进。军民融合发展相关财政、税收、金融政策进一步完善，资金保障渠道不断拓展。国家主导、需求牵引、市场运作相统一的融合局面加快形成。

3. 重点领域军民融合深化拓展

基础设施建设统筹力度加大，交通、测绘、信息等领域共建共用取得重要进展。"军转民""民参军"步伐加快，军民科技协同创新加速推进，北斗导航系统、国产大型客机C919、华龙一号等研发应用取得重大突破。重大安全领域融合发展全面推进，公共安全和应急能力建设持续加强，海外综合保障能力稳步提升，依托国民教育培养军事人才深入开展。军队保障社会化成效明显，全面停止有偿服务扎实推进。军队出色完成抢险救灾任务，积极参与脱贫攻坚和生态文明建设，军政军民关系进一步巩固发展。

4. 区域性军民融合蓬勃发展

各省（自治区、直辖市）制定推进军民融合发展的具体意见和规划计划，设立各类专项领导小组和专门办事机构，充分挖掘本地区潜力，因地制宜推动国防建设与区域经济融合发展。省军区系统军民融合协调职能得到拓展。军地科技信息交流、科研资源共享不断深化。地方市政对部队基础设施建设保障力度加大。国家军民融合创新示范区创建活动有序开展，一批信息共享、投资融资、孵化转化平台相继建成。

党和政府加紧在国家层面建立推动军民融合发展的统一领导、军地协调、需求对接、资源共享机制，借助高科技企业平台建立近2000个科技拥军基地，建立军民融合专家库，协同部队研制出一批科技攻关成果，有力地推动了军民融合发展。

经过几年的共同努力，军民融合发展迈出历史性步伐，取得一批重大理论成果、实践成果、制度成果，逐渐步入提速增效的快车道。

# 第四节　武装力量

武装力量是国家或政治集团所拥有的各种武装组织的总称，一般以军队为主体，由军队和其他正规与非正规的武装组织构成，是国防力量的主体。中国武装力量是以全国人民为基础，在中国共产党的领导下，经过长期的战争和社会建设实践，逐步形成并发展起来的具有中国特色的武装力量。

## 一、中国武装力量的性质、宗旨、使命任务

中国人民解放军是中国武装力量的主体，《中国人民解放军内务条令》总则第四条指出了中国人民军队的性质、宗旨与使命任务。

1. 性质

中国人民解放军是中国共产党缔造和领导的，用马克思列宁主义、毛泽东思想、邓小平理论、“三个代表”重要思想、科学发展观、习近平新时代中国特色社会主义思想武装的人民军队，是中华人民共和国的武装力量，是人民民主专政的坚强柱石。

2. 宗旨

紧紧地和人民站在一起，全心全意地为人民服务，是人民军队的唯一宗旨。中国人民解放军必须始终不渝地保持人民军队的性质，忠于党，忠于社会主义，忠于祖国，忠于人民。

3. 使命任务

中国人民解放军的任务是，巩固国防，抵抗侵略，保卫祖国，保卫人民的和平劳动，参加国家建设事业。中国人民解放军在新时代的使命任务是，坚决维护中国共产党的领导和中国特色社会主义制度，坚决维护国家主权、安全、发展利益，坚决维护国家发展的重要战略机遇期，坚决维护地区与世界和平，为实现“两个一百年”奋斗目标、实现中华民族伟大复兴的中国梦提供战略支撑。

## 二、中国武装力量构成

《中华人民共和国国防法》第二十二条规定：“中华人民共和国的武装力量，由中国人民解放军、中国人民武装警察部队、民兵组成。”

## (一)中国人民解放军

中国人民解放军是中国武装力量的主体。它诞生于1927年8月1日,在中国共产党的领导下,以马克思列宁主义、毛泽东思想为指导,紧紧依靠人民群众,历经艰难曲折,由小到大,由弱到强,先后打败了国内外一切反动派和侵略者,为中国人民的解放事业立下了不朽功勋,赢得了全国各族人民的爱戴与拥护。

### 1. 领导体制

中国人民解放军的领导体制分为作战指挥和领导建设管理两个体系,即按照军委管总、战区主战、军种主建总原则,形成军委—战区—部队的作战指挥体系;各军兵种只负责部队建设,不担负战略层面的具体作战指挥,形成军委—军兵种—部队的领导管理体系。

### 2. 部队组成

中国人民解放军由现役部队和预备役部队组成。

(1)现役部队。现役部队是国家的常备军,由陆军、海军、空军、火箭军、战略支援部队和联勤保障部队组成,主要担负防卫作战任务。

(2)预备役部队。预备役部队是中国人民解放军的重要组成部分,是具有一定战斗力的准正规部队,是战时首批动员的后备力量,是我军后备力量建设的重中之重。

### 3. 现役部队各军兵种

(1)陆军

陆军是主要在陆地遂行作战任务的军种。包括机动作战部队、边海防部队、警卫警备部队等,下辖5个战区陆军、新疆军区、西藏军区等。东部战区陆军下辖第71、72、73集团军,南部战区陆军下辖第74、75集团军,西部战区陆军下辖第76、77集团军,北部战区陆军下辖第78、79、80集团军,中部战区陆军下辖第81、82、83集团军。陆军既能独立遂行作战任务,又能与海军、空军和火箭军实施联合作战。

地表最强

基本任务:歼灭、驱逐敌人有生力量;夺占重要地区和目标;扼守重要地区和目标;协同海军、空军、火箭军作战等。

力量编成:由步兵、装甲兵、炮兵、防空兵、陆军航空兵、工程兵、通信兵、防化兵、电子对抗兵、侦察兵、测绘兵、汽车兵等兵种,以及特种部队和各种专业兵组成。

主要装备:“陆战之王”——99A式主战坦克、“树梢杀手”——武直-10武装直升机、“世界最优”——卫士-2远程火箭炮等。

99A式主战坦克

武直-10武装直升机

（2）海军

我军海军成立于1949年4月23日。海军在国家安全和发展全局中具有十分重要的地位。包括潜艇部队、水面舰艇部队、航空兵、陆战队、岸防部队等，下辖东部战区海军（东海舰队）、南部战区海军（南海舰队）、北部战区海军（北海舰队）、海军陆战队等。战区海军下辖基地、潜艇支队、水面舰艇支队、航空兵旅等部队。当前正按照近海防御、远海防卫的战略要求，加快推进近海防御型向远海防卫型转变，提高战略威慑与反击、海上机动作战、海上联合作战、综合防御作战和综合保障能力，努力建设一支强大的现代化海军。

舰证：人民海军70年

基本任务：消灭敌战斗舰艇和运输舰船，破坏敌海上交通运输；袭击敌基地、港口和岸上重要目标；进行海上封锁和反封锁；协同陆军、空军进行反袭击，保卫海军基地、港口和沿海重要目标；协同陆军、空军进行登陆作战和抗登陆作战；协同陆军坚守岛屿、要塞；支援陆军濒海翼侧作战；保护我海上交通运输、渔业生产、资源开发、科学实验和海洋调查的安全。

主要装备：航母、驱逐舰、护卫舰、潜艇等。

“辽宁号”航母

054A 型护卫舰(547 临沂号,曾执行也门撤侨任务)

战略核潜艇

## 拓展阅读

### 中国首位女舰长韦慧晓

韦慧晓,壮族,广西百色人,博士研究生,中共党员。2022 年 4 月,韦慧晓任中国人民解放军海军导弹驱逐舰绍兴舰舰长。

韦慧晓 2000 年毕业于南京大学大气科学系,毕业后加入华为,担任公司高级副总裁秘书、行政助理。其间,她一度获得华为"金牌个人"奖,成为人人羡慕的高薪白领。2007 年考入中山大学地球科学系。2009 年 8 月中国海军启动组建航母接舰部队,海军有关部门收到了一封从广州寄来的自荐信,信中写道:"航母是中国水兵最大的舞台,为了心中的梦想,我申请当一名普通的航母舰员,在战风斗浪中历练成长!"自荐人是韦慧晓。当时韦慧晓还是中山大学博士研究生。

韦慧晓有着精彩的人生:23 岁就职华为,28 岁赴西藏支教,34 岁成为中山大学博士,同年接到入伍通知书迈入军旅生涯。

她走进了无边的大海,践行保家卫国的使命。

(3)空军

我军空军成立于 1949 年 11 月 11 日。空军在国家安全和军事战略全局中具有举足轻重的地位和作用。包括航空兵、空降兵、地面防空兵、雷达兵、电子对抗部队、信息通信部队等,下辖 5 个战区空军、1 个空降兵军等。战区空军下辖基地、航空兵旅(师)、地空导弹兵旅(师)、雷达兵旅等部队。当前正按照空天一体、攻防兼备的战略要求,加快实现

展翼云霄:
你就是传奇

国土防空型向攻防兼备型转变，提高战略预警、空中打击、防空反导、信息对抗、空降作战、战略投送和综合保障能力，努力建设一支强大的现代化空军。

基本任务：国土防空；实施相对独立的空中进攻战役和特种空袭作战；协同陆军、海军和火箭军作战；实施空降作战；实施空中威慑；实施空中运输；实施电子对抗；实施航空侦察、雷达侦察和无线电技术侦察。

主要装备：预警机、战斗机、轰炸机、运输机、无人机等。

歼-20 隐形战斗机

轰-6K 轰炸机

运-20 运输机

彩虹-4 无人机

## 拓展阅读

### 空警-2000 预警机

预警机即空中指挥预警飞机，是指拥有整套远程警戒雷达系统，用于搜索、监视空中或海上目标，指挥并可引导己方飞机执行作战任务的飞机。空警-2000 预警机，由中国自行研制，已形成战斗力。空警-2000 预警机安装了相控阵雷达、碟形天线、超级计算机、控制台及软件等。其雷达能达到 360°全方位覆盖，特别善于探测速度较高的

空警-2000 预警机

空中或海上目标，扩充侦察能力，加强对电子情报、电磁情报、无线电情报收集，提高战斗机效能60%以上。空警-2000预警机能够跟踪、探测数百个空中、地面、海上目标，能同时跟踪60~100个目标，引导数十批目标，探测距离、角分辨等性能居于世界领先地位，目前是世界上看得最远、功能最多、系统集成最复杂的系统。

（4）火箭军

火箭军在维护国家主权、安全中具有至关重要的地位和作用。火箭军成立于2015年12月31日，其前身是第二炮兵。第二炮兵成立于1966年7月1日。包括核导弹部队、常规导弹部队、保障部队等，下辖导弹基地等。当前正按照核常兼备、全域慑战的战略要求，增强可信可靠的核威慑和核反击能力，加强中远程精确打击力量建设，增强战略制衡能力，努力建设一支强大的现代化火箭军。

东风战队等你加入

基本任务：组织实施核反击作战与核威慑；组织实施反核威慑行动；组织实施常规导弹突击作战；协同陆军、海军、空军实施作战；完成上级赋予的其他作战任务。

主要装备：核导弹、常规导弹等。

东风-31甲型洲际导弹

（5）战略支援部队

战略支援部队是维护国家安全的新型作战力量，是新质作战能力的重要增长点。2015年12月31日在北京成立，包括战场环境保障、信息通信保障、信息安全防护、新技术试验等保障力量。当前正按照体系融合、军民融合的战略要求，推进关键领域跨越发展，推进新型作战力量加速发展、一体发展，努力建设一支强大的现代化战略支援部队。

基本任务：建立和保持太空保障基础设施，完成对目标的天基侦察与监视、战场的天基测绘与导航保障等任务；承担电磁空间和网络空间的防御任务；维护国家太空和网络空间的安全与稳定。

（6）联勤保障部队

联勤保障部队是实施联勤保障和战略战役支援保障的主体力量，是中国特色现代军事力量体系的重要组成部分。包括仓储、卫勤、运输投送、输油管线、工程建设管理、储备资产管理、采购等力量，下辖无锡、桂林、西宁、沈阳、郑州5个联勤保障中心，以及解放军总医院、解放军疾病预防控制中心等。当前正按照联合作战、联合训练、联合保障的要求，加快融入联合作战体系，提高一体化联合保障能力，努力建设一支强大的现代化联勤保障部队。

联勤保障部队版《孤勇者》

## （二）中国人民武装警察部队

中国人民武装警察部队在维护国家安全和社会稳定、保卫人民美好生活中肩负着重大职责。成立于1982年6月19日，前身是中国人民公安中央纵队，始建于1949年8月。2018年改革后，实行“中央军委—武警部队—部队”领导指挥体制，武警部队的根本职能属性没有发生变化，不列入解放军序列。公安边防部队、公安消防部队、公安警卫部队退出现役，国家海洋局领导管理的海警队伍转隶武警部队，武警黄金、森林、水电部队整体移交国家相关职能部门并改编为非现役专业队伍，撤收武警部队海关执勤兵力，彻底理顺武警部队领导管理和指挥使用关系。调整后，武警部队包括内卫部队、机动部队、海警部队等。当前正按照多能一体、有效维稳的战略要求，加强执勤、处突、反恐、海上维权和行政执法、抢险救援等能力建设，努力建设一支强大的现代化武警部队。

中国武警

## （三）民兵

民兵是不脱离生产的群众武装组织，是中华人民共和国武装力量的组成部分，是中国人民解放军的强大后备力量。全国的民兵工作由中央军委、国务院领导。各战区按照上级赋予的任务，负责本区域的民兵工作；省军区、军分区和县（市）人民武装部是本地区的民兵领导指挥机关；乡、镇、部分街道和企事业单位设有人民武装部，负责民兵和兵役工作。地方各级人民政府对民兵工作实施原则领导，对民兵工作实施组织和监督。

中国民兵之歌

民兵的主要使命是：积极参加社会主义现代化建设，带头完成生产任务；担负战备勤务，保卫边疆，维护社会治安；随时准备参军作战，抵抗侵略，保卫祖国。

## 拓展阅读

### 转型升级，民兵队伍插上科技翅膀

“湘江流域突降暴雨，有群众被困，请求支援。”接到市防汛指挥部电话后，湖南省醴陵市人武部立即出动民兵无人机侦察救援分队，侦察受灾情况。无人机拍摄的视频实时传到指挥终端，军地双方立即在指挥方舱研判情况，部署救援行动……

前不久，在湖南当地组织的防汛救援演练中，网络通信、无人机侦察等新质民兵力量大显身手，方舱指挥车、通信保障车等高新装备竞相亮相，演练充满“科技范儿”。

“这样的场景，在过去还不多见。”醴陵市人武部部长李云星说，插上了科技翅膀的民兵队伍今非昔比，成为遂行非战争军事行动的重要力量。

变化，始于“十三五”时期全面启动的民兵调整改革。“十三五”期间，国防动员系统充分发挥地方产业优势、资源优势、科技优势，紧贴部队作战任务需求，倾力打造与履行新时代使命任务相匹配的新型民兵队伍，着力提高民兵遂行支援保障打赢能力。近年来，全国各地整合优质资源，拓宽民兵编组范围，组建一大批信息通信、测绘导航、气象海洋等新质民兵力量，激活民兵建设“一池春水”。透过一扇扇窗口，人们能洞察全国民兵转型建设的可喜变化——

广东省遴选当地高新技术企业业务骨干，编建一批网络分队；湖北省依托高新技术企业成立电磁频谱、气象雷达等民兵分队，签订协议预征大型军民通用设备；重庆市组建网络防护、空中侦察救援、战备钢桥架设等民兵应急分队，专业对口率超过85%……在今年的新冠肺炎疫情防控中，上海、河南、江苏等地出动民兵无人机分队执行喷洒消毒等任务，有效缓解了设备不足、人手不够等困难，极大地提高了防控效果。

红外热像仪隔着厚厚的墙壁就能探测内部发热物体，生命探测仪在废墟中沿着缝隙探测内部生命迹象，水陆两栖车在抗洪抢险中发挥重要作用……去年6月，浙江省杭州市民兵应急综合救援连成立，民兵和民间救援力量联手在复杂条件下开展灾害救援。

四川省西昌市编建民兵应急救援队，社会救援力量携装编入，配备山地车、搜索无人机等救援装备，让担负森林火灾扑救、地质灾害救援任务的民兵队伍如虎添翼。

千帆竞发，百舸争流，新时代民兵队伍阔步在新征程上。

（资料来源：《解放军报》，2020年10月27日，记者：司李龙、臧晨雨）

## 三、人民军队的发展历史

中国人民解放军至今已走过了 90 多年的光辉历程，但“中国人民解放军”的光荣称谓并不是中国共产党领导的人民军队一诞生就有的，这一称谓同人民军队的辉煌历史一样有一个发展演变的历史过程。

### 1. 创建时期(1927 年 8 月~1937 年 8 月，红军时期)

1927 年大革命失败后，中国共产党人从失败中认识到武装斗争和组织军队的重要性。8 月 1 日，在以周恩来为书记的中共前敌委员会和贺龙、叶挺、朱德、刘伯承等领导下，在南昌附近的国民革命军第二方面军第十一军大部、第四军一部、第二十军全部和第五方面军第三军军官教育团及南昌警察局警察各一部，共 2 万余人举行武装起义。南昌起义打响了武装反抗国民党反动派的第一枪，标志着中国共产党独立地领导武装斗争的开始。

1927 年夏至 1928 年春，中国共产党先后发动了南昌起义、秋收起义、广州起义、湘南起义和湖北东部等地区的起义。这些地区起义后保留下来的部队，当时叫中国工农革命军，1928 年 5 月以后，陆续改称中国工农红军，简称“红军”。这一时期军队数量以曲线状发展，南昌起义时人数 2 万余人，1933 年达 30 万人，长征结束时 5.9 万人。

### 2. 发展时期(1937 年 8 月~1945 年 9 月，八路军、新四军时期)

1937 年抗日战争全面爆发后，中国工农红军将领发出通电，请缨杀敌。中共中央派代表与国民党政府就中国工农红军改编等问题多次进行谈判。8 月 25 日，将中国工农红军第一、第二、第四方面军和陕北工农红军改编为国民革命军第八路军(简称“八路军”)，下辖第一一五师、第一二〇师、第一二九师和直属队，全军共 4.6 万人，朱德为总指挥。随后，八路军各师相继开赴华北抗日前线。9 月 11 日，国民政府军事委员会命令八路军改为国民革命军第十八集团军。由于红军改编为八路军后，八路军这个名称已在群众中留下了深刻的印象，尽管国民政府命令改变番号，但一般情况下，人们仍习惯地称为八路军。

根据国共两党谈判达成的协议，在南方八省活动的红军和游击队改编为国民革命军陆军新编第四军(简称“新四军”)，下辖 4 个支队和 1 个特务营，全军约 1.03 万人，叶挺为军长。新四军改编后，各支队随即相继开赴大江南北抗日战场。

这一时期，我军逐步发展，到抗战胜利时，总兵力为军队 127 万人，民兵 268 万人，力量大大增强。

### 3. 壮大时期(1945 年 9 月~1949 年 9 月，解放战争时期)

抗日战争胜利后，以蒋介石为首的国民党统治集团为独占胜利果实，消灭中国共产党及其领导的武装力量，蓄谋发动内战。为适应国民党将要发动内战的形势，中共中央制定了"向北发展,向南防御"的战略方针,各战略区遵照中共中央的指示,迅速调整战略部署。各战略区的部队都陆续进行整编,先后组成了晋冀鲁豫野战军、晋察冀野战军、山东野战军、华中野战军等。经过数年的战斗,人民军队打败了国民政府的军队,进军西藏,统一了中国大陆。1949 年 1 月 15 日,中共中央军委又发出指示,根据战争的发展,各野战军改为按序数排列,西北野战军改称第一野战军,中原野战军改称第二野战军,华东野战军改称第三野战军,东北野战军改称第四野战军。到 1949 年初,解放军总兵力发展到 385 万人。

4. 现代化时期(1949 年 10 月 1 日至今)

中华人民共和国的成立,揭开了中国历史发展的新纪元。人民解放军除继续完成统一祖国大陆的使命外,还担负起保卫社会主义国家领土完整、国家安全和参加社会主义现代化建设的伟大任务。同时,不断加强自身革命化、现代化和正规化建设,已由单一陆军发展成为诸兵种合成的现代化革命军队。尤其是党的十一届三中全会以来,人民解放军的建设进入了一个新的发展时期。这支伟大的人民军队正以革命化、现代化、正规化建设的辉煌成就,以威武之师、文明之师的崭新形象,阔步走向未来。

## 第五节 国防动员

### 一、国防动员的内涵

#### (一)国防动员的概念

国防动员是指国家为应对战争或其他的安全威胁,使社会诸领域的全部或部分由平时状态转入战时状态或紧急状态的活动。

动员的主体通常指国家(政治集团);动员的对象是人力、物力、财力;动员的目的在于适应战争需求,为战争服务,兼顾临时应对重大危机、自然灾害等突发情况;动员的手段包括法制措施、行政命令、教育宣传等;动员的实质是将战争的潜力转化为战争的实力。

#### (二)国防动员的类别

国防动员涉及的领域十分广泛,根据动员规模和范围,可分为全局动员和局部动员;根据动员的方式,可分为秘密动员和公开动员;根据动员的阶段,可分为早期动员、临战动员、战争初期动员和战争中后期动员。

### (三)国防动员的特点

国防动员是直接为战争服务的社会实践活动,与其他社会实践活动相比,具有明显的社会性、计划性、强制性和紧迫性等特点。

1. 国防动员的社会性

国防动员是关系国家安危和战争胜负的重大战略问题,是一个牵涉面广、内容复杂的社会系统工程。它既是军队工作,又是地方工作,既是军事问题,又是经济问题,既涉及国家的利益,又涉及社会和个人的利益。它要求全社会都广泛参与,是全部社会组织和全体公民共同承担的义务,是全社会性的行为。

2. 国防动员的计划性

国防动员的计划性,是指国家在国防动员实施的过程中,对人力、物力、财力的调配和使用,依照预先拟定的计划和方案有步骤、按比例地进行。国防动员主要是最大限度地满足战争的需要,科学合理地对人力、物力、财力进行调配使用是保证战争顺利进行的关键。

3. 国防动员的强制性

国防动员是国防安全、主权和领土完整遭到侵略或威胁时采取的重大行动,集中体现了国家意志。国家意志高于一切,全体公民和社会组织都必须服从国家意志。国家意志往往通过法律的形式体现出来,法律作为人的行为规范具有很强的强制力和权威性。

4. 国防动员的紧迫性

国防动员的紧迫性是由战争的本质特性所决定的。所谓“兵贵神速”“时间就是胜利”,就体现了国防动员的紧迫性。国防动员是在被动的极其紧张的情况下采取的紧急措施,时间紧,任务重,情况和问题复杂,具有高度的紧迫性。

## 二、国防动员的内容及意义

### (一)国防动员的内容

国防动员通常包括武装力量动员、国民经济动员、人民防空动员、交通战备动员和政治动员等内容。

1. 武装力量动员

武装力量动员，是指国家为适应战争的需要，将军队及其他武装组织由平时体制转为战时体制所采取的措施。它是国防动员的核心，其他动员都是围绕武装力量动员来进行的。通常包括现役部队、武装警察部队、预备役部队、后备兵员和民兵以及相应的武器装备和物资等动员。

现代战争对武装力量动员提出了更高的要求，世界上许多国家大都采取平战结合、现役和预备役相结合的办法，在平时就做好武装力量动员的准备。

2. 国民经济动员

国民经济动员，是指国家将经济部门、经济活动和相应的体制从平时状态转入战时状态所采取的措施，是战争动员的基础。其目的是充分调动国家经济能力，提高生产水平，扩大军品生产，保障战争的需要。通常包括工业、农业、物资、交通运输、财政金融、邮电通信、科学技术、医疗卫生力量和劳动力等方面的动员。

3. 人民防空动员

人民防空动员(有的国家称为民防动员)，是指国家战时发动和组织人民群众防备敌人空袭、消除空袭后果所采取的措施，是战争动员的重要组成部分。其主要内容包括人防预警动员、群众防护动员、重要经济目标防护动员、人防专业队伍动员。主要任务是依据国家有关法律法令动员社会力量进行防空设施建设，组建防空专业队伍，普及防空知识教育，组织隐蔽疏散，配合防空作战，消除空袭后果，以保护居民、经济设施及其他重要目标安全，减少国家及人民群众生命财产的损失，保存战争潜力。

4. 交通战备动员

交通战备动员是指国家统一管制各种交通线路、设施、工具和通信系统，组织和调动交通、通信专业力量为战争服务的活动。其主要内容包括交通运输动员和通信动员。其任务是：保障军队机动、兵员和武器装备的补充、军工生产、军品供应、居民疏散、工厂搬迁的运输，以及其他人员和物资的前送后运等。这对于保障战争需要，夺取战争胜利具有重要影响。

战时的交通运输动员主要包括：根据战争规模和作战需要，有计划地将平时国防交通领导机构迅速按方案扩编为战时交通运输指挥机构；根据作战保障需要，动员、征用社会运输力量，对交通运输系统实行不同范围、不同形式的军事化管理；动员、组织各类交通保障队伍和交通保障物资器材，并进行必要的改造，执行运输、抢修、防护任务；根据战时国家最高权力机关的规定，做好拟放弃防守地区的交通遮断准备，保障及时遮断等。

通信动员是指国家为了适应战争需要，统一组织调动通信资源和力量，综合运用多种通信手段，保证通信联络安全、稳定、通畅所进行的活动。信息时代通信动员任务十分繁重，只有加强对通信动员的集中统一领导和指挥，做到各类人员有机协调、统一行动，实现各类通信网络兼容互通、系统集成，确保通信畅通、安全保密，才能确保军队指挥顺畅、军地联络通畅。

### 5. 政治动员

政治动员是指为了应对战争、突发事件和紧急状态的需要，国家有计划、有组织地在政治上、思想上对人民群众和军队所进行的思想动员、政治宣传、精神灌注，以及在国内建立广泛的爱国主义战线，在国外争取国际支持的一系列活动。其主要内容包括舆论宣传动员、国内社会政治力量动员、外交动员等，是影响“民心”、鼓动“民心”、赢得“民心”、赢得“天下”的斗争环节。政治动员的实质，是调整国内外各种政治力量的关系，争取民心，争取舆论，创造应对战争、突发情况和紧急状态的良好政治环境和氛围，更加有效地为国家应对战争、突发情况和紧急状态提供政治保障。

## 拓展阅读

### 百舸争流千帆竞——“十三五”期间国防动员事业取得历史性突破

国防动员，是将国防潜力转化为国防实力的桥梁，是国防建设的重要内容。国防动员建设的成效，事关国家安全与发展，事关未来战争胜败。

“十三五”时期，国防动员系统坚持贯彻落实习近平主席关于国防动员和后备力量建设的一系列重要指示要求，全面深化国防动员领域调整改革，着力提升国防动员整体能力，推动各项建设转型发展，不断提高基于打赢战争和服务大局的组织动员力、快速反应力、支援保障力，国防动员事业取得历史性突破。

在创新发展中推进体制机制改革

2016 年初，军委国防动员部正式组建，并从原 7 个军区接收 28 个省军区。这是国防动员体制机制的重构重塑，更是历史性的突破。

党中央和中央军委明确提出军委国防动员部组织指导国防动员和后备力量建设、领导管理省军区等职能使命，并对省军区职能作出重大调整，这是对新形势下国防动员职能任务的科学定位，是深化国防和军队改革在国防动员领域的具体体现。

国防动员系统坚决贯彻习主席战略意图，在机构合并、职能融合的改革大潮中转变观念、积极筹划，国防动员事业发生了可喜的变化：

——规划设计科学合理。“十三五”时期规划明确的国防动员建设重点任务，均按计划顺利推进、落实。国防动员领导体系基本确立、结构布局更加合理、建设模式转型重塑、应战应急能力显著增强等核心指标基本达成。

——建设布局应战应急。大力推动国防动员由数量规模向质量效能转变、由保障陆军作战为主向保障军兵种联合作战转变、由对应建设向互补建设转变、由粗放动员向精确动员转变，努力构建平时应急、战时应战相统一的新型动员准备体系。

——后备力量优化调整。按照建设布局，将基干民兵区分应急力量、专业力量、特殊力量，优化海上民兵、边防民兵，以及大中城市、重要交通沿线民兵比例。运用民兵工作管理系统，实行民兵一人一卡一号。

在直面问题中破解矛盾困难

为有效破解“当兵冷、征兵难”问题，军委国防动员部在组建当年就联合中宣部、教育部、中央军委政治工作部等军地多个部门，联合下发12份文件，出台多项激励措施。同时，积极推行“五率”量化考评制度，以征集大学生为主体提升兵员质量，2016年以来，大学生士兵比例从31.7%逐年增至80%以上。目前，全国征兵形势呈现平稳向好态势。

为不断拓展深化军事斗争动员准备，提升遂行多样化任务动员能力，国防动员部坚持需求牵引，制定《国防动员需求工作暂行规定》，组织多个省军区配套出台国防动员需求工作实施办法，每年组织需求提报对接、更新管理。制定《国防动员潜力指标体系》，首次组织中央、国家机关多个部门开展潜力统计调查，扎实开展综合普查，采集核心数据数千万条。同时，在构建战时动员组织指挥机制、动员需求提报对接工作机制、建立完善动员准备检验评估制度等方面进行深入探索。

国防动员系统积极发挥“桥梁纽带”优势，广泛开展军民共建和脱贫攻坚活动，构建起从军委国防动员部机关、省军区、军分区、人武部和跨区域省军区“五点一线”扶贫模式，累计扶持项目5700多个，定点帮扶2403个贫困村，现已全部脱贫摘帽。

在强根固本中夯实国防动员基础

“十三五”期间，国防动员系统坚持从点滴做起，从基础建设抓起，不断夯实国防动员的基础。

在各城市铸就护国护民的坚固盾牌。全国人防系统以提高人防信息化水平为目标，大力加强指挥信息系统综合集成和新型指挥场所建设，将重要城市人防建设纳入城市地下空间一体规划，地铁、隧道、地下交通干线等城市地下空间开发利用严格落实国防要求。

在万里边疆海疆筑起坚不可摧的钢铁长城。凝聚军地抓建合力，巩固“五位一体”治边格局。近年来，他们积极推进以交通保障、拦阻报警、指挥监控、辅助配套4类设施为主体的边海防基础设施建设。目前，已建成边海防执勤道路和边境铁丝网数万公里，执勤码头、直升机停机坪、瞭望塔数百座，执勤房、标志牌数千座，拦阻设施、视频监控基本覆盖重点管控地段。

在全社会推动形成爱国拥军、崇军尚武的良好风尚。坚持以领导干部和青少年学生为重点，广泛组织开展以弘扬爱国主义为核心的全民国防教育，在全国3000多所党校和行政学院开设国防教育课，依托国防大学每年举办2期地市级领导干部国防专题研究班。评选命名5812所国防教育特色学校和1932所国防教育示范学校，遴选全军730个单位向社会开放。积极办好国防教育报刊和军事栏目，在全国6800多家上线影院滚动播出征兵宣传片……

潮平两岸阔，风正一帆悬。新一代"国动人"将始终围绕新的职能使命勇于探索和创新，在新的历史起点上奋力推进国防动员事业再创辉煌。

（资料来源：新华社北京2020年10月26日电，记者贾启龙）

## （二）国防动员的意义

国防动员是增强国防实力的一项重要措施，是增强国防威慑力的一种有效手段，是夺取战争主动权的一个可靠保障，具有重大的战略意义。

国防动员涉及国家的经济、政治、军事等各个方面，是关系国家安危的具有全局性的大事。国防动员的准备与实施情况如何，对国家的经济发展和人民生活，对延缓、阻止战争的爆发，对战争的进程和结局，都有重大影响。

### 1. 做好国防动员工作是夺取战争胜利的重要保障

国防动员准备和实施的好坏是决定战争胜负的重要因素。现代战争具有突发性的特点，处于防御地位的国家，如战前准备不足，势必陷入战略被动，使武装力量和经济命脉在敌人的突然袭击之下遭受巨大破坏。国家在和平时期重视国防动员工作，建立高效完善的动员体制，就能以最快的速度使社会各领域迅速转入战时体制，夺取战争的主动权，并赢得战争的胜利。

### 2. 做好国防动员工作是加强经济建设及增强国防实力的重要措施

在和平时期，国防动员的准备工作应当遵循经济建设的基本规律，顾全国家经济建设的大局，纳入国家经济和社会发展的总体规划，贯彻军民结合、平战结合、寓军于民的方针，这样既可以加速国民经济的发展，又可以从根本上增强国防实力。

### 3. 做好国防动员工作是增强国防威慑力的重要战略

一个国家的国防威慑力，不仅取决于常备军的数量和质量，而且取决于军队后备力量和国防动员成效，取决于常备军与后备力量建设。做好战争动员准备，无疑可以增强威慑力，从而达到制止战争爆发、维护和平的目的。

## 思考题

1. 现代国防的基本特征是什么？
2. 中国国防历史给我们哪些启示？
3. 为什么我们要接受国防教育？
4. 公民的国防权利和义务有哪些？
5. 简述新中国国防建设取得的主要成就。
6. 人民武装力量由哪几个部分组成？
7. 中国武装力量的性质、宗旨、使命任务是什么？
8. 国防动员包括哪些内容？

# 第二章

# 国 家 安 全

生于忧患，死于安乐。

——《孟子·告子下》

## 本章导言

国家安全是一个复杂的、综合的体系，它与国家的政治、经济和军事等密切相关，也与国际战略形势及周边安全局势密切相关。我国对国家安全的基本认识，我国坚持什么样的国家安全观念，我国的安全形势怎样，我国对国际战略形势的基本判断是什么，如何在错综复杂的国际安全环境中谋求国家安全利益的最大化，这是本章可以解答的内容。

## 第一节　国家安全概述

国家安全是民族复兴的根基，是安邦定国的重要基石。维护国家安全是全国各族人民的根本利益所在。习近平总书记强调："我们党要巩固执政地位，要团结带领人民坚持和发展中国特色社会主义，保证国家安全是头等大事。"

我们都是国家安全的守护人

### 一、国家安全的内涵

国家安全是指国家政权、主权、统一和领土完整、人民福祉、经济社会可持续发展和国家其他重大利益相对处于没有危险和不受内外威胁的状态，以及保障持续安全的能力。

当前，我国面临复杂多变的安全和发展环境，各种可以预见和难以预见的风险因素明显增多，各方面风险可能不断积累甚至集中显露。国家安全内涵和外延比历史上任何时候都要丰富，时空领域比历史上任何时候都要宽广，内外因素比历史上任何时候都要复杂，维护国家安全和社会稳定的任务十分艰巨。

### 二、总体国家安全观

新时代以来，在准确把握国家安全形势变化新特点新趋势的基础上，以习近平同志为核心的党中央创新国家安全理念，统揽国家安全全局，创造性提出总体国家安全观。总体国家安全观把我们党对国家安全的认识提升到了新的高度和境界，为破解我国国家安全面临的难题、推进新时代国家安全工作提供了基本遵循。

总体国家安全观关键在“总体”，强调的是做好国家安全工作的系统思维和方法，突出的是“大安全”理念，涵盖政治、军事、国土、经济、文化、社会、科技、网络、生态、资源、核、海外利益、太空、深海、极地、生物等诸多领域，无所不在，而且将随着社会发展不断拓展。

总体国家安全观

贯彻总体国家安全观，要求我们既重视发展问题又重视安全问题，既重视外部安全又重视内部安全，既重视国土安全又重视国民安全，既重视传统安全又重视非传统安全，既重视自身安全又重视共同安全。要完善国家安全制度体系，加强国家安全能力建设，坚决维护国家主权、安全、发展利益。

### （一）坚持统筹发展和安全两件大事

这是治国理政的一个重大原则，也是推进国家安全工作的必然要求。安全和发展是一体之两翼、驱动之双轮。发展是安全的基础。建立在发展基础上的安全才更可靠、更可持续。要从国情出发，坚持发展是解决中国一切问题的关键，坚持在改革发展中促进国家安全，增强发展的全面性、协调性、可持续性，从源头上预防和减少安全问题的产生。安全是发展的保障。一个国家选择什么样的国家安全战略，决定了这个国家生存、发展与兴盛之路。实施发展和安全并重的国家安全战略，既要善于运用发展成果夯实国家安全的实力基础，又要善于塑造有利于经济社会发展的安全环境，做到坚持发展不停步、维护安全不懈怠。

### （二）坚持人民安全、政治安全、国家利益至上有机统一

人民安全是国家安全的宗旨，政治安全是国家安全的根本，国家利益至上是国家安全的准则。以人民安全为宗旨，就是要坚持以人民为中心，维护人民根本利益，保障人民当家作主各项权利，保障人民生命财产安全和其他合法权益，为人民创造良好生存发展条件和安定生产生活环境。以政治安全为根本，就是要坚持党的领导和中国特色社会主

义制度不动摇，把制度安全、政权安全放在首要位置，为国家安全提供根本政治保证。以国家利益至上为准则，就是要把国家利益作为制定国家安全战略的出发点，牢固树立捍卫国家利益的机遇意识，强化捍卫国家利益的底线思维，创新捍卫国家利益的方式方法，更坚决更有效地维护好捍卫好国家利益尤其是核心利益。习近平总书记强调，要坚持人民安全、政治安全、国家利益至上的有机统一，实现人民安居乐业、党的长期执政、国家长治久安。

### （三）坚持立足于防，又有效处置风险

面对波谲云诡的国际形势、复杂敏感的周边环境、艰巨繁重的改革发展稳定任务，我们必须始终保持高度警惕。既要警惕“黑天鹅”事件，也要防范“灰犀牛”事件；既要有防范风险的先手，也要有应对和化解风险挑战的高招；既要打好防范和抵御风险的有准备之战，也要打好化险为夷、转危为机的战略主动战。

### （四）坚持维护和塑造国家安全

这是新时代国家安全的基本定位。塑造是更高层次更具前瞻性的维护。当前我国正处于中华民族伟大复兴的关键阶段，也处于从发展中大国迈向社会主义现代化强国的关键时期。新时代国家安全，既要解决好大国发展进程中面临的安全共性问题，更要处理好中华民族伟大复兴关键阶段面临的特殊安全问题。要立足国际秩序大变局来把握规律，立足防范风险大前提来谋划思路，立足我国发展历史机遇期大背景来统筹工作，做到国家利益延伸到哪里，安全保障就跟进到哪里，为国家发展创造良好外部安全环境。

### （五）坚持科学统筹的根本方法

坚持总体国家安全观，要求始终把国家安全置于中国特色社会主义事业全局中来把握，充分调动各方面积极性，形成国家安全合力。要统筹外部安全和内部安全，对内求发展、求变革、求稳定，建设平安中国；对外求和平、求合作、求共赢，维护世界和平与发展。统筹国土安全和国民安全，坚持以民为本、以人为本，坚持国家安全一切为了人民、一切依靠人民，真正夯实国家安全的群众基础。统筹传统安全和非传统安全，构建集政治安全、国土安全、军事安全、经济安全、文化安全、社会安全、科技安全、网络安全、生态安全、资源安全、核安全、海外利益安全等于一体的国家安全体系。统筹自身安全和共同安全，构建人类命运共同体，推动各方朝着互利互惠、共同安全的目标相向而行。

## 第二节 国家安全形势

### 一、我国的地缘环境

我国幅员辽阔、陆海兼备,陆海相连总面积达1260万平方千米,陆地边界线总长2.2万余千米,海岸线总长1.8万余千米。陆上与14个国家接壤,与6个国家的大陆架或200海里(1海里=1852米)专属经济区相连接。

我国位于亚欧大陆东部、太平洋西岸,北接西伯利亚,南与东南亚、大洋洲相望,在东方版世界地图上,恰好位于世界的中心。这样的海陆兼备又与欧洲、北美拉开距离相互鼎立的位置,使得中国便于与世界交往,又有条件成为世界的重要发展极。

我国大部分国土都位于最适合人类生产和生活的中纬度地区,地理形势西高东低,大致分为三级阶梯。这样的地理环境,使得我国大部分河流自西向东汇流入海,在东部广阔的冲积平原孕育了灿烂的文明和发达的经济。北边西伯利亚高原、蒙古高原,西边青藏高原,西南云贵高原围成的较为封闭的地理环境,客观上促进了统一国家的形成,阻挡了来自亚欧大陆西部、中部的外敌入侵。东面和南面绵长的海岸线和众多的港口,又适合开展对外贸易。但同时,西部、北部、西南的高山、高原,也阻碍了对外经贸交流和运输通道的建设,在海上也必须通过马六甲海峡等有限的几条通道。

### 二、我国的地缘安全

和平与发展仍然是时代主题,求和平、谋发展、促合作已经成为不可阻挡的时代潮流,国际形势总体稳定。在这大背景下,我国周边及国内的安全形势总体好转,基本趋于稳定。但同世界其他大国相比,我国的地缘环境最为复杂,矛盾和问题仍然存在,有的还比较突出,并呈现出新的复杂性。概括而言:传统安全威胁与非传统安全威胁相交织,现实安全威胁与潜在安全威胁相交织,军事安全形势与其他安全形势相交织,国内安全问题与国际安全问题相交织。具体来说:美国霸权主义是我国家安全最主要的战略威胁;日本是我国家安全的潜在威胁;台湾问题是我国家安全面临的现实威胁;印度对我国家安全构成一定威胁;南海方向我国主权和海洋权益受侵害最为严重;印巴和朝鲜半岛等周边"热点"问题的爆发将会给我国家安全带来很大压力;非传统领域安全因素对我国家安全的威胁逐步上升。

我国及周边地区是世界上人口最密集、社会经济发展最不平衡的地区。全球人口超过1亿的10个国家中,就有7个在这一地区。这一地区人口总和多达35亿,占世界人口的一半左右。我国周边国家的经济发展极不平衡,既有世界经济大国日本、韩国、俄罗斯等,也有欠发达的越南、菲律宾等,更有贫穷国家缅甸、老挝、蒙古、柬埔寨、孟加拉国等。同时,目前世界军事强国较为集中,除中国外,有3个国家的军队人数超过100万:俄罗斯、印度、朝鲜。核扩散的形势相当严峻。在邻国中,俄罗斯、印度、巴基斯坦、朝鲜等国都拥有核武器,而日本也在秘密研制。在众多邻国中,有曾经对我国发动侵略战争的。有一些邻国互相之间存有积怨,甚至对立,一旦它们之间发生对抗都会影响到我国。有些国家内部十分不稳定,一旦发生内乱也会影响我国。此外,因为历史原因,我国还与邻国在疆域上存在争议。随着时代的变迁,这些随时都有可能影响我国的安全。

## 三、新形势下的国家安全

我国是亚洲诸国中邻国最多、地缘环境很差、领土纠纷最杂的战略主体,我国周边潜伏着许多安全隐患。

### (一)美国的霸权与战略围堵是我国面临的最大威胁

美国国防部的四年防务评估报告明确指出,在不久的将来,全球可能出现与美国势均力敌的战略性对手,中国和俄罗斯都具有这种实力,因此,美国必须极力遏制中国发展和防止俄罗斯东山再起。美国的遏制战略涉及政治、经济、军事、外交和文化等方方面面。

#### 1. 政治上对我国实施和平演变

美国对我国的和平演变一刻也没放松,苏联解体,东欧剧变,北非“颜色革命”,都是以美国为首的西方和平演变的“杰作”。以上得手后,他们对搞垮中国更有信心。美国不断输出西方价值观,在国内和周边扶植反华分裂势力,诋毁我国领袖和英雄模范人物,搞乱我国政治生态和价值观。

#### 2. 经济上对我国极力打压

在经济上搞垮中国,维护以美元为首的世界经济秩序和美国的优先利益,也是美国遏制战略的重要部分。如在全球范围内转嫁经济危机,压迫人民币升值,对中国出口产品开展“反倾销”调查,拒不承认中国市场经济地位,破坏中国与其他国家的经贸合作,进行贸易战,等等。

#### 3. 军事上对我国包围遏制

自2011年以来,美国在亚太地区实施再平衡战略,以维护美国的全球领导地位和主导亚洲事务。美国的目标是所谓“在亚洲建立一个更加稳定的安全环境、更加开放和透明的经济环境、更加尊重人权和自由的政治环境”。根据该战略构想,它将通过撤中东、减欧洲、增亚太等办法,将60%的作战力量部署到亚太地区。其策略是“巩固老盟友、拉拢准同盟、拓展新伙伴”,构筑围堵中国的岛链包围圈。

总之,美国永远不希望看到一个强大的中国崛起,更不希望一个强大的社会主义国家与它平起平坐。它是威胁我国安全与发展,导致我国周边矛盾复杂、动荡加剧的根源所在,我们必须清醒地认识到这一点。

### (二)区域性大国的战略扩张是我国面临的现实威胁

在综合国力排名靠前的全球性大国中,中国周边就有三个,它们在谋求自身发展的同时必然威胁到周边国家的安全和利益。

1. 俄罗斯

(1)在军事上,这个昔日的超级大国继承了苏联80%的常规军力和全部核力量,其庞大的战争机器是其军事潜力的基础。

(2)在经济上,俄罗斯是能源大国,天然气产量位居全球第二,占有全球30%的市场。每年,中国从俄罗斯进口大量石油、天然气和电力,对我国经济发展产生一定影响。

(3)从历史的角度看,沙俄民族是一个具有战略野心的民族。鸦片战争之后,曾侵占我国领土150万平方千米以上。

2. 日本

(1)错误的历史认知观。日本拒绝承认侵略历史,不断修改教科书,参拜靖国神社,逃避慰安妇问题等,态度与德国截然不同。它只承认自己是战争受害国,不承认自己是加害国。

(2)畸形的民族主义倾向。日本政坛全面右倾,右翼军国主义势力抬头。在台湾问题上大做文章,谋求自身利益。

(3)强烈的军事扩张意图。二战后,战败的日军由于《波茨坦公告》与和平宪法的制约,一直实行“守势战略”。但是,从21世纪初开始,日本修改和平宪法,解禁集体自卫权,加速海外用兵,军事战略由防转攻,值得我们高度警惕。

3. 印度

(1)在政治和外交上与我国冲突。一流大国地位一直是印度极力追求的目标。印度积极谋求称霸南亚,主导地区事务,将我国视为其称霸南亚的最大障碍。

(2)在经济和科技上与我国竞争。目前,印度的GDP总量仅相当于我们的五分之一,外汇储备约4000亿美元。但在2014年以后,GDP增长速度开始超过我国。按世界银行估计，到2030年，印度经济总量将超过日本，成为第三大经济体。

在科技领域，印度积极建设自己的“区域卫星导航系统”，以提升军用装备的精度。2013年11月5日，印度成功发射了火星探测器“曼加里安”，成为第一个完成火星探测的亚洲国家。2017年2月15日，印度采用一箭多星技术发射104颗卫星，以展示自身的科技实力，提升国际地位。

(3)在边境地区与我国军事对抗。印度认为最有可能成为未来战争的两个地区，一个是边境地区，一个是印度洋。而这两个地区的主要威胁均来自中国和巴基斯坦。在边境地区，印度部署兵力超过30万人，积极加强战场建设，经常举行针对性演习，不断对我国边界进行骚扰破坏，与我国多次发生对峙和冲突事件。

**拓展阅读**

**2020年中印边境冲突**

2020年4月以来，中印边境局势陷入紧张状态之中，集中冲突发生在加勒万河谷地区。加勒万河谷位于中印边界西段实际控制线中方一侧。据外交部发言人赵立坚在例行记者会上的发言，4月以来，印度边防部队单方面在加勒万河谷地区持续抵边修建道路、桥梁等设施。中方多次就此提出交涉和抗议，但印方反而变本加厉越线滋事。5月6日凌晨，印度边防部队乘夜色在加勒万河谷地区越线进入中国领土、构工设障，阻拦中方边防部队正常巡逻，蓄意挑起事端，试图单方面改变边境管控现状。中方边防部队不得不采取必要措施，加强现场应对和边境地区管控。6月15日晚，在中印边境加勒万河谷地区，印军违背承诺，再次越过实控线非法活动，蓄意发动挑衅攻击，引发双方激烈肢体冲突，造成人员伤亡。8月31日，印军破坏前期双方多层级会谈会晤达成的共识，在班公湖南岸、热钦山口附近再次非法越线占控，公然挑衅，造成边境局势紧张。

——张宇燕、邹治波:《全球政治与安全报告(2021)》，北京:社会科学文献出版社，2021年，第37页

### (三)与周边国家的权益纷争是我国面临的直接威胁

我国的安全威胁一部分来自海上，在我国拥有主权和管辖权的300多万平方千米的海洋中，有一半以上与周边国家存在争议。

1. 黄海:与朝韩存在领海和岛屿争议

由于对黄海大陆架的划界主张不同，中朝产生了3000多平方千米的争议区，中韩产生了6万平方千米的争议区。

中韩岛礁争议：苏岩礁（韩称“离於岛”），位于韩国最南端的马罗岛西南149千米，距离中国247千米，处于中国东海大陆架上。韩国从2000年下半年开始，在苏岩礁上建了一个海洋科学基地，上面有直升机停机坪、卫星雷达、灯塔和码头。2012年3月19日，韩国海洋警察厅宣布在该岛部署一架固定翼飞机，以加强该岛的海上安全保卫，实际上是准军事控制。

2. 东海：与日本存在海洋权益争议

东海划界问题：中日由于两国的划界主张不同，产生了20多万平方千米的争议区。此外还有钓鱼岛问题和油气田开采问题。

3. 南海：与周边多国存在海洋争议

南海面积共210万平方千米，其中存在争议的主要是南沙群岛及相关海域。现在南海“海域被分割、资源被掠夺、岛屿被侵占”的问题十分严重。每年南海有2100万~3600万吨石油和200亿~300亿立方米的天然气被掠夺，1000多口油气井中没有一口是我们的。岛礁也被各国侵占，其中越南占领岛礁29个，菲律宾占领9个，马来西亚占领3个，印度尼西亚占领2个，文莱占领1个。南沙群岛分别为“五国六方”所控制，各国引进西方势力，欲将南沙问题国际化，而西方又想借此遏制中国，南海面临着成为国际公海的危险。

4. 西南边界：与印度有领土争议

中印领土争议面积12.55万平方千米，印度侵占9.2万平方千米，占争议区面积的73.3%，我国只控制26.7%。自2003年以来，两国进行了20多轮边界谈判，但至今仍无实质性进展。

## （四）国内安全面临的风险挑战不容忽视

当前，中国继续保持政治安定、民族团结、社会稳定的良好局面，综合国力、国际影响力、抵御风险能力明显增强，仍处于发展的重要战略机遇期，同时也面临多元复杂的安全威胁和挑战。

反分裂斗争形势更加严峻，民进党当局顽固坚持“台独”分裂立场，拒不承认体现一个中国原则的“九二共识”，加紧推行“去中国化”“渐进台独”，图谋推动“法理台独”，强化敌意对抗，挟洋自重，在分裂道路上越走越远。“台独”分裂势力及其活动始终是台海和平稳定的最大现实威胁，是祖国和平统一的最大障碍。境外“藏独”“东突”等分裂势力活动频繁，对国家安全和社会稳定构成威胁。

## 四、新兴领域的国家安全

国家安全的新兴领域主要集中在海洋、太空和信息网络等领域。

1. 海洋

21 世纪是海洋的世纪,全球对外贸易 90%是通过海上运输实现的。我国作为濒海国家,有 30 多条远洋运输航线通达 150 多个国家和地区的 6000 多个港口,对外贸易额有 97%是通过海上运输来实现的。在全球 16 条黄金战略通道中,有 5 条与我国密切相关。目前我国军事实力还达不到维护海洋战略通道的程度,受制于人。

2. 太空

目前,太空成为世界大国争相抢占的战略制高点。太空中在轨运行着大约 1000 颗卫星,其中美国有 400 多颗。我们积极倡导和平利用太空,但世界主要强国将军备竞赛延伸到太空领域。目前,美俄都建立了航天司令部,其中美国有一个航天师、一所太空学校。我国也积极作为,着眼维护太空安全,积极推进相关项目,如载人航天、空间站、深空探测、“北斗”系统、反导系统、反卫星武器等。

3. 网络

现代信息技术已深入社会生活的各个领域,成为国家政治、经济、军事、文化、教育等赖以生存和发展的重要条件,国家关键基础设施如金融、能源、交通、电信等对信息网络的依赖程度越来越大。一旦一些关键性的网络受到攻击,整个社会就可能陷入瘫痪,对国家安全造成的危害不亚于一场战争。2013 年 6 月的“棱镜门”事件,暴露出了全球信息网络安全问题的冰山一角。

2017 年 6 月 1 日,《中华人民共和国网络安全法》颁布实施,既为我们依法开展网络活动提供了制度保障,也为我们维护网络国家安全提供了法律武器。

目前,我国的差距,一是关键核心技术对外依赖性较大,二是一些团体和个人的网络安全意识较差,三是网络领域的斗争和防护能力较弱。

网络空间安全如果得不到有效保障,就会成为国家安全的“阿喀琉斯之踵”。我们应从国家战略高度认识信息网络安全,不能让网络安全成为国家安全的致命弱点。要制定网络安全的国家战略,从核心技术研发和管理协调等方面全方位提升网络安全防御能力。

# 第三节 国际战略形势

## 一、当前国际战略格局及发展趋势

当今世界正经历百年未有之大变局，世界多极化、经济全球化、社会信息化、文化多样化深入发展，和平、发展、合作、共赢的时代潮流不可逆转，国际战略格局发生深刻变化。

国际力量加快分化组合，新兴市场国家和发展中国家力量持续上升，战略力量对比此消彼长、更趋均衡，促和平、求稳定、谋发展已成为国际社会的普遍诉求，和平力量的上升远远超过战争因素的增长。但是，霸权主义、强权政治、单边主义时有抬头，地区冲突和局部战争持续不断，国际安全体系和秩序受到冲击。

国际战略竞争呈上升之势。美国调整国家安全战略和国防战略，奉行单边主义政策，挑起和加剧大国竞争，大幅增加军费投入，加快提升核、太空、网络、导弹防御等领域能力，损害全球战略稳定。北约持续扩员，加强在中东欧地区军事部署，频繁举行军事演习。俄罗斯强化核、非核战略遏制能力，努力维护战略安全空间和自身利益。欧盟独立维护自身安全的倾向增强，加快推进安全和防务一体化建设。

全球和地区性安全问题持续增多。国际军控和裁军遭遇挫折，军备竞赛趋势显现。防止大规模杀伤性武器扩散形势错综复杂，国际防扩散机制受到实用主义和双重标准危害，面临新的挑战。极端主义、恐怖主义不断蔓延，网络安全、生物安全、海盗活动等非传统安全威胁日益凸显。伊朗核问题解决出现波折，叙利亚问题政治解决仍面临困难。各国安全的交融性、关联性、互动性不断增强，没有哪一个国家能够独立应对或独善其身。

## 二、世界主要国家军事实力

### 1. 美国

美国拥有约 144 万名现役人员，其中陆军约 54 万人，空军约 33 万人，海军约 37 万人，海军陆战队约 20 万人，拥有 19 艘航空母舰，每艘都有大约 80 架战斗机。美国在 38 个国家有 662 个海外基地，每年花费 6000 亿美元来为其军事力量和海外应急行动提供资金。

美国是公认的世界超级大国，其军队是全球战略进攻型军队。美军空间技术一流，具有太空战实力。海空军实力优势明显，作战理念先进，情报和网络技术发达。海军和空军武器质量总体领先全球,数量是西欧和日本的总和。海军是美国最强势的环节,在航空母舰和核攻击潜艇数量上,居于绝对优势地位。空军侦察、预警系统先进而完善,拥有最先进且规模最庞大的战略轰炸机群。弹道导弹和陆基防空系统,无论数量还是质量,都是世界绝对一流的。

美军的特点是先发制人,深入敌国作战,把威胁消灭在萌芽状态。对中俄实行"接触—遏制"政策,尽量避免直接作战。对其他国家实行非友即敌政策,设法尽量军事打击敌对国。

但是,美国海外经济利益过于庞大,接触面过广,兵力显得分散,在若干热点地区的军事行动陷入泥潭,现在有战略收缩的迹象。

2. 俄罗斯

俄罗斯武装力量划分为 3 个军种(陆军、海军和空军)和 3 个独立兵种(战略火箭兵、空天兵和空降兵),总兵力约 100 万人,其中陆军约 23 万人,空军约 17 万人,海军约 13 万人,战略火箭兵 12 万人,空天兵 15 万人,空降兵约 5 万人。另外,边防军约 16 万人,内卫军约 18 万人。它拥有世界上最大的坦克部队,拥有超过 15000 辆坦克和 3500 架飞机。

俄罗斯空军和陆军的实力强大,空间技术优势明显,但落后于美国,有可与美国匹敌的核武器库和弹道导弹,是亚欧大陆一支强大的军队。俄罗斯军人素质一流,且能吃苦耐劳,纪律严明。

3. 日本

日本现役部队由陆上自卫队、海上自卫队和航空自卫队组成,总兵力约 25.5 万人,还有近 6 万名预备役人员,拥有 1595 架飞机,有 3 艘配备了直升机的航空母舰。

日本有性能一流的常规潜艇和驱逐舰,并从欧美购买了完整的舰载武器系统,海军战斗力居亚洲首位,其反潜力量更是世界数一数二。日本的防核攻击工程,也是世界一流的。

日本受制约的地方较多,在战略核心科技方面,日本和其他主要发达国家相比处于劣势;日本自卫队近年缺少实战经验,难以对其国产武器做出好的评估和提升;日本自身资源贫乏,如果没有海外控制资源的能力,一旦美国等西方主要发达国家对其形成资源封锁,自卫队的能力将大大降低。

4. 印度

印度武装力量分为陆军、海军和空军,现役兵力约 131.5 万人,其中陆军约 113 万人,空军约 13 万人,海军约 5.5 万人。此外,印度还有准军事部队约 100 万人。拥有90~110 枚核弹头,2 艘航空母舰。

印度军队装备中绝大部分为俄式装备或仿俄式装备,尤其是空军最为明显。印度有航空母舰，但是他们的航空母舰舰载系统都比较陈旧，而且没有舰载机，这样的航空母舰基本没有战斗力。海军有不错的导弹巡洋舰，近些年来发展得比较成功的是弹道导弹，但是水准和数量与中国军队的弹道导弹技术相比，还有差距。现在，印度的武装力量正在不断地进行现代化建设，投资于诸如未来的士兵系统和导弹防御系统等领域。近年来，印度从美国购买了大量的战斗机和主战坦克，以提升自己的整体作战能力。

### 5. 法国

法国武装力量由陆军、海军、空军和宪兵组成，现役部队约 37 万人，其中陆军约 22 万人，空军约 8 万人，海军约 6 万人，战略核力量约 1 万人。此外，法国还有预备役部队 29 万人和准军事部队宪兵 9 万人。2019 年还吸收了 2600 名“数字士兵”和 600 名网络专家。

法国是北约内部独立的军事大国，海陆空军队战斗力强而灵活，空间技术在欧洲优势明显。法国是除美国与俄罗斯外唯一拥有弹道导弹核潜艇、陆基战略导弹和战略轰炸机“三位一体”核力量的国家。法国还是除美国外唯一拥有核动力航母的国家，核潜艇和常规潜艇技术都居世界前列。值得一提的是，法国海空武器的战斗模块都是独立研究生产的。

## 三、世界主要国家军事动向

当前，世界各主要国家纷纷调整安全战略、军事战略，调整军队组织形态，发展新型作战力量，抢占军事竞争战略制高点。美国进行军事技术和体制创新，谋求绝对军事优势。俄罗斯深入推进“新面貌”军事改革，英国、法国、德国、日本、印度等国都在调整优化军事力量体系。

2020 年，在国防战略方面，美国成立太空军，推动军事科技创新，明确将中国作为竞争对手，加强对中国的遏制。俄罗斯重点发展战略核力量，更加注重欧亚方面势力，海军战略有所调整。中国周边的国家继续追求军事装备的现代化，提升军队战斗能力和应急反应能力，重点发展海上军事力量，国防战略基本保持稳定。

在新一轮科技革命和产业变革推动下，人工智能、量子信息、大数据、云计算、物联网等前沿科技加速应用于军事领域，国际军事竞争格局正在发生历史性变化。以信息技术为核心的军事高新技术日新月异，武器装备远程精确化、智能化、隐身化、无人化趋势更加明显，战争形态加速向信息化战争演变，智能化战争初现端倪。

中国特色军事变革取得重大进展，但机械化建设任务尚未完成，信息化水平亟待提高，军事安全面临技术突袭和技术代差被拉大的风险，军队现代化水平与国家安全需求相比差距还很大，与世界先进军事水平相比差距还很大。

## 思考题

1. 国家安全的内涵是什么？
2. 怎样理解和把握总体国家安全观？
3. 当前国际战略格局是怎样的？
4. 简述我国周边安全环境。
5. 简述世界主要国家军事动向。

# 第三章

# 军 事 思 想

要坚持理论和实践相结合，打造具有中国特色和国际视野的军事学术话语体系，形成无愧于时代的当代中国军事学术思想和学术成果。

——习近平

## 本章导言

军事思想源于人们对战争实践的理性认识，古今中外不同阶级都有对战争的独特认识，从而产生了各自的军事思想，并以此改变了人类的历史进程。今天我们学习这些军事思想，是为了更好地建设我国的国防，保卫我们来之不易的和平发展环境。

# 第一节　军事思想概述

军事思想是关于战争、军队和国防的基本问题的理性认识，是人们长期从事军事实践的经验总结和理论概括。通常包括战争观、军事问题认识论和方法论、战争指导思想、国防和军队建设思想等。

## 一、军事思想的发展历程

军事思想是随着战争的产生而产生的，并随着经济社会和科学技术的发展而不断发展。恩格斯指出："一旦技术上的进步可以用于军事目的，并且已经用于军事目的，它们便立刻几乎强制地，而且往往是违反指挥官的意志而引起作战方式的改变，甚至变革。"从科学技术与军事技术的发展角度分析，军事思想的发展大致可以分为六个时期。

一是青铜时期，主要指公元前36世纪到公元前8世纪，这是中外军事思想的萌芽期。

二是铁器时期，主要指公元前8世纪到公元12世纪，骑兵是这一时期军事力量的主流，轻骑兵与重甲骑兵主导了欧亚大陆军事力量的发展方向。

三是黑火药时期，主要指公元12世纪到18世纪初，中国明代车、马、步配合作战的思想与欧洲诸兵种协同作战的思想是这一时期军事理论的主流思想。

四是工业革命时期，主要指18世纪中期至1850年，欧洲开始主导世界军事思想发展的方向，战争机器的效能不再以财富的多少来衡量，财富与火器制造技术的结合才是战争制胜的关键所在。

五是机械化时期，主要指 1851～1990 年之间，西方军事思想代表了世界军事思想发展的主流，马汉的制海权理论、富勒的机械化战争理论和杜黑的制空权理论对世界军事产生了广泛影响。

六是信息化时期，主要指 1991 年海湾战争以来，中外军事思想的发展，都紧紧围绕世界新军事变革的发展大势而不断深化，军事思想发展的共性特征更加突出。

### 二、军事思想的地位作用

军事思想来自军事实践，同时又对军事实践具有重要的指导作用。它既是军事斗争规律的科学反映，又是人类社会实践和竞争对抗的思想结晶；既是军事实践的行动指南，又是研究各门具体军事学科的理论基础和根本方法。军事思想从总体上考察和回答了军事领域的普遍性、根本性问题，揭示了军事领域的一般规律，提出了军事斗争和军事建设的基本方针及基本指导原则，从而为人们研究和解决军事问题提供总体性理论指导。

## 第二节　外国军事思想

外国军事思想，广义指中国以外所有国家和地区的军事思想，狭义指中国以外在历史上有着重大影响的一些国家和地区的军事思想，以西方军事思想为主体。

### 一、外国军事思想的主要内容

外国军事思想可以粗略地分为古代军事思想、中世纪军事思想、近代军事思想和现代军事思想。如果说东、西方古代和中世纪时期的军事思想各自发展，且东方特别是中国的军事思想代表了世界的先进水平，那么，以西方为代表的近代和现代外国军事思想，则随着资本主义的萌芽与发展，逐渐引领了世界的潮流。

#### 1. 外国古代军事思想（公元前 36 世纪至公元 5 世纪）

外国军事思想最早萌芽于古埃及、巴比伦、亚述等国，之后传承发展于欧洲的古希腊、罗马。这个时期，外国军事思想最先反映在国家的法典和编年表之中，如古巴比伦的《汉穆拉比法典》就有关于保障军队利益和军队纪律的条文；后期则体现在历史著作中，如希罗多德的《历史》、修昔底德的《伯罗奔尼撒战争史》、色诺芬的《长征记》、恺撒的《高卢战记》、阿里安的《亚历山大远征记》、奥尼山得的《军事长官指南》、韦格蒂乌斯的《罗马军制》以及弗朗蒂努斯的《谋略》等。其军事思想主要体现在三个方面：一是陆海并重，二是进攻至上，三是以力制胜。

### 2. 外国中世纪军事思想（公元5世纪至15世纪）

这个时期，欧洲处于教会统治之下，文化上处于封闭状态，缺乏创造力，而军事思想基本上是停滞不前的。外国中世纪军事思想主要体现在东罗马帝国的军事思想中，如东罗马帝国皇帝毛莱斯的《战略学》和李奥六世的《战术学》。中世纪的军事思想比较突出的有两点：一是宗教战争观；二是以骑士和雇佣军队为主的建军观。

### 3. 外国近代军事思想（公元15世纪至1945年）

外国近代军事思想的兴起和发展与资产阶级的产生与壮大息息相关，提出了一系列反映资产阶级利益的军事思想，比较有代表性的战略思想有“制海权论”“制空权论”“机械化战争论”“闪击战理论”“间接路线战略理论”“总体战理论”等。影响最大的军事人物是拿破仑，最著名的军事理论著作是克劳塞维茨的《战争论》。

克劳塞维茨

克劳塞维茨的《战争论》在西方军事思想发展史上具有里程碑式的地位和作用，是西方军事思想上的“兵经”。《战争论》的主要军事思想包括四个方面：一是战争具有“暴烈性、盖然性与偶然性、从属性”三种基本属性的战争观；二是政治目的、军事目标和暴力手段三者协调一致的以政统军为核心的战略思想；三是以消灭敌人军队为主，且消灭敌人和保存自己相辅相成、相互影响的作战思想；四是精神至上、崇尚“军队的武德”的建军思想。《战争论》还有许多非常有价值的思想，如民众战争论、战争阻力论、积极防御论、顶点论、重心理论等，特别是“战争无非是政治通过另一种手段的继续”这一著名论断，正确地揭示了战争的根本属性，是克劳塞维茨对世界军事思想的最大贡献。

### 4. 外国现代军事思想（1945年至今）

外国现代军事思想可以分为冷战和后冷战两个时期。

冷战时期的军事思想主要包括两大部分：核战争理论和常规战争理论。其中，核战争理论的核心观点有：一是核战争是一种新型的战争形态；二是康恩和特纳等人认为，任何核大战将不可能毁灭美国，因而核战争是可以设想的，而苏联也认为在核战争中他们将会取得胜利；三是防御在核战争中仍然占有极其重要的地位，如布罗迪认为核防御可分为积极防御和消极防御两部分；四是基辛格等人认为，有限核战争是对全面核战争的一个有效补充，这一观点引起了巨大的争论；五是布罗迪等人认为，核战略应该是威慑战略。比较有影响的常规战争理论是低强度冲突理论。20 世纪 80 年代初美国提出一种小规模军事冲突理论，核心观点有：一是政治与军事紧密结合，战略和战术融为一体；二是军事冲突的规模小、战斗强度低；三是采用高技术手段速战速决。

后冷战时期，美国成为唯一超级强国，基本主导了外国军事思想的发展，先后提出了“地区防务战略”“灵活与选择参与战略”“塑造、反应、准备战略”“同时打赢两场战争战略”“亚太再平衡战略”等国家军事战略，提出了“网络中心战”“目标中心战”“空海一体战”“多域作战”等作战理论，提出了“美国陆军转型计划”等建军计划，提出了能够一小时打遍全球的诸多武器装备研发计划等。

## 二、当今外国军事思想的主要特点

冷战结束后，特别是进入 21 世纪之后，世界各国对于军事领域基本问题的看法虽有不同，但总的趋势是逐渐达成某种共识，主要特点体现为：

一是认识到当今世界正处于深刻的军事革命之中。世界新军事革命的主要内容包括军队人员知识化、武器装备智能化、作战编成一体化、战场要素数字化、作战方式精确化、作战空间多维化、后勤保障集约化等。

二是提出了许多新的战争理论，并使之成为西方在全球推行新干涉主义的理论基础，如文明冲突论、信息战争论和人道主义战争论等。

三是对战争主体有了新的认识。认为战争主体呈多元化发展，如宗教团体、恐怖主义组织、部落、贩毒集团、跨国集团等都可能成为战争的主体或战争的发动者。

四是作战理论发展十分迅速。各种新的作战理论不断涌现，如联合作战理论、全维作战理论、信息战理论、机动战理论、特种作战理论、空地一体战理论、空海一体战理论、多域作战理论和太空作战理论等。

五是强调信息化军队是军队发展的主要趋势。为了适应信息化战争，必须运用信息技术建设军队，不断提高武器装备的信息化程度，实现作战手段的信息化；不断推进数字化战场建设，以便及时满足各级指挥官、战斗人员和保障人员的信息需求，缩短决策和行动周期；不断提升指挥系统信息化水平，以提升对兵力兵器指挥与控制的效益。

## 三、外国军事思想的代表性著作

近代以来，外国军事思想的代表性著作主要有《拿破仑文选》、苏沃洛夫的《制胜的科学》、克劳塞维茨的《战争论》、马汉的《海权对历史的影响》、若米尼的《战争艺术概论》、杜黑的《制空权》、鲁登道夫的《总体战》、富勒的《装甲战》、哈特的《战略论》、索科洛夫斯基的《军事战略》、柯林斯的《大战略:原则与实践》等,以及美军的《作战纲要》《2020 年联合构想》,俄罗斯的《俄联邦军事学说》等。

## 第三节 中国古代军事思想

中国古代军事思想是中国历代战争经验的总结,内容十分丰富,是中华民族灿烂文化遗产的重要部分。

### 一、中国古代军事思想的主要内容

中国古代军事思想,是指中国古代社会的政治家、思想家和军事家关于战争、军队等一系列军事问题的理性认识,是中国古代各历史时期人们军事实践经验的理论升华。

1. 战争观

(1)兵者,国之大事。《左传 · 成公十三年》提到,“国之大事,在祀与戎”。《孙子兵法 · 计篇》认为,“兵者,国之大事,死生之地,存亡之道,不可不察也”。

(2)兵之胜败,本在于政。《尉缭子 · 兵令上第二十三》指出:“兵者,以武为植,以文为种,武为表,文为里。能审此二者,知胜败矣。”《司马法 · 仁本》指出:“古者,以仁为本,以义治之之谓正,正不获意则权。权出于战,不出于中人。”

(3)安不忘战,富国强兵。《周易 · 系辞》提出:“危者,安其位者也;亡者,保其存者也;乱者,有其治者也。是故君子安而不忘危,存而不忘亡,治而不忘乱。是以身安而国家可保也。”孔子指出:“有文事者,必有武备;有武事者,必有文备。”《鹖冠子 · 近迭》强调:“兵者百岁不一用,然不可一日忘也。”

2. 战略思想

(1)先胜思想,是指在战争之前就使自己具备取得战争胜利的条件,是关于进行战争准备的战略思想。《孙子兵法 · 形篇》指出:“昔之善战者,先为不可胜,以待敌之可胜;不可胜在己,可胜在敌。”“故善战者,立于不败之地,而不失敌之败也。是故胜兵先胜而后求战,败兵先战而后求胜。”《淮南子》卷十五《兵略训》中指出:“故兵不必胜,不苟接刃;攻不必取,不为苟发。故胜定而后战,钤县而后动。”

(2)全胜思想,是关于以万全之策,力争用最小的代价获取全局胜利的战略思想。《孙子兵法·谋攻篇》指出:“凡用兵之法,全国为上,破国次之……是故百战百胜,非善之善者也,不战而屈人之兵,善之善者也。”《六韬》中说:“全胜不斗,大兵无创,与鬼神通,微哉!微哉!”又指出:“善战者,不待张军;善除患者,理于未生;善胜敌者,胜于无形;上战无与战。故争胜于白刃之前者,非良将也;设备于已失之后者,非上圣也。”

(3)战胜思想,是通过战争手段夺取战争胜利的战略理论,是中国古代战略思想中最精彩的部分。其中包括丰富的辩证法内容,它强调“致人而不致于人”。《李卫公问对》认为,古代兵法“千章万句,不出乎致人而不致于人而已”。《尉缭子》也说:“善用兵者,能夺人而不夺于人。”中国古代兵家把战争中一切有关主动权的问题,诸如致敌劳、致敌乱、致敌害、致敌虚、致敌误、致敌无备等,都列入“致人而不致于人”的范畴,主张在一定的客观物质基础上,充分发挥主观能动性,示形动敌,造势任势,并提出了“先为不可胜”“以迂为直,以患为利”“夺其所爱”“攻敌之短”“攻其必救”“以逸待劳”“避其锐气,击其惰归”等夺取主动权的方法。

### 3. 作战思想

(1)知彼知己,百战不殆。孙子首先提出这一命题,他在《孙子兵法·谋攻篇》中指出:“知彼知己者,百战不殆;不知彼而知己,一胜一负;不知彼不知己,每战必殆。”《管子·七法》强调:“故不明于敌人之政,不能加(加兵)也,不明于敌人之情,不可约(约期交战)也。”《李卫公问对》认为:“先料敌之心与己之心孰审,然后彼可得而知焉;察敌之气与己之气孰治,然后我可得而知焉。是以知彼知己,兵家大要。”

(2)先计后战,诡道制胜。战争是关系生死存亡的大事,因而古代兵家尤为强调“先计后战”。孙子把“计篇”放在其兵法十三篇之首,《管子》强调“计必先定于内”,《尉缭子》主张计要“先定”,虑要“早决”,指出:“若计不先定,虑不早决,则进退不定,疑生必败。”

(3)活用奇正,批亢捣虚。“奇正”是我国古代兵法中的一个重要作战思想。一般来说,常法为正,变法为奇。《孙子兵法·势篇》指出:“战势不过奇正,奇正之变,不可胜穷也。”《武经总要·前集·制度四·奇兵》指出:“历观前志,连百万之师,两敌相向列阵以战,而不用奇者,未有不败亡也。故兵不奇则不胜。凡阵者,所以为兵出入之计;而制胜者,常在奇也。”《李卫公问对》认为:“善用兵者,无不正,无不奇,使敌莫测。故正亦胜,奇亦胜。”

## 二、中国古代军事思想的主要特点

### 1. 提出了“安不忘危,好战必亡”的战争和平观

中国古代兵家认为“安不忘战,忘战必危”。如《孙子》提出“故用兵之法,无恃其不来,恃吾有以待也;无恃其不攻,恃吾有所不可攻也”。《吴子》认为“安国家之道,先戒为宝”。同时,也强调“兵凶战危,好战必亡”。如《老子》认为“兵者不祥之器,非君子之器”。《孙膑兵法》警告说“乐兵者亡,而利胜者辱”。

### 2. 提出了“五事”的战争胜负观

中国古代兵家认为战争胜负是由政治、经济、军事、民心、士气等诸因素综合作用决定的,《孙子兵法》把它们概括为“道、天、地、将、法”。

### 3. 提出了“知彼知己,百战不殆”的战争指导观

《孙子兵法·谋攻篇》中写道:“知彼知己者,百战不殆;不知彼而知己,一胜一负;不知彼不知己,每战必殆。”孙武简明扼要地指明了战争的普遍规律。毛泽东对此曾有过高度评价,他在《论持久战》一文中指出:“战争不是神物,仍是世间的一种必然运动,因此,孙子的规律‘知彼知己,百战不殆’,仍是科学的真理。”

### 4. 提出了“奇正相生”的辩证思维方式

孙子在用兵上强调“奇正”,他说:“凡战者,以正合,以奇胜。”“奇正”是我国古代一对重要的军事矛盾,历代兵家对此多有阐述和运用。

### 5. 提出了“选贤任能”的选兵用将之道

如《投笔肤谈·军势第七》指出“三军之势,莫重于将”。正所谓“千军易得,一将难求”。在选将上,《孙子兵法·计篇》提出了“智、信、仁、勇、严”的标准。而在将帅使用过程中,要做到“用人不疑,疑人不用”,对将帅信任和放手。

## 三、中国古代军事思想的代表性著作

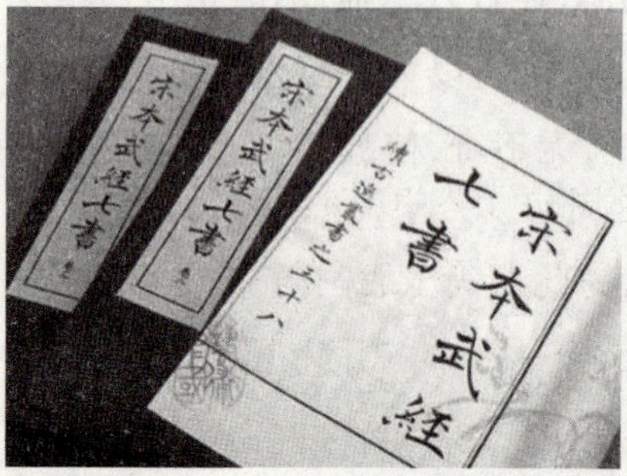

中国古代军事名著众多,异彩纷呈,是我们民族智慧的结晶。在众多博大精深的军事名著当中,《武经七书》占有非常突出的地位。

《武经七书》是北宋朝廷作为官书颁行的兵法丛书,是中国古代第一部军事教科书。它由《孙子兵法》《吴子兵法》《六韬》《司马法》《三略》《尉缭子》

《李卫公问对》七部著名兵书汇编而成。北宋朝廷颁行《武经七书》是遵照皇帝赵顼(即宋神宗)的旨意进行的。为适应军事斗争、教学、考选武举的需要,宋神宗于元丰三年(1080)命令当朝最高学府国子监司业朱服等人组织力量校定、汇编、出版上述“七书”。武学博士何去非参与了此项工作。校定这七部兵书,用了三年多的时间,到元丰六年(1083)冬才完成了刊行的准备工作。校定后的这七部兵书命名为《武经七书》,共25卷。这是北宋朝廷从当时流行的340多部中国古代兵书中挑选出来作为武学经典的,可见这七部兵书是何等重要。校定、颁行《武经七书》,是北宋朝廷在军事理论建设上的一个贡献。它奠定了我国古代军事学的基础,对我国和世界近代、现代军事科学的发展起了积极的作用。

1.《孙子兵法》

《孙子兵法》在孙武晋见吴王阖闾时就是一部独立的军事著作,其后又增加了他在吴国的战争经验,从而更加完备。它问世之后,得到了广泛的重视和流传。《韩非子·五蠹》说:“藏孙(孙武和孙膑)、吴(吴起)之书者家有之。”从现存汉、唐、宋古籍对《孙子兵法》的征引看,就有好几种不同的抄本。

在汉朝中期以前,《孙子兵法》13篇是独立而完整的,其后大部分多有失传。恢复13篇原型的工作,是在东汉末年由曹操亲自完成的。这就是现在我们看到的宋朝《十家注孙子》古本。它把13篇以外的69篇另编为《续孙子兵法》2卷。《续孙子兵法》在《隋书·经籍志》和《唐书·艺文志》中都有著录,大概在唐以后才失传。

2.《尉缭子》

《尉缭子》历代都有著录,但篇数不等。《隋书·经籍志》注称《尉缭子》作者为“尉缭,梁惠王时人”,成书大致在战国中期。

《尉缭子》传世本共5卷24篇,以南宋刻《武经七书》本为最古。《汉书·艺文志》杂家著录《尉缭子》29篇,兵形势家著录《尉缭子》31篇。据《隋书》《旧唐书》的《经籍志》和《唐书·艺文志》,传世的是杂家的《尉缭子》。其篇数与《汉书》不符,当是在流传过程中有部分亡佚。该书内容大部分论兵,因此宋以后多视为兵家著作,但其论兵与《汉书》所谓兵形势家异趣。《汉书》杂家《子晚子》下注有“齐人,好议兵,与司马法相似”,可见今所传《尉缭子》有可能列入杂家。

3.《六韬》

《六韬》又称《太公六韬》《太公兵法》《素书》,旧题周初太公望(即吕尚、姜子牙)所著,普遍认为是后人依托,作者已不可考。现在一般认为此书成于战国时代。全书以太公与文王、武王对话的方式编成。此书在“道家”列“《太公》,二百三十七篇”,其中《谋》81篇,《言》71篇,《兵》85篇;儒家类著录有《国史六》“即今之《六韬》也,盖言取天下及军旅之事。字与韬同也”。《隋书·经籍志》明确记载:“《太公六韬》五卷,周文王师姜望撰。”1972年4月,在山东临沂银雀山西汉古墓中,发现了大批竹简,其中就有《六韬》的50多枚,这就证明《六韬》至少在西汉时已广泛流传了。

《六韬》是一部集先秦军事思想之大成的著作,对后代的军事思想有很大的影响,被誉为兵家权谋类的始祖。司马迁《史记·齐太公世家》称:“后世之言兵及周之阴权,皆宗太公为本谋。”北宋神宗元丰年间,《六韬》被列为《武经七书》之一,为武学必读之书。《六韬》在16世纪传入日本,18世纪传入欧洲,现今已被翻译成日、法、朝、越、英、俄等多种文字。

#### 4.《李卫公问对》

《李卫公问对》,又称《唐太宗李卫公问对》《李靖问对》,唐代著名军事家李靖撰,是唐太宗李世民与李靖讨论军事问题的言论辑录。此书有人怀疑是北宋阮逸伪作,因为此书在史书《旧唐书》和《新唐书》中没有记载。

现存《李卫公问对》共三卷,分为上、中、下三部分,一万余字,记录了唐太宗与李靖问答九十八条次。内容丰富,多联系唐以前战例及太宗、李靖本人的亲身经历,参照历代兵家言论,围绕着夺取主动权、奇正、虚实、主客、攻守、形势等问题进行讨论,阐述其军事思想。《四库全书总目提要》说:“其书分别奇正,指画攻守,变易主客,于兵家微意时有所得。”

从现存的《李卫公问对》来看,该书主要表现了李靖两个方面的军事思想:一是“致人而不致于人”的思想。李靖说,兵法“千章万句,不出乎致人而不致于人而已”。所谓“致人而不致于人”,就是掌握战场上的主动权,让敌人受制于己方,而不让己方受制于敌方。二是奇正思想。“奇”与“正”是中国古代军事思想的一对重要范畴。《李卫公问对》对这一问题的贡献和发展表现在:首先是进一步充实了奇、正的内容,认为奇、正包含着丰富的内涵;其次是提出了“正亦胜,奇亦胜”的思想。

## 第四节　当代中国军事思想

### 一、毛泽东军事思想

毛泽东是伟大的无产阶级革命家、军事家,是中国人民解放军的主要缔造者和领导者。在长期的革命战争实践中,毛泽东以其旷世绝伦的聪明才智,凝聚了全党全军的集体智慧，创造性地形成了毛泽东军事思想。

## （一）科学含义

毛泽东军事思想是毛泽东关于中国革命战争、人民军队和国防建设及军事领域一般规律的科学理论体系。主要包括：辩证唯物主义和历史唯物主义的战争观和方法论，人民军队思想，人民战争思想，人民战争的战略战术思想，国防建设思想。毛泽东军事思想是中国共产党领导中国革命战争、军队建设、国防建设和反侵略战争的指导思想。

1993 年出版的《毛泽东军事文集》

## （二）主要内容

毛泽东军事思想内容非常丰富，其中，辩证唯物主义和历史唯物主义的战争观和方法论，是毛泽东研究和指导战争的基本立场、观点和方法，揭示了中国革命战争的规律，是毛泽东军事思想的理论基础；人民军队思想是人民军队建设的指南，是毛泽东军事思想的重要内容；人民战争思想是我军从事战争的根本指导思想，是毛泽东军事思想的核心内容；人民战争的战略战术思想是进行人民战争的战略原则和作战方法，是人民战争胜利的重要保证；国防建设思想是新中国国防建设的指导思想。

毛泽东为中国人民解放军军事学院题的词（“努力学习　保卫国防”）

### 1. 战争观和方法论

毛泽东将辩证唯物主义和历史唯物主义运用于研究、指导中国革命而形成的战争观和方法论，是毛泽东军事思想的理论基础。

毛泽东深化了对战争本质的认识，指出战争是从有私有财产和有阶级以来就开始了的，用以解决阶级和阶级、民族和民族、国家和国家、政治集团和政治集团之间在一定发展阶段上的矛盾的一种最高斗争形式。战争本身就是政治性质的行动，自古以来没有不带政治性质的战争。然而，战争又不是一般意义上的政治，而是流血的政治。政治发展到一定的阶段，再也不能前进了，于是爆发战争，用以扫除政治道路上的障碍。

毛泽东认为，战争是力量的竞赛，战争力量是物质因素与精神因素的结合物。军事家不可能超越既定的客观物质基础（作战双方的军事、政治、经济、自然诸条件）去企求战争的胜利，然而可以而且必须在既定的客观物质基础上能动地争取战争的胜利，使客观物质基础所提供的胜利可能,转变为胜利的现实。人的能动作用是战争中最活跃的因素。在认识战争的制胜因素问题上,既要防止过分夸大精神作用的唯意志论,又要防止过分夸大物质作用的机械论。

毛泽东强调,战争现象较之其他社会现象更带有所谓"盖然性",然而,战争也是一种物质的运动现象,是有规律的,战争规律也是可以认识的。熟识敌我双方各方面的情况,找出其行动规律,并且将这些规律应用于自己的行动,是进行正确的作战指导的基本方法。从实际出发研究战争和指导战争,不但要求熟识和运用一般的战争规律,尤其要求熟识和运用特殊的战争规律,着眼于特点和着眼于发展,善于按照运动着、发展着的战争情况,灵活地使用兵力和变换战法,防止作战指导上不区分时间、地域、性质差别的教条主义或经验主义。作战指导要有战略头脑和全局观念,善于关照全局,掌握关节,抓住战略枢纽部署战役,抓住战役枢纽部署战斗,以局部服从全局。作战过程中,要在周密组织侦察的基础上,进行客观的判断,下定正确的决心,建立合理的部署,并根据客观情况的实际变化,及时修正决心,积极机断行事,实现作战指导上的主动性、灵活性和计划性。以上这些,都是把马克思主义的唯物论辩证法运用于作战指导的重要表现。

2. 人民军队思想

毛泽东军事思想把建设一支人民军队作为武装斗争的首要问题。毛泽东认为:"没有一个人民的军队,便没有人民的一切。"毛泽东人民军队思想系统地解决了把一支以农民为主要成分的队伍,建设成为无产阶级性质的、同人民群众保持密切联系的、具有严格组织纪律和高度军事素养的新型人民军队的理论、方针和原则问题。

毛泽东人民军队建设思想主要内容包括:人民军队必须坚持全心全意为人民服务的宗旨;坚持党对军队的绝对领导;实行强有力的政治工作制度;建立民主制度和严格的纪律制度;加强军队现代化、正规化建设;重视军事理论的学习和研究;发展国防尖端科学技术等。

3. 人民战争思想

人民战争思想,是毛泽东军事思想的核心,是中国人民进行革命战争的指导路线。它建立在下述基本观点之上:一是革命战争的正义性质与广大人民的根本利益是一致的,因此能够在战争中把广大人民群众动员和组织起来参加和支援战争。二是人民群众是历史的创造者,革命战争只有动员和依靠广大人民群众,才能赢得战争。从这个意义上说,这是党的群众路线在战争问题上的体现。三是人和物都是战争胜负的重要因素,但决定的因素是人不是物。从根本上说,人民战争,就是人民群众为了反抗阶级压迫或民族压迫,谋求自身解放,组织和武装起来进行的正义的革命战争。

毛泽东人民战争思想主要内容包括:坚持中国共产党对人民战争的统一领导;深入

发动群众，结成最广泛的革命统一战线；实行以人民军队为骨干的“三结合”的武装力量体制；以武装斗争为主与其他斗争形式密切结合；建立巩固的革命根据地；实行灵活机动的战略战术等。

4. 人民战争的战略战术思想

人民战争的战略战术，是毛泽东坚持一切从中国革命战争的实际情况出发，实事求是地指导战争的方式和方法。其基本特点是：以马克思主义的军事辩证法为指导，在实行彻底的人民战争路线的基础上，以“保存自己，消灭敌人”的战争目的为依据，坚持一切从实际出发，实行灵活机动的作战。

人民战争的战略战术思想的内容极其丰富，概括起来主要有：实行积极防御，反对消极防御；战略的持久战和战役战斗的速决战；适时进行军事战略转变；战略上藐视敌人，战术上重视敌人；实行有利决战，避免不利决战；集中优势兵力，各个歼灭敌人；充分准备，不打无把握之仗等。

5. 国防建设思想

新中国成立后，在抵御外来侵略、维护国家独立和统一的斗争中，毛泽东提出“国防不可不有”，建设强大的国防军和建设强大的经济力量是全党全军和全国人民的两件大事，捍卫国家的独立、领土主权和安全是国防斗争的基本任务，强调国防建设要根据国家安全利益需要实行积极防御的战略方针，坚持独立自主的方针，实行军民结合、平战结合的原则，建设强大革命化、现代化、正规化的国防军，等等。毛泽东国防建设思想，及时解决了新中国如何确立国防建设目标的重大现实问题。

### （三）历史地位和现实意义

毛泽东军事思想具有先进的科学性、广泛的人民性、显著的实践性、极大的创造性和独特的民族性。毛泽东军事思想是马列主义军事思想宝库中的一颗璀璨明珠，在中国军事思想发展史上具有划时代的意义，在世界军事思想史上更是独树一帜，具有极其重要的历史地位和现实意义。

1. 历史地位

毛泽东军事思想的重要的历史地位具体表现在：

（1）毛泽东军事思想极大地丰富和发展了马克思列宁主义军事理论，树立了无产阶级军事理论的新里程碑。

（2）毛泽东军事思想的产生，标志着中国无产阶级军事理论的确立。

（3）毛泽东军事思想是中国革命取得胜利和国防建设事业的科学指南。

（4）毛泽东军事思想在世界上具有广泛而深远的影响。

在毛泽东军事思想的指导下，中国人民取得了土地革命战争、抗日战争和解放战争的胜利。毛泽东军事思想是中国革命战争胜利的光辉记录，中国革命战争的伟大胜利充分肯定了毛泽东军事思想的历史地位。新中国成立以后，它又指引中国人民取得了国防现代化建设、抗美援朝战争和边境自卫反击战的伟大胜利。

2. 现实意义

毛泽东军事思想的现实意义主要体现在：它仍是我党我军建设和发展的指导思想。要正确处理坚持和发展毛泽东军事思想的关系，明确发展是坚持的必然趋势；要从学习毛泽东思想入手，研究国内外军事现状和战争史，提高我军指战员的军事、政治、文化素质，从而科学地建设军队，发展现代化国防。毛泽东军事思想的基本理论，特别是那些反映了事物本质规律的原理、原则，具有长远的普遍的指导意义。它对我国国防现代化建设和未来的反侵略战争将继续发挥指导作用，无论过去、现在还是将来，毛泽东军事思想都是我军克敌制胜的法宝。

## 二、邓小平新时期军队建设思想

邓小平在领导新时期我军建设的伟大实践中，运用马列主义军事理论，丰富和发展了毛泽东军事思想，创造性地提出了一整套具有中国特色的、符合新时期军队和国防建设需要的科学理论，形成了系统的、完整的邓小平新时期军队建设思想。

### （一）科学含义

邓小平新时期军队建设思想是邓小平关于新时期国防和军队建设及有关军事问题的科学理论体系。主要包括当代战争与和平问题的新论断，国防和军队建设指导思想实现战略性转变，建设现代化正规化革命军队的理论、方针和原则。邓小平新时期军队建设思想是对毛泽东军事思想的继承和发展，是新时期国防和军队建设的指导思想。

### （二）形成过程与主要内容

邓小平是以毛泽东为核心的中国共产党第一代领导集体的重要成员，中国共产党第二代领导集体的核心。他既是建设有中国特色社会主义事业的总设计师，同时也是中国社会主义建设新时期军队和国防建设的总设计师。他的新时期军队建设思想，就是从新时期面临的国际国内形势出发，为适应军队和国防建设的需要，而逐步发展形成的。

1978 年底中国共产党第十一届三中全会的胜利召开，标志着中国的社会主义现代化建设事业进入了一个新的历史时期。在 1981 年 6 月召开的中国共产党第十一届六中全会上，邓小平当选为中共中央军事委员会主席。自 1982 年 9 月中国共产党第十二次全国代表大会起，邓小平先后当选为中共中央政治局常委、中共中央顾问委员会主任、中华人民共和国中央军事委员会主席。他从新的历史条件出发，就军队建设和国防建设的大政方针进行了总体设计，相继发表了一系列重要讲话，指出：

和平与发展是当代世界两大问题，如果工作做得好，世界大战就可以延缓；霸权主义是当代战争根源，要反对霸权主义，维护世界和平；军队建设和国防建设要在国家经济建设的大局下行动；要以国家利益为出发点，建设巩固的国防；中国今后的反侵略战争要坚持积极防御的战略方针，实行现代条件下的人民战争；中国必须在世界高科技领域占有一席之地，大力加强国防科学技术研究，实现武器装备现代化；人民解放军要建设成为强大的现代化、正规化的革命军队；要减少数量，提高质量；要按照现代化战争的要求和精兵合成、提高效率的原则，改革军队体制编制，建立和健全各种规章制度；实行干部革命化、年轻化、知识化、专业化；要培育有理想、有道德、有文化、有纪律的军人，开展军民共建社会主义精神文明活动；要继承毛泽东军事思想，研究现代条件下的人民战争，发展中国军事科学；等等。

上述观点和原则的确立，使邓小平新时期军队建设思想形成了一个科学理论体系。1992 年 10 月召开的中国共产党第十四次全国代表大会，正式提出“邓小平新时期军队建设思想”的概念，并要求按照这一思想指导新时期的军队和国防建设。

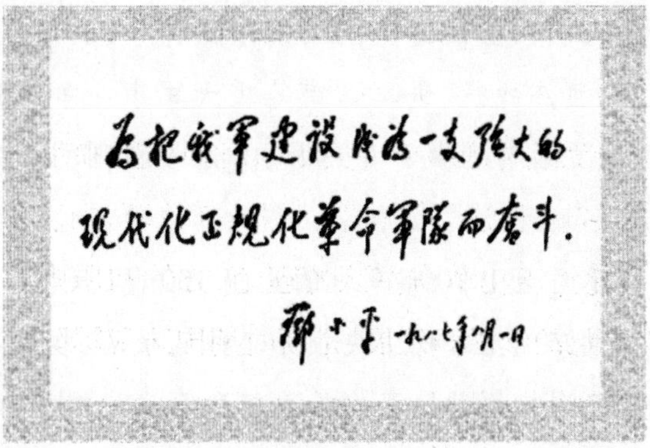


邓小平题词

## (三)地位作用

邓小平新时期军队建设思想，是邓小平理论在军事领域中的展开和延伸，是邓小平理论所坚持的科学世界观和方法论在军事领域内的贯彻和运用。邓小平深刻分析当今时代国际形势的特点和世界军事发展的趋势，从中国现代化建设大局出发，正确解决了在和平与发展成为时代主题、中国进行改革开放的历史条件下走中国特色精兵之路，建设强大的现代化、正规化革命军队的重大课题，深刻地揭示了新时期国防和军队建设的基本规律，把毛泽东军事思想推向了一个新的阶段，是中国国防和军队现代化建设必须长期坚持的指导思想。

## 拓展阅读

### 《邓小平军事文集》

2004年出版的《邓小平军事文集》分为三卷，收入邓小平同志军事方面的文章、报告、谈话、电报、命令、批示、信函、题词等文稿232篇，共约80万字，大多数是首次公开发表。

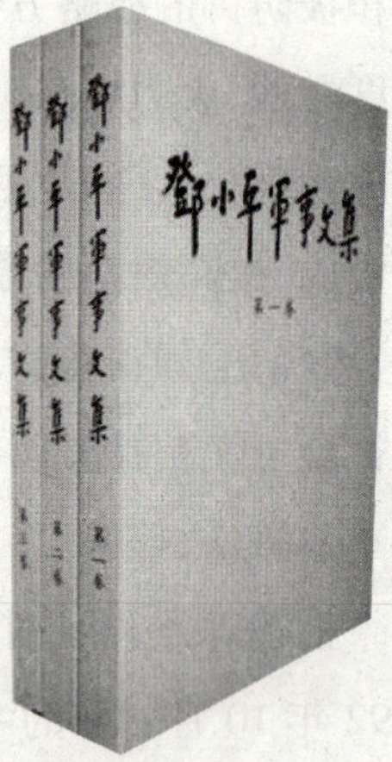


第一卷收入1931年4月至1944年12月的文稿47篇，反映了邓小平同志领导广西武装起义和他在抗日战争时期把党的建设、根据地建设和武装斗争相结合，为创建晋冀鲁豫根据地，发展壮大抗日武装，提出的一整套对敌斗争的战略策略思想。

第二卷收入1945年9月至1974年11月的文稿85篇，反映了解放战争时期刘邓大军从内线作战转向外线作战，千里跃进大别山的艰苦斗争；反映了邓小平同志作为总前委书记，在领导淮海战役、渡江战役、进军西南等重大军事斗争中驾驭全局的韬略；反映了邓小平同志在新中国成立后为西藏和平解放，为维护祖国的统一和安全，为加强国防建设做出的贡献。

第三卷收入1975年1月至1990年9月的文稿100篇，反映了邓小平同志主抓军队整顿，特别是他作为中国共产党第二代中央领导集体的核心，在领导军队精简整编、推动国防工业体制改革，确定新时期军队建设指导思想和军事战略方针等重大问题上所发挥的决策作用；反映了他关于军队要在大局下行动，军队要把维护国家主权和安全放在第一位，军队要保持老红军的政治本色，军队建设要以现代化为中心和要把教育训练提高到战略位置，军队要注重质量建设、走有中国特色的精兵之路等一系列重要思想。

《邓小平军事文集》全面展示了邓小平同志作为伟大的无产阶级军事家在各个历史时期的卓越军事贡献和丰富军事思想，反映了他对毛泽东军事思想的继承和创造性发展。

## 三、江泽民国防和军队建设思想

江泽民国防和军队建设思想是江泽民关于新的历史条件下中国国防和军队建设及军事斗争等问题的系统理论，是“三个代表”重要思想的重要组成部分，是毛泽东军事思想、邓小平新时期军队建设思想的继承和发展，是新的历史条件下中国国防和军队建设的指导思想。

### （一）基本内容

江泽民国防和军队建设思想，着眼于解决好打得赢、不变质两个历史性课题，科学分析和回答了新的历史条件下建设什么样的军队、怎样建设军队和未来打什么样的仗、怎样打仗的问题，提出了一系列新思想、新观点、新论断，阐明了新的历史条件下国防和军队建设的地位作用、目标任务、指导方针、总体思路、根本途径、战略步骤、发展动力和政治保证等，形成了一个完整的军事理论体系。江泽民国防和军队建设思想贯穿的根本性指针是坚定不移地走中国特色精兵之路，贯穿的历史性课题是打得赢、不变质，贯穿的主导性思想是积极推进中国特色军事变革。其主要内容包括：

从国际战略全局和国家发展大局谋划国防和军队建设；解决好打得赢、不变质两个历史性课题；党对军队的绝对领导是中国人民解放军永远不变的军魂；积极推进中国特色军事变革；用新时期军事战略方针统揽军队建设全局；按照政治合格、军事过硬、作风优良、纪律严明、保障有力的总要求，全面加强军队革命化现代化正规化建设；始终把思想政治建设摆在军队各项建设的首位；实施科技强军战略，加强军队质量建设；培养和造就大批高素质的新型军事人才；加快军队武器装备现代化建设的步伐；走出一条投入较少、效益较高的军队现代化建设路子；坚持依法治军、从严治军；军队现代化建设的动力在改革；依靠人民建设军队、建设国防等。

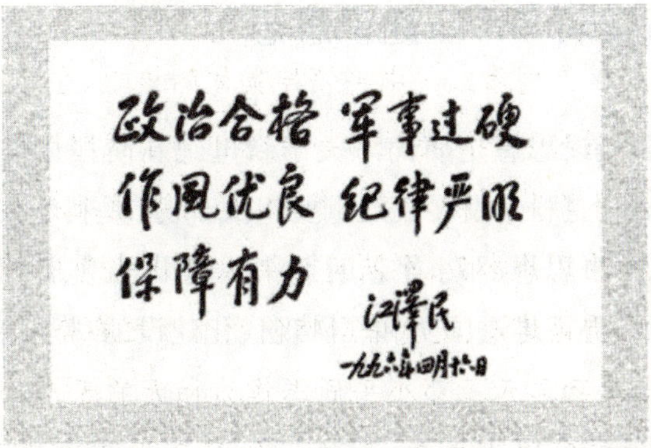


江泽民题词

### （二）地位作用

江泽民国防和军队建设思想是“三个代表”重要思想在军事领域的生动展开，在理论体系上与毛泽东军事思想、邓小平新时期军队建设思想一脉相承，是毛泽东军事思想、邓小平新时期军队建设思想同新的历史条件相结合的产物，是马克思主义军事理论中国化的重大成果，是全党全军集体智慧的结晶。

它坚持解放思想、实事求是、与时俱进，敏锐洞察和准确把握当代世界和中国军事发展大势，具有鲜明的时代性。它根据当代世界和中国的发展变化对国防和军队建设的新要求，提出加强国防和军队建设的一系列新思想、新理论、新论断、新方略，具有高度的创造性。它坚持一切从当代中国的国情和军情出发，不断研究新情况、解决新问题、总结新经验、探索新规律，具有很强的实践性。

江泽民国防和军队建设思想深刻揭示了当代中国国防建设的特点和规律，改革开放和发展社会主义市场经济条件下建军治军的特点和规律，未来战争与军事斗争准备的特点和规律，正确解决了在世界新军事变革蓬勃进行、中国社会主义市场经济深入发展的历史条件下积极推进中国特色军事变革，保证人民军队打得赢、不变质的重大课题，进一步丰富和发展了马克思主义军事理论，开辟了中国共产党军事指导理论发展的新境界，是新形势下中国国防和军队建设的科学指南，对于加强和推进中国国防和军队现代化建设，做好军事斗争准备，具有重大的现实指导意义和深远的历史意义。

江泽民国防和军队建设思想贯穿着马克思主义的科学世界观和方法论，坚持与时俱进与实事求是的统一、世界眼光与中国特色的统一、创新品格与科学态度的统一，把握全局与善抓关键的统一，对面向未来思考谋划国防和军队建设具有重要的世界观和方法论意义。

## 四、胡锦涛国防和军队建设思想

胡锦涛国防和军队建设思想是胡锦涛关于新世纪新阶段国防和军队建设及军事斗争等问题的系统理论。它是科学发展观的重要组成部分，是科学发展观在军事领域的运用和展开，是对毛泽东军事思想、邓小平新时期军队建设思想、江泽民国防和军队建设思想的继承和发展，是新形势下推进国防和军队现代化建设的科学指南。

### （一）形成与发展

胡锦涛是中国共产党第十六、第十七届中央委员会总书记，中国人民解放军的主要领导人,科学发展观的主要倡导者。1985 年任贵州省军区党委第一书记。1988 年任西藏军区党委第一书记。1999 年 9 月任中国共产党中央军事委员会副主席。同年 10 月任中华人民共和国中央军事委员会副主席。2003 年 3 月当选为中华人民共和国主席。2004 年 9 月任中共中央军委主席。2005 年 3 月任中华人民共和国中央军委主席。胡锦涛在领导国防和军队建设的实践中,坚持把毛泽东军事思想、邓小平新时期军队建设思想、江泽民国防和军队建设思想与新的军事实践结合起来,研究解决新世纪新阶段国防和军队建设的重大战略问题,作出新的理论概括,形成了胡锦涛国防和军队建设思想。

中共十六大特别是十六届四中全会后,国际国内环境发生深刻变化,世界新军事变革进程加快,中国国家安全问题的综合性、复杂性、多变性增强。人民军队使命进一步拓展,承担的军事任务十分繁重,对军事斗争准备和军队现代化建设提出历史性的新要求。这些既给国防和军队建设带来新的机遇,也带来严峻挑战,提出了一系列亟待回答和解决的新课题。面对新形势新任务,胡锦涛着眼国家安全和发展战略全局,科学筹划指导国防和军队建设以及军事斗争准备,提出了一系列重大方针和指导原则,作出了一系列重大战略决策和部署,指挥了一系列重大军事行动,使人民军队经受住了政治斗争、军事斗争和同严重自然灾害斗争的严峻考验,推动军队革命化现代化正规化建设取得显著成就。

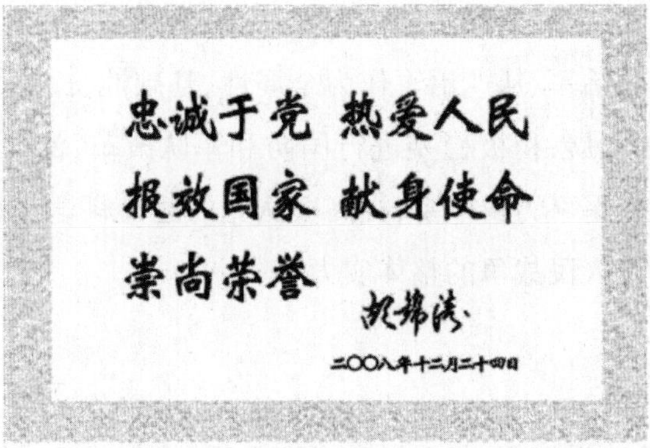

胡锦涛题词

## (二)基本内容

胡锦涛国防和军队建设思想,坚持运用马克思主义立场观点方法,按照科学发展观要求,着眼于时代条件发展变化,紧紧围绕新的历史条件下军队履行什么样的使命、怎样履行使命,实现什么样的发展、怎样发展,未来打什么样的仗、怎样打仗等重大问题,深刻阐明了新的历史条件下国防和军队建设的战略地位、使命任务、指导方针、战略任务、强大动力、根本保证等重大问题，提出了一系列紧密联系、相互贯通的新思想新观点新论断：

中国仍处于发展的重要战略机遇期，同时国家安全问题的综合性、复杂性、多变性进一步增强；建设与中国国际地位相称、与国家安全和发展利益相适应的巩固国防和强大军队，是中国现代化建设的战略任务；统筹经济建设和国防建设，走中国特色军民融合式发展路子，在全面建设小康社会进程中实现富国和强军的统一；全面履行新世纪新阶段军队历史使命；在国防和军队建设中贯彻落实科学发展观，坚持以推动国防和军队建设科学发展为主题，以加快转变战斗力生成模式为主线，全面加强军队革命化现代化正规化建设；把以人为本作为重要的建军治军理念；紧紧围绕"三个确保"的时代课题加强军队思想政治建设，深入持久地培育当代革命军人核心价值观，大力发展先进军事文化；坚定不移地把信息化作为军队现代化建设的发展方向，推动信息化建设加速发展；始终扭住核心军事能力建设不动摇，加强非战争军事行动能力建设，全面提高以打赢信息化条件下局部战争能力为核心的完成多样化军事任务的能力；拓展和深化军事斗争准备；全面建设现代后勤；实现武器装备的自主发展、跨越发展、可持续发展；培养大批高素质新型军事人才；把依法治军、从严治军作为全局性、基础性、长期性工作紧抓不放，推动正规化建设向更高水平发展；积极稳妥进行国防和军队改革，深入推进军队组织形态现代化，构建中国特色现代军事力量体系；提高军队党的建设科学化水平；紧紧依靠人民办国防，增强信息化条件下人民战争的整体实力等。

胡锦涛题写章名的
"爱军精武标兵"奖章

### （三）地位作用

胡锦涛国防和军队建设思想，与毛泽东军事思想、邓小平新时期军队建设思想、江泽民国防和军队建设思想既一脉相承又与时俱进，紧密结合世情国情军情的发展变化，着眼解决军队建设和军事斗争准备的重大现实问题，科学回答了在世界大发展大变革大调整、中国全面建设小康社会的历史条件下，如何推进国防和军队建设科学发展、全面履行新世纪新阶段军队历史使命的重大课题，形成了一个科学的、完整的理论体系。

胡锦涛国防和军队建设思想，是马克思主义军事理论与新世纪新阶段中国军事实践相结合的产物，是辩证唯物主义和历史唯物主义的世界观和方法论在当代中国军事领域的创造性运用，是当代中国共产党人在军事领域推进理论和实践创新的科学结晶，贯穿着解放思想、实事求是、与时俱进、求真务实的科学精神，体现了时代性、实践性和科学性的统一，把中国共产党对军事力量建设和运用规律的认识提升到了新的高度，开辟了党的军事指导理论创新发展新境界。

胡锦涛国防和军队建设思想，科学总结了当代中国军事实践的新鲜经验，积极借鉴了世界新军事变革的有益经验，深刻揭示了新世纪新阶段国防和军队建设的基本规律，是推进国防和军队建设的强大思想武器，对于把国防和军队现代化建设继续推向前进，具有重大而深远的指导意义。

## 五、习近平强军思想

党的十八大以来，习近平总书记在新时代坚持和发展中国特色社会主义历史进程中，着眼实现中华民族伟大复兴的中国梦，紧紧围绕新时代建设一支什么样的强大人民军队、怎样建设强大人民军队，深入进行理论探索和实践创造，形成了习近平强军思想，开拓了中国特色强军之路，把当代中国马克思主义军事理论和军事实践发展推向新境界。

习近平强军思想，明确了新时代国防和军队建设一系列根本性方向性全局性的重大问题，是习近平新时代中国特色社会主义思想的“军事篇”，是马克思主义军事理论中国化时代化的新飞跃，是党的军事指导理论的重大突破、重大创新、重大发展，为实现党在新时代的强军目标、把人民军队全面建成世界一流军队提供了科学指南和行动纲领，必须牢固确立习近平强军思想在国防和军队建设中的指导地位。

### (一)主要内容

习近平强军思想内涵丰富、思想深邃，是一个系统完整、逻辑严密、相互贯通的科学军事理论体系。

#### 1. 强军使命

明确强国必须强军，巩固国防和强大人民军队是新时代坚持和发展中国特色社会主义、实现中华民族伟大复兴的战略支撑。安不可以忘危，治不可以忘乱。新时代我国安全的内涵外延、时空领域、内外因素都在发生深刻变化。由大向强、将强未强之际往往是国家安全的高风险期，我们越是发展壮大，面临的压力和阻力就越大。这是我国由大向强发展进程中无法回避的挑战，是实现中华民族伟大复兴绕不过的门槛。习近平总书记深刻指出：“强国必须强军，军强才能国安。”国防和军队建设是国家安全的坚强后盾，军事手段是实现伟大梦想的保底手段,军事斗争是进行伟大斗争的重要方面,打赢能力是维护国家安全的战略能力。国防和军队现代化进程必须同国家现代化进程相适应,军事能力必须同实现中华民族伟大复兴的战略需求相适应。我军必须服从服务于党的历史使命,把握新时代国家安全战略需求,为实现中华民族伟大复兴提供战略支撑。

2. 强军目标

明确党在新时代的强军目标是建设一支听党指挥、能打胜仗、作风优良的人民军队,必须同国家现代化进程相一致,力争到2035年基本实现国防和军队现代化,到本世纪中叶把人民军队全面建成世界一流军队。建设强大的人民军队是我们党的不懈追求。在各个历史时期,我们党都根据形势任务的变化,及时提出明确的目标要求,引领我军建设不断向前发展。习近平总书记提出中国梦不久就提出强军梦,作出全面建成社会主义现代化强国战略部署的同时,提出实现党在新时代的强军目标,把人民军队全面建成世界一流军队。这是准确把握国家安全环境的深刻变化、强国强军的时代要求,对我军建设目标作出的新概括新定位,内在要求建设强大的现代化陆军、海军、空军、火箭军、战略支援部队、联勤保障部队和武装警察部队,建设绝对忠诚、善谋打仗、指挥高效、敢打必胜的联合作战指挥机构,不断提高我军现代化水平和实战能力。

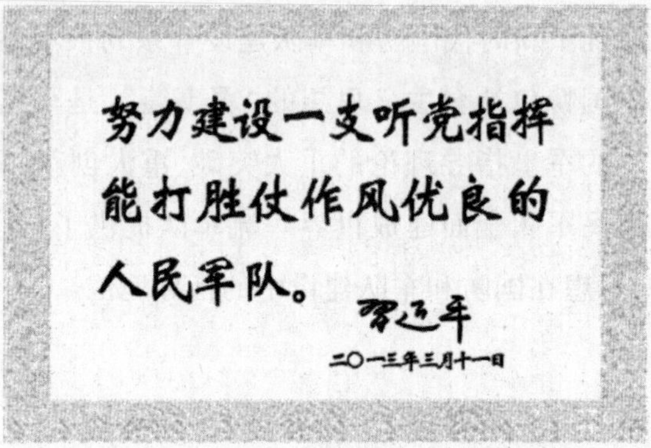


习近平题词

3. 强军之魂

明确党对军队绝对领导是人民军队建军之本、强军之魂,必须全面贯彻党领导军队的一系列根本原则和制度,确保部队绝对忠诚、绝对纯洁、绝对可靠。坚持党对人民军队的绝对领导是新时代中国特色社会主义基本方略的重要内容,是党和国家的重要政治优势。习近平总书记反复强调:“抓军队建设首先要从政治上看,对党绝对忠诚要害在‘绝对’二字。”必须按照新时代党的建设总要求加强我军党的建设,强化“四个意识”,严肃政治纪律和政治规矩,深入抓好军魂教育,经常、主动、坚决地向党中央和中央军委看齐,坚决维护权威、维护核心、维护和贯彻军委主席负责制，全面彻底肃清腐败分子流毒影响，坚决抵制“军队非党化、非政治化”和“军队国家化”等错误政治观点的影响，确保全军在任何时候任何情况下都坚决听从党中央和中央军委指挥。军队高级干部必须对党忠诚、听党指挥，做对党最赤胆忠心、最听党的话、最富有献身精神的革命战士。

致敬强军路上的奋斗者

4. 强军之要

明确军队是要准备打仗的，必须聚焦能打仗、打胜仗，创新发展军事战略指导，构建中国特色现代作战体系，全面提高新时代备战打仗能力，有效塑造态势、管控危机、遏制战争、打赢战争。习近平总书记强调：“人民军队永远是战斗队，人民军队的生命力在于战斗力。”必须贯彻新形势下军事战略方针，把备战与止战、威慑与实战、战争行动与和平时期军事力量运用作为一个整体加以运筹，牢固树立战斗力这个唯一的根本的标准，提高军事训练实战化水平，扎实做好各方向各领域军事斗争准备，聚力打造精锐作战力量，着力建设一切为了打仗的支援保障力量，加快构建适应信息化战争和履行使命要求的武器装备体系，加快建设以联合作战指挥人才为重点的高素质新型军事人才队伍，发扬一不怕苦、二不怕死的战斗精神，锻造召之即来、来之能战、战之必胜的精兵劲旅。

5. 强军之基

明确作风优良是我军鲜明特色和政治优势，必须加强作风建设、纪律建设，坚定不移正风肃纪、反腐惩恶，大力弘扬我党我军光荣传统和优良作风，永葆人民军队性质、宗旨、本色。“作风优良才能塑造英雄部队，作风松散可以搞垮常胜之师”，这是习近平总书记反复强调的一个重要观点。人民军队要恪守全心全意为人民服务的宗旨，牢记为人民扛枪、为人民打仗的神圣职责，始终做人民信赖、人民拥护、人民热爱的子弟兵，不断发展坚如磐石的军政军民关系。把理想信念的火种、红色传统的基因一茬茬、一代代传下去，加强党史军史和光荣传统教育，永葆老红军的政治本色。军中绝不能有腐败分子藏身之地，要锲而不舍、驰而不息地把作风建设和反腐败斗争引向深入，努力铲除腐败现象滋生蔓延的土壤，积极培育风清气正的政治生态。严肃各项纪律，坚持严字当头、一严到底，下大气力治松、治散、治虚、治软，用铁的纪律凝聚铁的意志、锤炼铁的作风、锻造铁的队伍。各级领导干部要以钉钉子精神抓落实，以行动作无声的命令，以身教作执行的榜样，带动形成崇尚实干、敢于担当、主动作为的良好氛围。

感谢人民

6. 强军布局

明确推进强军事业必须坚持政治建军、改革强军、科技强军、人才强军、依法治军，更加注重聚焦实战、更加注重创新驱动、更加注重体系建设、更加注重集约高效、更加注重军民融合，全面提高革命化现代化正规化水平。政治建军是我军的立军之本，任何时候任何情况下都不能有丝毫松懈；改革是决定军队未来的关键一招，必须大刀阔斧实施改革强军战略；科学技术是核心战斗力，必须下更大气力推进科技强军、赢得军事竞争主动；强军之道，要在得人，必须锻造德才兼备的高素质、专业化新型军事人才；军队越是现代化越要法治化，必须厉行法治、从严治军。贯彻“五个更加注重”战略指导，必须强化作战需求牵引，提高军队建设实战水平；下大气力抓理论创新、抓科技创新、抓科学管理、抓人才集聚、抓实践创新，靠改革创新实现新跨越；坚持成体系筹划和推进军事力量建设，全面提高我军体系作战能力；坚持以效能为核心、以精确为导向，提高国防和军队发展精准度；深入实施军民融合发展战略，加快把国防和军队建设融入经济社会发展体系，实现国防和军队建设更高质量、更高效益、更可持续发展。

7. 强军关键

明确改革是强军的必由之路，必须推进军队组织形态现代化，构建中国特色现代军事力量体系，完善和发展中国特色社会主义军事制度。习近平总书记指出：“深化国防和军队改革，是为了设计和塑造军队未来。”领导管理和作战指挥体制改革，以重塑军委机关和战区为重点，强化中央军委集中统一领导和战略指挥、战略管理功能，形成决策权、执行权、监督权既相互制约又相互协调的运行体系，构建平战一体、常态运行、专司主营、精干高效的战略战役指挥体系。规模结构和作战力量体系改革，按照调整优化结构、发展新型力量、理顺重大比例关系、压减数量规模的要求，推动我军由数量规模型向质量效能型、由人力密集型向科技密集型转变，部队编成向充实、合成、多能、灵活方向发展。军队政策制度调整改革，立起打仗的鲜明导向，营造公平公正的制度环境，使军事人力资源配置达到最佳状态，让军人成为全社会尊崇的职业，把军队战斗力和活力充分激发出来。

8. 强军动力

明确创新是引领发展的第一动力，必须坚持向科技创新要战斗力，统筹推进军事理论、技术、组织、管理、文化等各方面创新，建设创新型人民军队。习近平总书记指出：“创新能力是一支军队的核心竞争力，也是生成和提高战斗力的加速器。”我们这支军队，靠改革创新走到现在，也要靠改革创新赢得未来。必须把创新驱动发展的引擎全速发动起来，善于运用新理念、新思路、新方法推进我军各项建设。要加快形成具有时代性、引领性、独特性的军事理论体系，依靠科技进步和创新把我军建设模式和战斗力生成模式转到创新驱动发展的轨道上来，下大气力推进军事管理革命，努力培养造就宏大的高素质创新型军事人才队伍，大力弘扬创新文化，激励官兵争当创新的推动者和实践者，使谋划创新、推动创新、落实创新成为全军的自觉行动。

9. 强军保障

明确现代化军队必须构建中国特色军事法治体系，推动治军方式根本性转变，提高国防和军队建设法治化水平。习近平总书记指出："一支现代化军队必然是法治军队。"强化法治信仰和法治思维，坚持依法治官、依法治权，领导干部带头尊法学法守法用法，引导官兵把法治内化为政治信念和道德修养，外化为行为准则和自觉行动。构建系统完备、严密高效的军事法规制度体系、军事法治实施体系、军事法治监督体系、军事法治保障体系，坚决维护法规制度权威性，强化法规制度执行力。推动实现从单纯依靠行政命令的做法向依法行政的根本性转变，从单纯靠习惯和经验开展工作的方式向依靠法规和制度开展工作的根本性转变，从突击式、运动式抓工作的方式向按条令条例办事的根本性转变，形成党委依法决策、机关依法指导、部队依法行动、官兵依法履职的良好局面。

10. 强军路径

明确军民融合发展是兴国之举、强军之策，必须坚持发展和安全兼顾、富国和强军统一，形成全要素、多领域、高效益军民融合深度发展格局，构建一体化的国家战略体系和能力。把军民融合发展上升为国家战略，是我们党长期探索经济建设和国防建设协调发展规律的重大成果，是从国家安全和发展全局出发作出的重大决策，是应对复杂安全威胁、赢得国家战略优势的重大举措。着眼经济实力和国防实力同步增长，强化统一领导、顶层设计、改革创新和重大项目落实，同步推进体制和机制改革、体系和要素融合、制度和标准建设，完善军民融合组织管理体系、工作运行体系、政策制度体系，努力开创经济建设和国防建设协调发展、平衡发展、兼容发展新局面。

习近平强军思想统筹发展和安全两件大事，统筹经济建设和国防建设两大领域，统筹国际和国内两个大局，统筹军队和地方两大部门，涵盖战争指导、建军治军和改革创新等各方面，打通建设、指挥、管理、监督等链路，是一块成型的"理论整钢"。"十个明确"紧扣"强军"渐次展开，充分反映了习近平主席对"强军强什么、怎么样强军"的深邃理论思考。

### （二）地位作用

习近平强军思想，是习近平新时代中国特色社会主义思想的重要组成部分，开拓了马克思主义军事理论和当代中国军事实践发展新境界，标志着党的军事指导理论的与时俱进。

党的十八大以来，党中央、中央军委和习近平主席着眼于实现中华民族伟大复兴的中国梦，确立党在新时代的强军目标，确立新时代军事战略方针，明确新时代人民军队使命任务，深入推进政治建军、改革强军、科技强军、人才强军、依法治军，大力度推进国防和军队现代化建设，引领强军事业取得历史性成就、发生历史性变革。坚持党对人民军队的绝对领导，全面深入贯彻军委主席负责制，召开古田全军政治工作会议，以整风精神推进政治整训，坚定不移正风肃纪反腐，人民军队提振精气神、立牢主心骨，重回老红军本色。坚决把全军工作重心归正到备战打仗上来，与时俱进创新军事战略指导，壮大战略力量和新域新质作战力量，推动实战化训练步步走深，有效应对外部军事挑衅，震慑"台独"分裂势力，加强边境管控和反蚕食斗争，遂行海上维权、反恐维稳等重大任务，塑造了军事斗争有利态势。大刀阔斧深化国防和军队改革，重构人民军队领导指挥体制、现代军事力量体系、军事政策制度，人民军队体制一新、结构一新、格局一新、面貌一新。加快国防和军队现代化建设，全面推进国防科技创新，建设强大的现代化后勤，加快武器装备建设大发展，国产航母、新型核潜艇、歼-20、运-20、东风系列导弹等大国重器列装，我军现代化水平和实战能力显著提升，中国特色强军之路越走越宽广。这些历史性伟大成就的取得，根本在于习近平主席的坚强领导，在于习近平强军思想的科学指引。

## 思考题

1. 中国古代军事思想有哪些主要内容、特点和代表性著作？
2. 毛泽东军事思想由哪些方面组成？对今天我国国防建设有什么意义？
3. 邓小平新时期军队建设思想的科学含义是什么？
4. 江泽民国防和军队建设思想的基本内容有哪些？
5. 胡锦涛国防和军队建设思想的基本内容有哪些？
6. 习近平强军思想的具体内容有哪些？

# 第四章

# 现 代 战 争

世界新军事革命对我们既是机遇，也是挑战。我们要登高望远、见微知著，看到世界军事领域发展变化走向，看到世界新军事革命重大影响，形成科学的认识和判断，与时俱进大力推进军事创新，有针对性推进国防和军队建设改革，更好坚持党对军队绝对领导、坚持人民军队根本宗旨，使我军真正担当起党赋予的历史重任。

——习近平

## 本章导言

战争从诞生以来，不管以何种形式出现，和平、暴力，忠诚、背叛，勇敢、怯懦等词就常伴左右，看似相悖的词语却代表着不同的人对战争的不同理解。有的笑脸相迎，把战争当作实现企图的不二工具；有的则认识到战争的血腥与残酷，认为“国虽大，好战必亡”。因此，每个人都应该加强对战争的认识与理解，认识到战争的威胁始终存在，天下虽安，忘战必危！

# 第一节　战争概述

## 一、战争的内涵

战争是国家或政治集团之间为了一定的政治、经济等目的，使用武装力量进行的大规模激烈交战的军事斗争，是解决国家、政治集团、阶级、民族、宗教之间矛盾冲突的最高形式。德国军事学家克劳塞维茨认为战争是最大限度地使用力量，最大限度地使用暴力迫使一方屈从另一方意志的一种暴力行为，目标是使敌人无力抵抗，因而“无非是政治通过另一种手段的继续”。

根据战争性质，战争可分为正义战争和非正义战争。正义战争是与联合国宪章和国际法基本准则不矛盾，遭到侵略的一方为自卫而进行的战争。非正义战争是与联合国宪章和国际法基本准则相矛盾，可以定义为侵略战争的战争，由实施武装进攻的一方进行的战争。根据战争的规模，战争可分为局部战争、地区战争、大规模战争。战争的规模是由参战国的数量和军事行动所涉及的面积决定的。大规模战争可能是世界战争，战争中的双方可能是若干联盟或国家，可能涉及整个战区或若干战区。地区战争双方可以是若干国家，通常在一个或两个战略方向上进行。局部战争规模比大规模战争和地区战争小，经常是两个国家之间的战争，有时会有其他国家加入战争的某一方。

## 二、战争的特点

从古至今，一切战争的基本特点都是组织性和暴力性。战争就其本质而言是一种有组织的暴力行为。组织性、暴力性单独作为一种特点并非战争所特有，只有这两种行为特点同时而稳定地出现在同一种社会现象之中时，才能将这种特殊的社会现象称之为战争。

## 三、战争的发展历程

战争是在原始社会后期出现的。原始社会后期，约中石器时代的初期，农业生产力提高，出现了剩余产品，随之而来产生了通过暴力手段直接攫取这些农业剩余产品的动机，在一些当时生产力较为发达的地区，暴力冲突由偶发变得频仍，逐渐成了社会生活的重要组成部分，进而演变为原始状态的战争。这种战争不同于阶级社会的战争，它不具有政治目的。

随着生产力的进一步提高，父权制取代母权制，农业、畜牧业、手工业不断发展，物品更加丰富，产生了私有财产。公元前 40~公元前 20 世纪，在尼罗河流域、两河流域和黄河流域先后出现了古埃及王国、古巴比伦王国和我国的夏王朝等奴隶制国家，人类进入了奴隶社会，出现了主人和奴隶，萌发了私有制、阶级。从此，战争变成了政治的工具、阶级斗争的最高手段。掠夺与反掠夺、压迫与反压迫、侵略与反侵略、争霸与反争霸、扩张与反扩张的战争，便成为阶级社会的特殊和必然现象。

12 世纪以前，战争使用刀、弓、弩、箭等冷兵器，称为冷兵器时代。12 世纪，黑火药开始较大规模用于战争，人类战争进入热兵器时代。18 世纪，欧洲军队逐步完成了由冷兵器向热兵器的转变，并开始了向机械化装备的过渡，使机械化战争进入孕育形成期。

18 世纪中期爆发的第一次工业革命，对军事装备的发展产生了巨大影响，特别是蒸汽动力船的出现，造就了现代海军；蒸汽机车和铁路的实际运营，增强了军队后勤补给和战略机动能力，使战争的规模明显扩大，预示着全新的机械化战争时代的到来。

19 世纪下半叶，以近代科学炼钢法的发明与应用为起点，以电能及内燃机的广泛应用为标志，人类又开始了以重工业为重点，以大机器生产为特征的第二次工业革命。在科技革命的推动下，19 世纪末 20 世纪初，速射机枪、坦克、飞机、潜艇、航母、无线电等一大批自动化、机械化武器装备相继问世，不仅使战场面貌发生了彻底变化，也使军事领域开始了一次新的革命，人类真正步入了机械化战争时代。

第一次世界大战后,各国军队大量装备新式武器,机械化程度迅速提高。第二次世界大战爆发后,大规模机械化战争得到实践,快速机动、突击能力和火力强的武器平台在战争中使用,推动了机械化战争的高速发展和普遍运用,使战争进入了真正的全面机械化时代。

1945 年 8 月,随着美国制造的原子弹在日本的爆炸,核时代来临。随后几年,苏联、英国、法国等工业强国也分别发展了核武器。原子弹、导弹的大量涌现,使机械化战争又发展到一个新的阶段。这一时期的战争形态沿着机械化战争和核战争两个方向急速演进。尽管战后核武器的发展十分迅速,但由于受其巨大杀伤力和破坏力的制约,人类始终没有爆发核战争,也未再次发生世界范围的大规模战争,其基本样式是常规条件下的局部战争和武装冲突,其中影响较大的有朝鲜战争、越南战争和 4 次中东战争等。

1982 年的英阿马岛战争和以色列袭击叙利亚贝卡谷地导弹阵地,1983 年美国入侵格林纳达,作战一方或双方大量使用信息化武器装备(即高技术兵器)和综合电子信息系统,标志着战争水平发生了质的变化,信息在作战力量诸要素中的地位日益突出,在战争中的作用开始显现,这样的战争形态称为高技术战争。

从 20 世纪 70 年代初末至今,高技术战争形态不断发展。从 1982 年的马岛战争至 1991 年的海湾战争,在这一时期的战争中,电子战发展成指挥控制战,信息的作用崭露头角;远程精确打击兵器开始使用,导弹战、精确战、非接触作战等新作战样式不断涌现;战略、战役和战术级信息系统投入使用,使战场信息的获取、处理、传输和使用大大加快。从 20 世纪 90 年代初的海湾战争到 21 世纪第一个 10 年末,在这一阶段,由于各国军队的信息化程度有很大提高,战争的信息化、一体化水平达到相当高的程度,其主要表现是:预警探测系统与指挥控制系统实现无缝隙连接,作战节奏大大加快;精确弹药大量使用,外科手术式的精确打击成为普遍使用的作战样式;战时扁平的网络式指挥控制体制开始形成,信息得以近实时的采集、处理、传输和利用;争夺制信息权的斗争将非常激烈,网络战将成为决定战争结局的重要作战样式,虚拟现实战开始出现。从 21 世纪第一个 10 年末至今,一些国家军队的组织结构开始过渡到信息时代的军事体制,$C^4ISR$ 系统与各种武器系统开始连接,信息得到实时利用,逐渐成为主宰战场上的物质和能量,成为决定战争胜负的主导要素。

# 第二节　新军事革命

## 一、新军事革命的内涵

新军事革命是指军事领域内目前正在发生的全局性、系统性的改变和革新。主要表现为军事技术、作战方式、军队结构、军事理论等方面的变革。它的直接动力是信息技术的飞速发展，核心是把工业时代适于打机械化战争的机械化军队建设成信息时代适于打信息化战争的信息化军队。最终结果是使工业时代的机械化战争经过高技术战争阶段转化为信息时代的信息化战争。

## 二、新军事革命的发展演变

技术决定战术，军事技术的革命往往带来作战方式的改变，因而引起军事理论的变革，同时也使各国军队编制体制作出相应调整和变化，造成军队结构的相应变化。

本轮军事革命在20世纪60~70年代已经开始，主要发生在美国、北约和苏联军队中。因为当时开始了军事信息革命的第一阶段——军事传感革命阶段，主要表现是单个平台和武器系统的计算机化。由于计算机具有图像放大、数据处理和显示等功能，因此传感器材的灵敏度得到了提高。随着控制系统的计算机化，武器系统的性能大大提高，真正具有了超视距制导和攻击能力。20世纪70年代末至今则是军事信息革命的第二阶段——军事通信革命阶段。其特点是出现了可处理大量数据，确保兵力兵器之间在探测、情报、跟踪、火控、指挥等方面的信息畅通的 $C^3I$ 系统，从而使兵力兵器形成了整体合力。

20世纪80年代初，关于战争的新观念开始突破，美军开始步入“第三次浪潮战争”。其突出标志是美军通过总结越南战争中的教训和吸收以色列在第四次中东战争中的经验，提出了适应第三次浪潮变革的“空地一体战理论”，并在“以理论牵引技术”思想的指导下制定了“空地一体战”所需的武器装备发展、编制体制调整和教育训练改革计划。

1991年爆发的海湾战争，先进技术、先进武器系统与新的作战思想相结合而产生的威力，显示了未来信息时代战争的雏形，使人们对未来战争的观念骤然改变，新军事革命进入大众视野，同时也大大推动了各国军事建设步伐。

目前，各国军队都在积极采用民用信息技术和大力开发军用信息技术，并在某些方面有重大突破；各国武器装备的信息化建设全面启动，某些西方发达国家武器装备体系的主体已实现信息化；军事理论创新层出不穷，提出了信息化军事战略、信息战争、信息斗争、网络中心战等战略、战争和作战新概念；军事组织体制革命也已全面展开，世界主要强军已调整军队的编制体制，组建部分新型军事力量；一些国家开始培养信息战和信息技术人才等新型军事人才，军事人才生成机制已开始启动；各国开始探索信息时代进行军队建设的途径，并初步摸索出一些建设信息化军队的方法；个别国家军队开始建设"精确后勤"，启动了后勤革命。军事技术和武器装备革命发展最快，发达国家的骨干武器装备已经是信息化装备，发展中国家也开始了武器装备信息化进程。

## 三、新军事革命的主要内容

世界多极化趋势进程大大加快，美国为保持其世界霸主地位，以及在经济和科技方面的优势，积极进行新军事革命的理论研究，并在军队建设的实践中加快了推进新军事革命的步伐。其他国家为了自身安全和国际地位，也主动或被动地进行军事技术、军事理论、军事组织和人才培养等方面的革新。

### 拓展阅读

**习近平主席论世界新军事革命**

当前，国际形势正处在新的转折点上，各种战略力量加快分化组合，国际体系进入了加速演变和深刻调整的时期。在这个前所未有的大变局中，军事领域发展变化广泛而深刻，是世界大发展、大变革、大调整的重要内容之一。这场军事领域发展变化，以信息化为核心，以军事战略、军事技术、作战思想、作战力量、组织体制和军事管理创新为基本内容，以重塑军事体系为主要目标，正在推动新军事革命深入发展，其速度之快、范围之广、程度之深、影响之大，为第二次世界大战结束以来所罕见。世界军事领域发展变化，与世界政治经济等领域发展变化相互呼应、相互影响。

这场世界新军事革命是全方位、深层次的，覆盖了战争和军队建设全部领域，直接影响着国家的军事实力和综合国力，关乎战略主动权。这场新军事革命，不仅反映在军事科技突飞猛进上，也反映在军事理论不断创新上，还反映在军事制度深刻变革上。

——习近平 2014 年 8 月 29 日在十八届中央政治局第十七次集体学习时的讲话

1. 军事技术

20 世纪 80 年代中期，飞机、舰艇和地面战斗车辆等武器装备在速度、航程、射程及杀伤破坏力等性能指标上已经达到或接近达到物理极限，单个武器平台的发展已遇瓶颈。随着计算机、通信、生物、航空航天技术的发展，军事技术出现了质的飞跃。

(1)增强武器装备作战效能。各国加强作战装备和保障装备的研究，特别是利用信息技术提高军事装备的使用、操纵、指挥性能，使其具有信息探测、传输、处理、控制、制导、对抗等功能。一是增强武器系统的一体化能力。覆盖空、地、海、天、电的 $C^4$ISR 系统将信息化作战平台与精确打击的智能化火力紧密结合起来，使武器装备系统实现了信息火力一体化，达成作战效能的倍增。二是发展攻防兼备的武器。如美国、俄罗斯和以色列等国在进攻性武器装备发展到较高水平的情况下，都开始积极研发反导防御系统。各国发展的很多单一武器也体现出攻防兼备的趋势。三是提升武器装备的机动性。规模投送和远程投送的机动装备地位崛起，载运能力、航程和速度大大提高。核潜艇能够绕地球数周航行。飞机飞行的速度达到 3 倍音速，战斗机的航程超过 5000 km，战略轰炸机超过 16000 km，如果有空中加油机等装备可以跨洲际甚至全球投送。四是大力发展新型武器。以美国为首的发达国家在信息技术、纳米科技、生物工程、人工智能、军用航天、定向能和动能、隐形和反隐形等前沿技术领域不断融合发展，欲研发“改变游戏规则”的新概念武器装备。

(2)提高作战指挥自动化程度。在作战指挥体系中综合运用现代电子与信息科学技术和军事科学理论，将指挥控制、侦察情报、预警探测、通信和电子对抗融为一体，使预警探测、情报侦察、精确制导、火力打击、指挥控制、通信联络、战场管理等领域的信息采集、融合、处理、传输、显示实现联网化、自动化和实时化，目的是提高军队指挥效能，实现“整体力量综合”，达到聚能增效，最大限度地发挥部队的战斗力。

### 2. 军事理论

创新军事理论既是新军事革命的题中应有之义，也是新军事革命的重要内容。就目前阶段而言，其实质是把以机械化战争理论和机械化军队建设理论为主体的工业时代的军事理论，发展成为以信息化战争理论和信息化军队建设理论为主体的信息时代的军事理论。

各国持续关注“21 世纪军队”和“21 世纪战争”，酝酿着重大的理论突破。一是注重对未来军队和战场进行超前设计。强调立足现实，着眼未来，通过提出适度超前的军事理论牵引军队的发展，以理论上的先进性促进和保证军队建设的先进性。二是注重用系统的思想筹划军队建设。其中，最有代表性的方法是“系统集成”，即把军事大系统中的各个分系统用最合理的方式组织起来，在整个军事系统中尽可能多地推广应用先进技术和成熟经验，使之达成优势互补和协调运转，以提高系统的整体效能。三是注重通过军事实践和虚拟实践推动军事理论发展。采取军事演习、武器试验和作战模拟等方式，创造近似实战的条件,检验和论证新的军事理论,力求使军事思想跟上世界军事和当代科技发展的步伐,形成武器装备更新、体制编制调整、教育训练改革与军事理论创新之间的良性循环。

目前,美军已经提出了“信息战”“精确战”“制信息权”“21 世纪战场”“数字化部队”等一系列创新的军事概念。这些概念反映出美军对推动新军事革命的战略思考,即以新的军事理论为先导,带动军队建设向信息时代转变。

俄罗斯军事理论家认为及早判明新技术的军事用途,并使作战方法尽快适应新武器极为重要,同时认为军事革命的最终优势将会在大胆创新军事思想的人一边。目前,俄军重点加强了针对强敌在不对称条件下的“非接触”和“接触”战法研究,尤其加强了信息战、心理战、特种作战、城市巷战和山地战等作战样式的理论研究。

3. 军事组织体制

新军事革命的主要内容之一,是使军事组织体制实现从工业时代向信息时代的跨时代跃升。这种跃升的实质是使信息这一构成战斗力的主导要素能在军队内部和战场上快速、顺畅、有序地流动,以适应打未来信息化战争的要求。一般来说,在一场全面军事变革中,最先发生变化的是军事技术和武器装备,最后完成变革的是军事组织体制。军事组织体制实现了革命性变革,一场军事变革也就完结了。军事组织体制变革最具彻底性,但改革军事组织体制是一项复杂的系统工程,涉及面广,牵扯的问题多,其实质是使全新的信息化武器装备、知识型军事人员和创新性作战理论所蕴含的作战潜力实现“物化”,而“物化”的成果就是信息化军事形态的军事组织体制。

俄国成立空天军

军事组织体制改革的大方向就是使军队体制编制“适于信息的快速流动和使用”。一是变纵长形“树”状领导指挥体制为扁平形“网”状领导指挥体制,逐步建立外形扁平、横向联通、纵横一体的“网”状领导指挥体制。二是进行陆军结构改革。近期发生的高技术局部战争表明,陆军的地位和作用在下降,空军的地位在上升。主要强国不断缩小陆军规模,加强空军、海军以及新型作战力量(如空天军、网军)。美国国防部为了使陆军焕发青春,决定实行“陆军转型”,把陆军改造成以旅为基本作战单位的“目标部队”。俄军为建设“机动型”陆军,大幅度压缩陆军规模,逐步建立军政军令分开、高度集中统一的领导指挥体制,并实现部队编制的小型化、轻型化、多能化。三是组建信息战部(分)队。为了实施和打赢信息战,一些国家开始组建信息战攻防部(分)队。美国空军正在建立专门负责实施进攻信息战的航空队——第 8 航空队。另外,美军将网络司令部升级为第十个联合作战司令部,所辖网络任务部队专司网络空间的作战行动。印度和韩国则计划组建“反黑客部队”。英国、德国、澳大利亚等国军队建立了各种计算机应急反应分队和计算机网络防护分队。

4. 军事人才

军事人员是开展和推动新军事革命的主体。信息时代呼唤知识型信息化军事人才，建设信息化军队、进行信息化战争要求军事人员必须具备更高的素质，特别是知识、思维和智力素质。为了造就信息时代的新型军人，美国等西方国家主要采取了以下四项措施：一是贯彻精英思想。把社会上的优秀青年吸收到军队中，同时使军队中的优秀人才晋升至更高一级职位。二是培育军人的信息素养。最近，美军等发达国家军队提出要培养官兵的信息素养，以适应信息时代的需要。三是提高军人信息能力，亦即有效利用信息设备和信息资源，来获取信息、处理信息、利用信息和创造新信息的能力。近年来，外国军队装备了大量信息系统，需要大量的信息技术人员来操纵、使用、管理和维护。为了培养高质量的信息技术人才，美、英等国军队推出了“通信兵培训计划”“信息系统操作员和分析员培训计划”以及各种信息技术学习培训班。四是军民融合，联合培养。随着人力密集型军队向科技知识密集型军队转化速度的加快，军队需要的知识型人才大量增加，各国将更加重视依托国民教育培养军事人才。

## 四、中国特色军事变革

随着新军事革命的推进，我军的结构性矛盾变得十分突出，外军的转型对我军力量结构提出了三个方面的要求：一是信息火力配套。未来战场在相当长的时间内，主要是以机械化武器装备提供的火力和一定的信息战力量相结合的综合力量进行作战活动，但最终将经历火力信息战—信息火力战—信息战的演变过程。二是多维力量一体。信息化战争的力量结构将是空、地、海、天、电多维力量联合的作战体系，各力量元素在不同的战争阶段发挥着不可替代的作用，特别是信息网络战力量与航天力量等新型力量元素的地位正在崛起。三是战备机动力。分兵把口部署兵力的机械化战争模式，在战场透明、打击精确的非接触、非线式作战环境下已严重滞后，将逐渐为以信息网络为支撑的机动式力量部署所取代。目前，我军也在积极推进中国特色军事变革，在军事技术、军事理论、军事体制和人才队伍建设方面完成或正在推出一系列重大举措，正在掀起一场具有中国特色的军事革命。

1. 军事技术

我军目前正在进行减员增效改革，减少数量，提高质量。大力推进科技创新，在“生产一代、研制一代、预研一代”的基础上，着力进行“探索一代”的研究。近年来，军事技术不断创新,武器装备飞速发展,空警-2000 预警飞机等新型信息化装备层出不穷,东风-21D 导弹等高精尖武器不断涌现,无人作战飞机、激光武器等新概念武器屡见报端,“撒手锏”武器装备越来越多,我国与世界军事强国的技术差距不断缩小,部分技术略有领先,标志我军军事技术在这场军事革命中正迈向世界前列。“军民融合”战略的提出,更是给我军军事技术的发展插上了翅膀,其爆发式发展可期。

东风-21D 导弹

彩虹-5 无人机

2. 军事理论

当今世界国际体系加速演变和深化,国际各种力量围绕权力和利益再分配的较量加剧,国际政治经济格局正在变化,国际安全形势不容乐观。人民军队作为维护国家安全和发展利益的中坚力量,使命正在发生变化,军事任务正在多样化,对应的军事理论也正在发生深刻变化。

目前,中国军队正在按以信息化带动机械化、以机械化促进信息化的要求,深入开展对信息作战、非接触作战、联合作战等作战样式的理论研究,创新军事理论和作战思想,引导军事理论创新的深化,推动军事理论向适应信息化战争发展需要转变。

3. 军事体制

2015 年 11 月中央军委改革工作会议后,我军领导指挥体制改革先行展开:打破总部体制、大军区体制、大陆军体制,组建新的军委机关,成立陆军领导机构、火箭军和战略支援部队,划设五大战区,军委联合作战指挥中心首次对外公开亮相,成立联勤保障部队并构建“一基地五中心”布局,形成了“军委管总、战区主战、军种主建”的新格局,实现了我军组织架构的历史性变革,我军体制、结构、面貌焕然一新。

(1)压规模,实现消肿瘦身。大幅减少军官总数,将一些军民通用、不直接参与一线作战行动的军官岗位改用士兵或文职人员,官兵比例得到明显优化。严格控制机关内设机构和人员数量,大幅压减全军团级以上机关现役员额,机关与部队比例得到明显优化。精简文艺体育、新闻出版、服务保障和院校、医疗、仓库、科研院所等机构和人员,作战部队与非战斗单位比例得到明显优化。

（2）调结构，实现协调发展。压缩陆军规模，适度增加海军、火箭军、战略支援部队规模，保持空军现有规模，军兵种结构得到优化。大幅压缩传统兵种及老旧装备部队，充实和加强新型作战力量，增加新质战斗力比重，军兵种内部力量结构得到优化。改革后，我军力量结构大厦的“立柱”和“主梁”更加坚固，配置更加合理，功能更加完备。

（3）精编成，实现结实强壮。作战部队主体实行军—旅—营体制，旅成为基本作战单位，营成为基本作战单元。同时，进一步充实军兵种作战力量，提高合成化程度。改革之后，旅营作为作战基本模块，不管是军种内部的协同作战，还是诸军兵种联合作战，都可以依据任务灵活进行组合。

4. 军事人才

“兵者，国之大事，存亡之道，命在于将。”人才是建军治军之本，是中国特色现代军事力量体系中的决定性要素。为打造一批世界一流的军事人才，适应军事变革需要，我军采取了一些有中国特色的军事人才措施。

（1）拓宽人才培养渠道。完成军队院校调整改革，构建了“以联合作战院校为核心、以兵种专业院校为基础、以军民融合培养为补充的院校格局”。同时，依托国民教育培养军事人才，把军事教育纳入国民教育体系。以招收选拔国防生为主要形式，以依托普通高校的国民教育为重要形式的多种培养渠道将选拔培养工作延伸到招生阶段和大学生在校学习阶段，确保了军队有稳定可靠的高素质人才来源。

（2）改进人才培养模式。健全完善了军队院校教育、部队训练实践、军事职业教育“三位一体”的新型军事人才培养体系。军队院校教育在军队建设中具有基础性、先导性、全局性作用，是人才培养主渠道，重在固本强基。部队训练实践推动理论向实践转化、知识向能力跃升、课堂向战场延伸，是人才培养大课堂，重在转化运用。军事职业教育是利用网络化、数字化、个性化的“泛在学习”，紧贴岗位拓展学习新知识新理论新技术新装备，提高职业素养，强化职业精神，是人才培养大平台，重在补充拓展。

（3）推进军官职业化制度建设。为使人才引得进，留得住，目前我军正在加大力度推进建立中国特色军官职业化制度，围绕提高以打仗能力为核心的军事职业素养，按照专业化内在要求构建的一整套军官管理规则体系，将具有军事性与政治性相统一、稳定性与流动性相统一、优待性与奉献性相统一的基本特征。中国特色的军官职业化，军衔主导更加鲜明、服役制度更加科学、发展路径更加清晰、任职资格更加严格、发展环境更加纯正、待遇保障更加优厚、退役安置更加顺畅，将以制度优势集聚社会优秀人才，并引导和保障军官集中全部心思和精力谋打仗、练打仗，提高完成军事任务的效率。

# 第三节 机械化战争

## 一、机械化战争概述

机械化战争是指主要使用机械化武器装备及相应作战方法进行的战争，具有机动速度快、火力毁伤强、战场范围广、战争消耗大等特点，是工业时代战争的基本形态。

机械化战争理论是由英国坦克军参谋长富勒最先提出来的。他在 1918 年 5 月拟制的《1919 年计划》中，提出了建立和使用机械化军队的新观点；之后，又在《世界大战中的坦克》（1920）、《论未来战争》（1928，中译本名为《机械化战争论》）等著作中进一步作了阐述，创立了机械化战争理论。继富勒之后，德国的古德里安、法国的戴高乐、奥地利的艾曼斯贝格尔等人，也从不同角度提倡机械化战争论。这种理论还为德国法西斯头目希特勒及其统帅部所接受，并应用于第二次世界大战初期闪击波兰、法国和进攻苏联的作战行动中。

机械化战争与装甲车辆、火炮技术、流水线生产、人员培训等因素息息相关。机械化战争是工业革命的产物，是用人操纵机器去打仗，重视军队的机动能力，扩展人的四肢，节省人的体力。

## 二、机械化战争的形成与发展

机械化战争的形成与发展，是与特定的历史条件相联系的。在科技革命的推动下，19 世纪末 20 世纪初，一大批自动化、机械化武器装备相继问世。坦克是防护、火力、运动三位一体的结合，随着坦克在索姆河之战中首次登场，机械化战争的序幕揭开了，人类真正进入了机械化战争时代。

### 1. 萌芽、形成时期

机械化战争萌芽、形成是在第一次世界大战期间。最早、最基本的陆军机械化装备是坦克，坦克的问世和运用是开创机械化战争新时代的里程碑，对其他装甲装备的发展、装甲兵的运用及机械化战争理论的提出均起到积极的促进作用。但当时坦克的主要问题是规模小、处于配属步兵的地位，装甲兵也未成为独立战术单位，只是配合步兵作战的辅助兵种，作战运用的局限性较为明显，仅能担负战术突破任务。

### 2. 快速发展时期

机械化战争快速发展是在第一次世界大战结束至第二次世界大战结束期间。在这一时期，机械化军事形态快速发展，并不断完善。主要标志是：军队的机械化程度迅速提高，机械化作战理论空前繁荣，始于机械化战争的军事结构得以确立，大规模机械化战争得到实践。特别是第二次世界大战期间，各主要军事强国将现代化的陆海空军及其具有高度机动力、突击力的机械化作战平台大量运用于战争，推动了机械化战争的高速发展，战争形态由平面战发展为大纵深立体战。

在武器装备发展变革上，新型坦克、装甲战车、自动火炮及其他机械化装备不断涌现，并大量装备部队，使装甲兵成为陆军的主要突击力量，步兵也发展为摩托化和机械化部队，并组建了强大的战役机械化军团。这一时期，飞机、舰艇也得到很大发展，欧美等军事强国的陆海空军作战装备多数实现了摩托化和机械化，古老的步兵、骑兵和其他兵种正在悄然隐退。

在战争形态上，由于现代化的陆海空军武器装备大量涌现于战场，使过去仅限于陆地、海上的平面战争，发展为陆海空一体、陆空一体、海空一体的大纵深战争，在作战方式上，也实现了由线性作战向纵深作战发展。

### 3. 成熟、顶峰时期

二战之后，军队机械化走向成熟，并由于核武器的出现而发展到一个新阶段。原子弹、导弹的大量涌现，使机械化战争又发展到了一个新的阶段。这一时期的战争形态沿着机械化战争和核战争两个方向急速演进。

在这一阶段，由于冷战期间世界各国均受到核武器巨大杀伤力和破坏力的制约，始终没有爆发核大战。所以，机械化战争基本类型是常规条件下的局部战争和武装冲突，其中影响较大的有朝鲜战争、越南战争和4次中东战争等。20世纪80年代初美军提出了“空地一体作战”理论，要求诸兵种协同进行立体作战。苏联又进一步推出了“大纵深立体战役”理论，强调既高度重视核条件下的战役作战，又不忽视非核条件下的战役作战，并形成战区战略性战役样式、战役机动集群理论和战役的大纵深立体性质三个方向的思想。这一时期作战理论的更新发展，标志着机械化战争的发展已经进入成熟阶段。

在这一阶段，世界各国常规力量的组织结构沿着增强突击力的方向发展，装备威力强大的战役战术导弹，各种火炮性能也大为提高，部队全部实现了机械化。它不仅使陆军机械化装备发展达到了最高峰，也为信息化装备的发展奠定了坚实的基础。

## 三、机械化战争的特点

### 1. 物质和能量起主导作用

物质、能量和信息在任何时代的战争中都是起作用的。在机械化战争中，杀伤破坏的主要方式是武器的射程、速度和毁伤力等化学能、核能和机械能,以火力和机动力为表现形式的物质和能量是起决定作用的,信息和它们相比,只起辅助作用。

2. 机动速度快

汽车、飞机、坦克的出现使得机械战争中人员与武器装备的机动速度得到极大提高。二战时德军的“闪电战”和苏军的“大纵深战”使“兵贵神速”有了更丰富的含义。科学技术特别是飞机、导弹技术的极致发展,使武器装备的机动速度进一步提高,部队集结、兵力展开、突然袭击、纵深追击等作战行动进一步提速,作战节奏成为制胜重要因素,战争由以往“大吃小”变为“快吃慢”。

3. 火力毁伤强、附带毁伤大

在机械化战争中,制胜理念是消耗敌人、摧毁敌人,作战的目标把消灭对方有生力量摆在首位。由于受武器精度的限制,为了达成作战目标,指挥员往往进行“粗放”作战,不惜实施“毁其一点,击其全面”的“地毯式”的狂轰滥炸,给对方造成大量的人员伤亡和财产损失,逼其屈服。

4. 战场范围广

机械化武器装备的出现,特别是战车、飞机、舰艇性能的提高,使作战空间发生了由“平面”到“立体”、由“一维”到“三维”的嬗变,并由陆地向海洋再向空天扩展。如第二次世界大战中,先后有 61 个国家和地区、20 亿以上的人口被卷入战争,作战区域面积达 2200 万平方千米。

5. 战争消耗大

在机械化战争片中,决定战争胜负的主要因素是军队的规模,飞机、坦克和军舰等武器装备的品种和数量,战争消耗非常巨大。

6. 指挥控制呈多层次树形结构

机械化战争指挥控制是横向连接的树状结构,这种指挥控制网络就像大工业生产按行业、按流水线建立控制体系,犹如金字塔,下面大上面小,最高指挥官处于金字塔的顶峰。所有来自前线的敌我双方的情报信息,必须逐级向上汇报,上级的指示精神也按照这样的树状模式逐级下达到前线或基层。指挥控制层次多,导致指挥效能低,决策速度慢,抗毁性差。

## 四、机械化战争的作战力量

作战力量是取得战争胜利的重要保证。从直接用于作战而言,作战力量的基本要素包括三个方面:一是物质力量,指参加战争的人员、武器、装备、技术、物资等;二是结构力量,指作战力量的体制、机构、作战编成等;三是行为力量,指直接用于作战行动的侦察力、摧毁力、突击力、机动力、干扰力、控制力、防护力、保障力等。

机械化战争作战力量的一般构成:陆上作战力量、空中作战力量、海上作战力量、导弹作战力量。

## 五、代表性战例:诺曼底登陆

1939~1942 年德军侵占了列宁格勒、莫斯科、斯大林格勒(均不含)一线以西的欧洲大陆。欧洲战场只有苏军在东线抗击德军的进攻。为减轻压力,1941~1942 年苏联曾多次要求美、英两国在西欧开辟第二战场。1943 年 1 月美、英两国卡萨布兰卡(今摩洛哥的达尔贝达)最高军事会议决定利用苏军在东线已给德军严重打击,并发动强大攻势牵制德军的有利形势,从西线德军防御薄弱的诺曼底地区登陆,夺取集团军群登陆场,在法国北部登陆开辟第二战场,之后攻占法国,直指德国腹地。

### 1. 双方参战兵力

德军在法国南部、北部和比利时、荷兰共集中有陆军 2 个集团军群,共计 58 个师(海防师 33 个,步兵师 13 个,装甲师 9 个,装甲步兵师 1 个,伞兵师 2 个),约 60 万人;海军有中小型水面舰艇 560 余艘,部署在英吉利海峡和比斯开湾;空军部署有飞机 590 余架。主要兵力部署在法国北部和比利时、荷兰,共部署了 41 个师,南部只部署了 17 个师。其中北部的加来地区最强,诺曼底地区较弱。各集团军的海防师和步兵师基本上配置在 8~10 km以内的海岸地带,占领坚固的支撑点,进行阵地防御;装甲师和伞兵师原则上配置在海岸浅近纵深,以便及时实施反突击。在工事构筑与障碍物设置上,德军也是把重点放在加来地区。在加来地区海岸,德军构筑了一道由岸炮阵地和众多坚固支撑点构成的防御地带,纵深为 8~10 km。各支撑点之间敷设有大量的地雷和其他障碍物。在海滩高潮线与低潮线之间设置了多列拒马、角锥体及有带刺铁丝网的斜木架等水中障碍物,并在各种障碍物上挂有爆炸物。由浅海区至深海区还敷设了三道水雷区。诺曼底地区的海岸防御工事和障碍物与加来地区相似,但强度和密度差得多,仅构筑了 88 个孤立支撑点(各支撑点之间的距离为 850~1300 m),其中大部分由野战防御工事构成,小部分有钢筋混凝土掩蔽部。海滩障碍物上只有少量爆炸物。为防止盟军在诺曼底的开阔地形上空降,德军广泛设置了防空降障碍物。

盟军方面,登陆作战最高司令官为艾森豪威尔(美陆军上将),陆军第 21 集团军群司令为蒙哥马利(英陆军上将),海军司令为拉姆齐(英海军上将),战术空军司令为马洛里(英空军上将)。其中陆军第21集团军群下辖美第1集团军、英第2集团军和加拿大第1集团军。美第1集团军由第5、第7、第8、第19军和空降军编成。英第2集团军由第1、第8、第12、第30军和空降军编成。加拿大第1集团军由第1、第2军编成。各军辖2~4个师,共计36个师(步兵师23个,装甲师10个,空降师3个)。海军司令部下辖西部特混舰队和东部特混舰队。西部特混舰队由3个登陆编队组成,保障美第1集团军登陆。东部特混舰队由4个登陆编队组成,保障英第2集团军和加拿大第1集团军登陆。另有掩护舰队在英吉利海峡担任掩护任务,由英国南部各海军军区具体组织指挥。战术空军司令部下辖美战术空军第9航空队(相当于集团军)和英战术空军第2航空队,负责掩护和支援陆海军。另有美欧洲战区战略空军部队和英战略轰炸机部队,由登陆作战最高司令官直接指挥,负责战略和战术轰炸任务。

2. 战前准备

盟军从1943年12月至1944年5月进行了约6个月的直接登陆作战准备。在此期间,实施广泛细致的侦察,制订周密的作战计划,建立各种组织和指挥机构,集结大量的兵力兵器,筹集充足的舰艇、飞机和物资器材,举行多次战前演练。同时,为削弱德军抗登陆防御还进行了大规模的先期作战,包括战略轰炸、伪装欺骗等。

为削弱德国的战争能力,美英空军从1943年1月即开始对德国本土进行战略轰炸。为直接配合诺曼底登陆作战,夺取制空制海权,瘫痪德军防御体系,孤立登陆地区,美英空军从1944年2月至6月对德军进行了更大规模的战略轰炸,在4个月的轰炸中总投弹量达44万吨。轰炸的目标主要有四类:第一类是德国本土的军事工业,包括航空、潜艇、交通、石油工业等;第二类是德国和西欧的空军、火箭基地;第三类是通往法国北部的铁路交通枢纽和塞纳河、卢瓦尔河上的桥梁;第四类是法国北部德军海岸防御体系。

盟军在登陆作战准备阶段储备了大量的装备、补给品,仅从美国运往英国的物资即达520万吨;筹集了登陆运输舰艇4000余艘和大量商船;建立了庞大的后勤组织,仅后勤兵站人员即有37万余人,主要担任运输补给、维修保养、工程构筑、医疗救护等任务。

3. 登陆作战实施

6月1日,盟军5个第一梯队师和2个跟进师分别在英国南海岸的十几个港口上船。之后后续部队继续在上述港口和其他港口上船。各登陆编队启航后不久,因气象预报5日天气恶劣而奉令返航,4日晚返抵指定的紧急延期港待命。5日气象预报6日天气将有好转尚可登陆,各登陆编队又奉令启航。

6月6日,各登陆编队在登陆地域海区战术展开,航空和舰炮进行火力准备,摧毁和压制德军的海岸防御目标。5个第一梯队师经过换乘、编波和向岸运动,分别在5个海滩登陆。

登陆场景

美第4步兵师在“犹他”海滩登陆，于6日6时30分开始登陆，进展顺利。至18时全师2万余人全部登陆完毕，仅死亡197人。日终时，该师与第101空降师取得了联系，并共同占领了正面和纵深各约9 km的登陆场。

美第1步兵师在“奥马哈”海滩登陆，在德军第352步兵师和第716海防师的反冲击下，未能接近卡昂。日终时仅占领了纵深约8 km的登陆场，与右翼英第50步兵师建立了联系。

第3步兵师在“斯沃德”海滩登陆，于6日7时25分开始登陆。在突破德军海岸防御阵地后企图与加拿大第3步兵师协同攻入卡昂，但遭到德第21装甲师的反冲击，未能接近卡昂。日终时仅占领了纵深约8 km的登陆场，与英第6空降师建立了联系。

6月6日这一天，盟军在诺曼底地区共空降、登陆10个师。由于兵力强大，预先又采取了欺骗、佯动和阻止德军增援的措施，因此登陆比较顺利。但登陆后进展缓慢，仅占领了4个正面和纵深不大的孤立登陆场，未能完成预定的建立统一登陆场的任务。

6月6日，在登陆前的4~5 h，美英军3个空降师首先在诺曼底登陆地区的两侧空降着陆，抢占要点和有利地形，阻止德军增援，配合登陆。空降前3 h共出动轰炸机4500架次，对各师的空降地域实施航空火力准备。各空降师主力空降前半小时派出若干个空降引导组先行空降着陆，引导突击梯队和后续梯队伞降和机降。整个空降作战共使用了运输机2400余架，滑翔机约1130架。空降了35000余人，其中伞降17600余人。

从6月7日开始，盟军的任务是连接和扩大各孤立登陆场，建立统一的登陆场。经过6天激战于6月12日完成。

6月7~12日这6天中，盟军建立了正面约80 km，纵深13~19 km的统一登陆场。至此，已有15个师、32万余人、5万余台车辆登陆，上陆物资达10万吨。由于德军认为加来地区将有更大规模的登陆,因此不敢从该地区抽调大量兵力增援。至6月12日,德军感到已无力夺回被占领的阵地,即全面转入防御,企图阻止盟军扩大登陆场。

从6月13日开始,盟军的任务是扩大登陆场,夺取瑟堡、圣洛和卡昂,为之后的地面进攻做好准备。

从6月6日至7月18日的43天中,盟军夺取了正面约154 km,纵深13~35 km的集团军群登陆场,有36个师、150万人、33万台车辆登陆,上陆物资达160万吨。德军抗登陆兵力共27个师54万余人。德军虽顽强抵抗,但终因兵力不足而失败。到7月18日,盟军大量部队和物资已上陆,并拥有了重要港口和机场网,基本上能保障之后大规模地面进攻的需要。至此,诺曼底登陆战役即告结束。

诺曼底登陆中盟军参战总兵力达287.7万人。作战师36个,舰艇9000余艘,飞机13000余架。德军在诺曼底遂行抗登陆作战的部队仅有6个师又3个独立团,连同增援部队共27个师,舰艇500余艘,飞机1000余架。盟军伤亡12.2万余人,德军伤亡11.7万余人。这场战争是目前为止世界上最大的一次海上登陆作战,使第二次世界大战的战略态势发生了根本性的变化。这场战争是机械化战争的经典之作。

## 第四节 信息化战争

### 一、信息化战争的内涵与形态

信息化战争,是依托网络化信息系统,使用信息化武器装备及相应作战方法,在陆、海、空、天和网络、电磁等空间及认知领域进行的以体系对抗为主要形式的战争,是信息时代战争的基本形态。

信息化战争以信息为主要资源,以信息化军队为主体,以信息中心战为主要作战方式,以争夺信息资源为直接目标,并以相应的军事理论为指导。它没有改变战争的政治和暴力本质,仍然是政治斗争的继续。

信息化战争所描述的战争形态有以下六种表现:一是主要使用以信息技术为主导的武器装备系统;二是以信息为主要战略资源;三是以信息中心战为基本作战方式;四是以争夺信息资源为战场目标;五是以信息化武装力量为主体;六是实行以信息化军事理论为基础的战争指导。

## 二、信息化战争的基本特征

### 1. 高度信息化的武器装备系统

工业时代的战争，是以机械化武器装备为物质基础所进行的战争；信息时代的战争，是以信息化武器装备系统为物质基础所进行的战争。而信息化的武器装备系统，是以计算机技术为核心、以信息技术为基础的一体化的武器装备系统。其构成主要包括信息攻防武器系统、单兵数字化装备和指挥控制系统（即 $C^4$ISR）。在信息化战争中，$C^4$ISR 系统是敌对双方的主要作战目标，围绕着 $C^4$ISR 系统展开的攻击和防护成为战争的重要作战行动。

### 2. 急剧升值的信息资源

工业时代的战争，起主导作用的是物质和能量，打的主要是“钢铁仗”和“火力仗”。在信息化战争中，信息是核心资源，是决定战争胜负的关键因素。从某种意义上讲，信息化战争是以争夺战场“制信息权”为主要行动的战争。攻城略地已经成为机械化战争的历史，在信息化战争中，地理目标日趋贬值，信息资源急剧升值，争夺“制信息权”将成为敌对双方对抗的焦点。拥有信息资源，握有信息优势，是取得战争胜利的先决条件。同时，信息能成为信息化战争战场能量释放的主要方式。战场能量释放方式不仅是机械能，更主要的是深刻体现人的智能活动的信息能，即各种信息化武器装备的战场探测预警、情报侦察、精确制导、火力打击、作战指挥与控制、通信联络等能力，这是一种新型的战场能量释放方式，也是一种对信息资源的利用。

### 3. 超大多维的作战空间

随着科学技术和武器装备的发展，作战空间逐渐呈现出日益拓展的趋向。由于飞机的问世和航空技术的发展，作战空间发生了第一次革命性变化，由陆、海平面战场发展为陆、海、空三维一体的立体战场。20 世纪 80 年代以来，随着航天技术特别是以计算机技术为核心的信息技术在战争中的应用，战场空间随之发生了新的变化，不仅从陆、海、空三维物理空间扩展到了外层空间，而且一种新的作战空间——信息空间正在悄然形成。信息空间是一个全新的概念，它包括电磁空间、网络空间和心理空间三个方面，渗透于陆、海、空、天各个战场领域。信息和信息流“无疆无界”，使得信息作战的领域大大突破了传统的战场界线，形成一个超大无形、领域广阔的作战空间。

### 4. 迅疾短促的作战时间

促使战争时间迅疾短促的主要因素有三个：一是战场信息流动加快，作战周期缩短。在信息时代，数字信息技术广泛运用于战场侦察监测设备和信息快速传输网络，实现了信息的实时获取、实时传输、实时处理,使得信息流动速度空前加快,空间因素贬值,时间急剧增值,作战行动得以快速进行。二是战争的突然性增大,时效明显提高。从近几场局部战争的实践看,各种信息武器具有快速的作战能力,使得作战行动的速度加快,时效性明显提高。三是广泛实施精确作战,毁伤效能剧增。据有关资料,第二次世界大战期间摧毁一个目标,大约需要900枚炸弹,到越战期间大致降到300枚。而现在摧毁一个目标只需要1~2枚精确制导炸弹。精确打击直接指向敌人的战争重心,迅速而致命,必然使作战时间短促,战争持续时间大为缩短。

5. 非接触交战的作战行动样式

非接触交战是敌对双方在不接触的情况下,使用信息系统和远程作战武器实施防区外打击的作战行动样式。非接触交战行动样式的出现,是一体化的远距离侦察信息系统和远程作战武器发展的必然结果。战争实践证明,实施非接触作战具有许多优越性:一是能够充分发挥高技术武器装备的威力。二是战争突然性增大。由于参战部队不与敌方接触,更能隐蔽作战企图,达成突然性,获得出奇制胜的效果。三是能提高生存能力,减少伤亡。四是战争的政治风险小。非接触作战能够在与对方不接触的情况下有理、有利、有节地实施打击,作战行动易于控制,可避免深陷战争泥潭,以较低的风险达成有限的战争目的。

## 三、信息化战争的发展趋势

进入21世纪,随着数字技术与网络技术的日趋融合,信息化战争形态演变将明显地呈现出向网络化和智能化方向发展的趋势。

1. 网络化

未来10~15年,以大数据、高性能计算、量子技术等为代表的新兴信息技术将实现重大突破,信息能力大幅提升。信息网络将把各类作战系统、作战要素和作战单元联结成一体化作战体系,为各类作战力量和行动提供随遇接入、即插即用、共享信息、精确指控的网络支持,使战争机器步入了网络化建设新阶段。

2. 智能化

随着云计算、人工智能、移动互联等技术与机器人技术的加速融合,具有自主识别和攻击能力的新型智能无人系统将日益增多。例如,美国正在研制的第五代精确制导武器,除能自动寻找攻击目标外,还具有一定的逻辑判断、对比和识别能力,不仅可以进行威胁判断、多目标选择和自适应抗干扰,还能自动选择目标最易损的部位作为最佳命中点。

智能化时期,机器将部分代替人脑的决策和思维功能,战争将呈现出“武器装备的数字化+作战体系的网络化+体系联动的自动化+战争机器的无人化”的特征。届时,能代替士兵遂行各种任务的智能机器人将在战争中发挥更大的作用。

3. 微型化

纳米技术被列为“改变游戏规则”的重要前沿领域之一,将“迈入新的发展阶段”。随着微机电系统、纳米材料和纳米工艺三大领域的突破,将催生新型电子设备、战斗装甲、武器平台和高能材料,可用于提升计算机性能、常规武器打击与防护能力,制造微型武器等,这将进一步推动武器装备轻质化和微型化。利用纳米技术可研制分子大小的人工智能装备,如纳米机器人、“昆虫飞行器”、“智能尘埃”、纳米卫星、纳米炸弹等新型武器装备。

4. 快速化

以往战争持续时间一般比较长,而信息化战争节奏明显加快,进程大大缩短。在信息技术的作用下,武器装备的能量释放的速度加快,杀伤力增加;高技术手段的运用,使军队的机动能力、打击能力和保障能力大大提高,单位时间作战效能明显增强。卫星攻击、激光致瘫可以夺取制天权;天基激光、天基微波等新型武器系统,增强空天一体作战能力;轨道轰炸机或空天飞机,可以实现“全球即时打击”;导航定位、侦察探测、态势感知、导弹预警等作战支援系统进一步完善,可达到几小时、几分钟甚至几秒钟内改变战局的作战能力。

## 四、代表性战例:以色列空袭贝卡谷地

在第五次中东战争中,以色列军队为了夺取制空权,消灭对其威胁最大的叙利亚防空导弹阵地,于 1982 年 6 月 9 日下午 2 时 12 分出动各种战斗机、攻击机 96 架,由 E-2C 预警机、波音 707 改装的电子战飞机和无人驾驶飞机实施侦察、电子干扰、指挥、引导,在地地导弹的配合下,使用精确制导武器、集束炸弹和普通炸弹实施了饱和轰炸,仅用6 min 就成功摧毁了叙军 19 个萨姆-6 导弹连。空袭当日夜晚,叙利亚趁夜色又向贝卡谷地增派防空导弹。10 日,以空军再次进行了空袭。两次空袭彻底瓦解了叙利亚耗费巨资建立的防空体系。双方于6 月 11 日宣布停战。此战在全世界引起了巨大轰动,成为世界信息化战争的经典战例。

贝卡谷地位于黎巴嫩境内东北部,沿利塔尼河自北向南形成,东邻叙利亚,南近以色

列，是一块南北走向的狭长低洼地区，距黎巴嫩首都贝鲁特约 30 km。谷地两侧高山连绵、地势险要，历来是兵家必争之地。贝卡谷地长约120 km，平均宽度约6 km。叙利亚军队在贝卡谷地部署了 2 个萨姆-2 导弹连、2 个萨姆-3 导弹连和 15 个萨姆-6 导弹连。其中萨姆-6 导弹为最新改进型，导弹上加装了微型计算机及可变波长的末端制导雷达坐标仪，导弹连的瞄准雷达已小型化，机电指挥仪改为数字计算机，与第四次中东战争时使用的萨姆-6 导弹相比，抗干扰能力及精确度都有了明显提高。

萨姆-6 导弹是一种安装在履带式装甲车上的机动式防空导弹，每辆装甲车配备 3 枚导弹，射程达 30 km，可以击中低于 100 m 的低空目标。在第四次中东战争中，以军对萨姆-6 导弹的特点一无所知，还用对付萨姆-2、萨姆-3 导弹的方法来应对萨姆-6 导弹，尽管采取了电子对抗措施，但对萨姆-6 导弹毫无作用。在战争中，以色列空军损失的 109 架战机中有 71 架是被萨姆-6 导弹击落的，这是以色列空军自创建以来所遭受的最沉重的打击。为了消除军事上的威胁，也为了打击叙利亚力量，加强对黎巴嫩的有效控制，以色列决定空袭贝卡谷地。

空袭贝卡谷地之前一年的时间里，以军更是频繁地派出无人机飞往贝卡谷地上空探测叙军防空体系的部署情况，在境内的内格夫沙漠中配置了缴获的萨姆-6 导弹，构设了近似战场情况的演练场，根据演习中发现的问题，不断修改和补充作战预案，从而使作战计划更加完善和周密。

萨姆-6 防空导弹

空战场景

1982 年 6 月 9 日中午，以色列从埃齐翁空军基地起飞担负空中掩护任务的 F-15、F-16以及实施低空轰炸任务的 F-4、A-4 等战机，飞向预定空域。当叙军发现以色列飞机时，叙军指挥官下达了“雷达开机”的命令。但此次以色列是有备而来，叙军士兵发现的实际上是以军发射的担当诱饵的无人机，目的是截获无线信号，引诱叙军发射导弹。

叙军果然上当了，一枚枚导弹相继发射。以军的“飞机”接连被击中。就在叙军为他们所取得的“战果”欢呼时，以军第一攻击波已悄悄向贝卡谷地飞来。当叙军士兵发现他们刚刚击落的“飞机”全都是用塑胶制作的，且没有找到一具以军飞行员的尸体时，迅速将情况报告指挥部。叙军指挥员突然醒悟过来，急忙下令雷达关机，但为时已晚。

充当“敢死队员”角色的是以色列自行研制的“侦察员”和“猛犬”无人机。它们率先飞往叙军导弹阵地上空，诱使叙军萨姆-6导弹的制导雷达开机，而后将截获的无线电信号立即传给早已等候在空中的E-2C“鹰眼”预警机，“鹰眼”再把这一信息传送给F-4“鬼怪”式战斗机。F-4在获得信息后，沿着叙军萨姆-6导弹制导雷达的波束发射“百舌鸟”反辐射导弹，使萨姆-6导弹顿时成了“瞎子”。与此同时，以军无人机还把信息传送给了埋伏在贝卡谷地西南部黎巴嫩山脉背面山脚下的“狼”式地对地导弹，“狼”式导弹随即攻击叙军制导雷达。在“百舌鸟”和“狼”式导弹摧毁制导雷达后，几十架F-16战斗机和A-4攻击机扑向贝卡谷地，以精确制导炸弹、集束炸弹和普通炸弹攻击叙军导弹阵地。以军第一攻击波刚过，第二、第三攻击波接踵而至。除此之外，以军“侦察员”和“猛犬”无人机还担负了战场摄像的任务，将空袭情况实时传送回后方指挥部，使以军军事首脑不用亲临战场便可以了解到战场的情况。

短短6 min时间，叙军部署在贝卡谷地的19个萨姆-6防空导弹连便不复存在。叙利亚不甘心失败，迅速起飞62架米格-21、米格-23战斗机应战。以军早有防范，由F-15、F-16、E-2C和波音707改装的电子干扰机组成的混合机群已在叙空军可能来袭的方向上建立了一道空中屏障。叙军飞机由于通信联络、雷达遭严重干扰，损失较大，以军则无一损失。

空袭当夜，叙军再次派出4个萨姆-6导弹连和3个萨姆-8导弹连趁夜色进入贝卡谷地，次日凌晨又遭到以军92架飞机的轰炸，叙军52架战机迎战，结果被击落25架，新部署的7个导弹连全部被摧毁。两次空袭后，叙军继续向贝卡谷地增派萨姆导弹连，其中包括萨姆-9导弹连，但又遭到以色列空军的攻击，萨姆-9导弹连被摧毁10个，其他导弹连也受到了不同程度的损失。叙军由于承受不了如此巨大的损失，于6月11日宣布停战。

贝卡谷地空战，以色列以较小的代价，获得了巨大的战果；叙利亚则损失惨重，苦心经营多年、称雄一时的萨姆导弹防空体系毁于一旦。作为高技术条件下的一次典型空战，此战引起了各国军方的高度重视。此战成为战争形态由机械化战争转向信息化战争的重要标杆。

## 思考题

1. 战争的内涵是什么？有什么特点？
2. 新军事革命包括哪几个主要方面的内容？
3. 机械化战争的主要作战力量是什么？
4. 信息化战争有哪些基本特征？

# 第五章

# 信息化装备

武器装备是军队现代化的重要标志，是国家安全和民族复兴的重要支撑。建设一支掌握先进装备的人民军队，是我们党孜孜以求的目标。在战争制胜问题上，人是决定因素。同时也要看到，随着军事技术不断发展，装备因素的重要性在上升，人的因素、装备因素结合得越来越紧密，人与装备已经高度一体化，重视装备因素也就是重视人的因素。

——习近平

## 本章导言

自20世纪中期以来,随着军事高技术特别是信息技术的发展及应用,一大批高技术武器装备相继问世并用于战争,深刻地改变了战争的面貌。进入21世纪,伴随人类社会进入信息化时代,战争形态由机械化战争转变为信息化战争,数字化部队、数字化战场、非线性作战、全维作战、立体空间作战、信息战争、智能战争等,已经逐步成为信息化条件下战争的新论,也必将引领未来的战争。

# 第一节　信息化装备概述

## 一、信息化装备的内涵、分类与特点

### (一)信息化装备的内涵

信息化装备是采用现代信息技术,具有单一或多种信息功能的装备。如精确制导武器、综合电子信息系统及加装数据链和相关信息系统的飞机、舰船等。它是信息化战争的重要物质技术基础,是信息化战争工具的主体。

### (二)信息化装备的分类

信息化装备有多种分类方法。根据装备的性质,可分为进攻类信息化装备、防御类信息化装备和支援类信息化装备;根据所处或所使用的空间,可分为地面(含地下)信息化装备、海上(含水下)信息化装备、空中信息化装备和太空信息化装备;根据机动方式,可分为固定式信息化装备和机动式信息化装备,其中机动式信息化装备又可分为车载式、机载式、舰载式和便携式信息化装备等;根据武器与信息的关系,可分为信息探测类、信息传输类、信息处理类、信息制导类、信息干扰类和信息攻防类信息化装备等;根据杀伤效应,可分为“硬杀伤”类信息化装备和“软杀伤”类信息化装备,或杀伤性信息化装备和非杀伤性信息化装备;根据装备的功能,可分为信息化作战平台、信息化武器弹药、信息化电子系统、新概念武器、单兵数字化装备等。

### (三)信息化装备的特点

不同时代,武器装备的质量内涵和性能指标不同。传统武器装备主要由物质和能量两大要素构成,杀伤力和机动力是衡量武器装备性能优劣的主要指标。信息化武器装备突出物质、能量、信息三大要素的融合,从而使信息化武器装备凸显出新的时代特征。

1. 网络化

网络化,就是利用网络技术把各类侦察系统、火力系统、指挥控制系统、支援保障系统等武器装备联成一个有机整体,实现作战手段的整体联动。

2. 集成化

集成化,就是利用信息技术把功能较为单一的武器装备集成具备情报侦察、通信、指挥控制、火力打击和电子对抗等多种功能于一体的武器系统。

3. 精确化

精确化,就是精确打击兵器成为军队武器装备的主体。随着激光、红外、电视、毫米波、微波等精确制导技术的广泛运用,武器系统的命中精度越来越高。

4. 隐形化

隐形化,就是使各种新型武器装备具有对抗雷达、红外、声音以及可见光探测的隐身特性,提高武器装备的战场生存率和隐蔽突防能力。

5. 智能化

智能化,就是充分利用人工智能技术,使武器装备不仅大幅度改造和提升物理功能,而且全面拓展其信息功能和智能控制能力,使武器装备由单纯的物质、能量载体转变为物质能量与人脑功能的结合体。

## 二、信息化武器装备对现代作战的影响

信息化武器装备大量应用于战场,对战争的影响是非常大的,主要体现在以下几个方面。

### (一)战争可控性强

战争是政治的延续。所有的政治家都希望战争按自己的设计进行,但以往的战争缺乏可控性,往往是战争机器一运转,就不以人的意志为转移,战争的进程和规模难以控制。而信息化武器装备则是杀伤破坏力可以被有效控制的战争手段,使战争具有一定的

可控性,成为实现政治目的的有效工具。高技术战争的可控性,主要表现在以下三个方面。

1. 能有效控制打击目的

随着精确制导武器的出现,精确打击逐渐取代“地毯式”的狂轰滥炸,成为战争的最主要打击方式。依靠精确制导武器的高命中精度,以前需要多次轰炸才能完成的作战任务,现在只要一两次攻击就可以达到目的,可以有效避免波及周边非军事目标。

2. 能有效控制战争规模

高技术战争情况下,信息化武器装备精度高、威力大、作战交通倍增,完成一个作战任务无须再像以往那样投入大量的兵力和武器装备,可以有效地控制战争规模;另外,精确制导武器的高命中精度,可以在一定程度上避免在战争中殃及非打击目标,可以有效避免战火外延和战争升级。

3. 能有效控制战争进程

由于作战兵器侦察范围广,打击距离远,高技术战争不再像以往战争那样,从战场的前沿到纵深逐次进行。高技术武器已经能够通过对纵深重要目标的打击,直接达成战略目的,这样也就避免了战争久拖不决,缩短了战争进程,使战争能按计划如期结束。

## (二)战场空间广阔

就战场的空间形态而言,信息化武器装备在战争中广泛使用,极大地扩展了战场空间,信息化条件下局部战争呈现出高立体、大纵深的特点,作战空间空前增大。这主要表现在以下三个方面。

1. 从区域战场向全球战场延伸

信息化武器装备的射程和航程增大,武器装备的远距离作战能力空前提高,洲际导弹的射程可以达到上万千米,美国的 B-1、B-2,苏联的图-160 等战略轰炸机,航程都达在一万千米以上,具备了远程打击能力。虽然一场局部战争交战双方的实际接触面积很小,但世界的任何一个角落都有可能成为战场的一部分。

2. 从空中战场向太空战场延伸

1903 年美国莱特兄弟发明了飞机,从此打开了空战的大门。1957 年,苏联发射了第一颗人造卫星,人类又开始把战争的触角伸向了遥远的太空。在数次信息化局部战争中,军事卫星已经发挥了巨大威力。目前,太空已经成为军事争夺最激烈的领域,军事强国都把控制太空看作赢得未来战争的必要条件,美国和俄罗斯更是成立了独立的太空部队——天军。

3. 从有形战场向无形战场延伸

随着各种电子技术在武器装备中的应用,电子战场开始走上战争舞台。电子战是敌对双方利用电子技术设备进行的电磁领域的斗争。它以电子侦察和反侦察、电子干扰和反干扰、电子摧毁和反摧毁为基本内容,其目的是削弱、破坏对方电子设备的正常工作,使其通信中断、指挥瘫痪、武器失效、雷达致盲,最终摧毁作战能力。它是现代战场上夺取胜利的"神经中枢"。

## (三)系统对抗突出

军事对抗从来就是一种系统对抗。在信息化战争中,这种对抗表现得更加突出。随着高科技的发展,武器系统"一矛一盾"相互制约的状况已经被"多矛多盾"相互制约的新特点所代替。武器战斗效能的发挥,不仅取决于其战斗部的杀伤威力,而且取决于构成战斗体系的情报系统、指挥控制系统、通信系统、信息处理系统、机动系统、防护系统等各个子系统的共同作用。整个作战体系的作战效能不再是各个作战系统效能的简单相加,而是整体大于部分之和的倍增关系,特别表现为几个关键性系统的效能之乘积。从武器装备方面说,任何一种信息化武器装备,如果没有其他武器装备的配合,无论它技术多先进,都无法完成作战任务。从作战方面说,随着信息化武器在战场的广泛应用,各个战场、军事力量不再是单一作战,以多军种、多空间一体为特征的联合作战跃上战争舞台,单兵种决定战争胜利的时代已经一去不复返了,只有依靠各军兵种和各种武器系统协调一致的行动,才能获得信息化战争的胜利。

## (四)作战样式多样化

历史表明,技术决定战术,有什么样的军事技术,就会有什么样的作战方式,军事技术的进步和武器装备的变革必然推动作战样式的变化。在信息化战争中,随着大批信息化装备的广泛应用,出现了各种各样的作战方式:导弹袭击式的精确战、外科手术式的点穴战、破坏结构式的瘫痪战、非致命式的软杀战、指挥控制式的信息战、陆海空天电一体式的全维战等。此外,还有环境战、太空战、心理战等。

## (五)指挥控制自动化

二战后,由于武器装备构造日益复杂,参战军兵种不断增加,战场日益扩大,战场情况瞬息万变,军事信息量空前增大,作战指挥难度不断增大,在极短的时间内,要对多种作战力量、多种作战方式实施有效指挥,发挥整体威力,没有高度自动化的指挥手段,很难完成作战任务。在这样的要求下,现代科学技术的发展,特别是侦察技术、通信技术和计算机技术的发展,促进了军队自动化指挥系统的建立,把军队的指挥、控制、通信和情报联为一体,使军队自动化得以建立。

### (六)作战消耗巨大

从作战保障角度看,信息化战争呈现出消耗巨大的特点,主要原因有以下三个方面。

1. 武器装备费用上升

由于武器装备日益向自动化、智能化、集约化方向发展,一件先进的武器装备,往往集中了大量的科学研究成果,研制难度大,周期长,风险高。因此,研究生产信息化武器装备的费用和购置信息化武器装备的投入明显增加。如 M1 坦克为 200 万美元/辆,“爱国者”导弹为 110 万美元/枚,F-15 战斗机为 5040 万美元/架……

2. 人员培训费用增加

信息化武器装备在操纵使用、维护保养、灵活运用和作战协同等方面日益复杂,需要高素质的军人来驾驭。正因如此,现在世界各国都非常重视军队人才的培养,使军队的文化素质不断提高,相应地,人员培训费用也在不断增加。

3. 战场物资消耗增多

信息化战争也是高能耗战争。纵观二战后的几次局部战争,随着战争的信息化日趋明显,消耗也日益增多。以单兵每天平均消耗的物资为例,二战时是 20 kg,越南战争时是 90 kg,海湾战争时已经达到 200 kg。

战场消耗巨大这一特点说明,信息化战争是以强大的综合国力作为后盾的。没有强大的综合国力,军队的现代化无从谈起;没有强大的综合国力,就难以支撑信息化战争。面对未来可能发生的信息化战争,必须从现在开始,在教育、经济等各方面提升我们的综合国力,为赢得战争做好准备。

## 三、信息化武器装备的发展趋势

信息技术是 21 世纪的关键军事技术,是新军事变革的驱动力。信息技术使发展先进的、一体化的、安全的、能够满足战略和战术要求的 $C^4ISR$ 系统成为可能,并可利用、削弱或剥夺敌人收集、处理、分发信息流的能力,从而拥有信息优势并最终实现决策优势、执行优势。在可以预见的将来,信息化装备必将在新技术的支撑下持续向更高水平发展。

1. 信息化弹药日趋智能化

新型智能化弹药的出现,是军事技术发展史上的一次革命。它使弹药从原来的不可控发展到部分可控或完全可控。随着科技发展及其在弹药领域的广泛应用,未来弹药发展将呈现如下新特点:一是精度高。采用新型制导技术,其命中精度将提高一个数量级以上,打击效果也将同步提高。二是射程远。各种防区外发射的新型弹药将成为发展重点,一些弹药甚至可能具备洲际作战能力。三是隐形化。新型弹药除采用高速飞行、改变弹道飞行轨迹、实现导弹末端弹道机动等措施提高突防能力外,还将广泛采用隐形技术,实现隐形化。总之,新型弹药将广泛利用人工智能技术,真正具备自主搜索、自主选择、自主攻击的能力。

2. 信息化作战平台日趋"四化"

未来的信息化作战平台将配有多种通信设备和探测设备,并具有足够的计算机联网能力,能够与上级和友邻互通作战信息,为精确火力打击提供目标信息,为作战行动提供及时而有效的辅助信息。未来,几乎所有作战平台都将或多或少地采用隐形技术,同时还将向轻型化和小型化发展,"发现即摧毁"将成为现实,传统大型或超大型作战平台面临着巨大威胁,所以重视作战平台的机动能力,实现作战平台的"四化"——轻型化、小型化、隐形化和无人化成为重要发展趋势。

3. 信息战武器日趋"实战化"

目前,世界各国,特别是一些军事大国不惜投入大量人力物力财力,秘密研制各种信息战武器。从作用原理上看,目前世界上已经研制和正在研制的信息战武器主要包括三种类型。

一是计算机病毒。据外媒报道,一些国家正在进行通过无线技术把病毒注入敌方计算机系统的计划,准备用10年时间研制出能在远距离注入计算机病毒的计算机病毒炮。此外,还设想使用纳米机器人和芯片细菌等来破坏计算机系统硬件。芯片细菌能像吞噬垃圾和石油废料的微生物一样,嗜食硅集成电路,对计算机系统造成破坏。

二是预置陷阱。就是在信息系统中人为地预设一些"陷阱",以干扰和破坏系统的运行。

三是电磁脉冲武器(号称"第二原子弹",主要包括核电磁脉冲弹和非核电磁脉冲弹)。攻击目标有三类:一是军用和民用电子通信和金融中心,如指挥部、军舰、通信大楼和政府要地等;二是防空预警系统;三是各类导弹和导弹防护系统。

2003年3月26日,伊拉克战争爆发后的第六天,美军使用电磁炸弹(E-Bomb),轰炸巴格达电视台。爆炸产生的电磁微波能量达数十亿瓦,造成巴格达地区大面积停电,雷达、电脑、电话、广播、通信陷入瘫痪,一些交通工具无法使用。国际军事观察家认为,这是电磁脉冲武器首度在实战中得到检验。

4. 新概念信息化武器日趋“实用化”

随着新技术、新材料的不断发展，在可以预见的将来，一些新概念、新机理信息化武器（如激光武器、高功率微波武器和等离子武器等）将步入战场并得到广泛运用。

激光武器是利用激光能量直接杀伤或破坏目标的新概念武器。它具有近光速传输、反应灵活、能量高度集中、可无限次发射、成本低及抗干扰能力强等优点。目前美国已经成功进行了一系列天基激光武器、机载激光武器、战术陆军高能激光系统等方面的试验。随着在高能激光技术（包括高能激光建模、杀伤力研究和波束控制研究）和激光源（固体激光源、二极管激光器、热控固体激光器）研究方面的突破，陆基激光武器和机载激光武器将成为重要的防空武器，天基激光武器将达到实用，激光武器将真正用于实战。

战术高能激光武器

目前，高功率微波武器已经取得很大进展，俄罗斯研制的微波发射管脉冲功率达到百兆瓦级，美国的回旋管脉冲功率达千兆瓦级。

等离子武器目前尚处于试验研究阶段，离真正的实用尚有一定的距离，但随着技术的进展，等离子武器将在战场上大有作为，是一种非常有前途的综合一体化、天基化、无人化、网络化、新概念化的武器。

## 第二节 信息化作战平台

信息化作战平台是指安装有大量电子信息设备的高度信息化的作战平台，是信息化弹药的依托，如信息化的飞机、舰艇、装甲车辆等。与传统的作战平台相比，信息化作战平台有三大优势：一是科技含量高，信息技术的含量一般占50%以上。二是作用机理和设计观念有重大突破，有些甚至是质变性的跃升，如采用计算机技术、隐身技术，具有非常规机动能力等。三是使用观念上，由以平台为中心转向以网络为中心。信息化作战平台主要包括陆上信息化作战平台、海上（水下）信息化作战平台、空中信息化作战平台、太空信息化作战平台和无人作战平台。

## 一、陆上信息化作战平台

陆上信息化作战平台主要是指大量采用信息技术的各类坦克、步兵战斗车、自行火炮、导弹发射装置等陆上作战平台。它在原有机械化作战平台的基础上,嵌入了指挥控制、通信、侦察监视、敌我识别、导航定位和威胁预警与对抗等信息系统,实现了作战效能的大幅提升。

### 1. 坦克

坦克是具有较强的火力、机动力和装甲防护力,主要用于地面突击的履带式装甲战斗车辆。坦克的信息系统主要包括数字式火控系统、定位导航系统、综合电子战系统、指挥控制系统、通信系统、威胁预警与对抗系统等。

中国 99A 式主战坦克是我军最先进且完全信息化的主战坦克,实现了火力、机动力、防护力和信息力的有效融合,体现了陆战装备的新水平。99A 式主战坦克主要用于压制、消灭反坦克武器,摧毁野战和坚固防御工事,歼灭敌有生力量。99A 式主战坦克奠定了我国第一代陆军装备信息采集、传输、处理、显示与综合的基础,实现了战场态势共享、攻防协同、状态监测、系统重构等功能,而且软件、元器件全部自主可控,是我国真正意义上的首台信息化坦克。

另外,中国 ZTD-05 两栖突击车(坦克)属于中国国产 05 高速两栖突击车系列,装有 1 门 105 mm 低后坐力坦克炮,是当今世界上水上速度最快,也是最先进的中型两栖突击车。它由功率强大的发动机推动,水上速度快,且火力强大,装备有先进的通信系统和火控系统。

我军主战坦克

ZTD-05 两栖突击车

美军 M1A2 主战坦克是美国陆军装备的主要的主战坦克。M1A2 主战坦克装备有“21 世纪部队旅及旅以下作战指挥(FBCB2)数字化系统”和数字化坦克火控系统,信息

美军 M1A2 主战坦克

化程度得到较大提高。该坦克配备了先进的车际信息系统和战场管理系统，装有全新的防护装甲和电子设备。

## 2. 步兵战斗车

步兵战斗车是供步兵机动和作战使用的装甲战斗车辆。步兵战斗车的信息系统主要包括数字式火控系统、定位导航系统、综合电子战系统、指挥控制系统、战场管理系统、威胁预警与对抗系统等。

ZBD-04 式履带步兵战车，是中国独立研制的第 2 代步兵战车，具有火力强、机动性好的特点。武器系统沿用 100 低膛压炮+30 自动炮+7.62 机枪的组合，但火控系统已升级为“豪华版”，配套有自动跟踪模块的火控系统，具备激光制导、自动跟踪和信息智能化管理等功能，能实现战车全天候、全天时远距离观察与作战。

ZBD-04 式履带步兵战车

美军 M2A3 步兵战车

美军 M2A3 步兵战车装有数字式火控系统、改进型目标捕获系统、一体化导航系统，以及车长、驾驶员、班长用数字显示器等先进数字化设备，具有较强的识别能力和较高的命中率。

## 3. 自行火炮

自行火炮是由车辆底盘与火炮构成的作战平台。自行火炮的信息系统主要包括专用火控计算机、定位定向系统、数字通信装备和自动瞄准系统等。

05 式 155 mm 自行加榴炮是目前我军口径最大、射程最远的新型信息化火炮，信息化水平已经达到了从目标快速捕获、射击指令数传、制导弹药精确打击到射击效果实时修正的全程自动化和数字化。拥有先进的火控系统，装备有初速雷达、卫星定位系统，可实现单炮作战和多发同时弹着射击。具有高度的火力反应速度、火力毁伤速度及强大的野战生存能力，达到世界先进水平。

05 式 155 mm 自行加榴炮

美军 M109A6“帕拉丁”155 mm 自行榴弹炮

美国陆军的 M109A6“帕拉丁”155 mm 自行榴弹炮，装备了由炮载弹道计算机与定位导航系统、火炮自动瞄准装置组成的自动化火控系统，以及单信道地面与机载无线电系统，可与先进野战炮兵战术数据系统（“阿法兹”系统）及其他的目标探测和武器系统连接，具有较强的快速反应能力。

#### 4. 陆基导弹发射平台

陆基导弹发射平台包括用于发射各类导弹（包括洲际弹道导弹）的地面发射装置，主要包括导航系统、调姿控制系统、数字通信系统、地基雷达监测系统等。陆基导弹发射平台有导弹发射车、地下发射井、固定发射台等。

如俄罗斯白杨-M 洲际战略弹道导弹发射车，具有先进的制导和控制系统，能够在短时间内改装以发射多弹头导弹，分弹头还可以进行制导控制，且在发射后，还可以通过控制系统改变制导参数，导弹飞行速度快，且具有很强的隐身和抗干扰能力。

俄罗斯白杨-M 洲际战略弹道导弹发射车

我国火箭军列装的东风系列导弹也具有世界先进水平，是我军的撒手锏武器。

## 二、海上（水下）信息化作战平台

海上（水下）信息化作战平台主要是指大量采用信息技术的各类舰艇和潜艇等海上（水下）作战平台。海上（水下）信息化作战平台嵌入的信息系统主要包括情报采集与处理系统、作战支持系统、舰载武器控制系统、舰载通信系统、舰载作战指挥控制系统和电子战系统等。

1. 航空母舰

航空母舰是以舰载机为主要武器,并作为海上活动基地的大型水面战斗舰艇。航空母舰的信息系统主要包括作战指挥、电子对抗、雷达、导航设备和综合通信系统等。

美军“布什号”核动力航母装有电子对抗、雷达、卫星导航、综合通信等系统,并将以往分散的各作战平台整合成分布式的探测和攻击系统,提高了整个航母打击群的作战效能。

美军“布什号”航母上的舰载信息装备

“辽宁号”航空母舰

“辽宁号”航空母舰(代号:001 型航空母舰,舷号:16,简称:辽宁舰),是一艘可以搭载固定翼飞机的航空母舰,也是我军第一艘服役的航空母舰。

2. 驱护舰艇

驱护舰艇是以导弹、鱼雷、舰炮为主要武器,具有多种作战能力的中型水面战斗舰艇。驱护舰艇的信息系统主要包括作战指挥、电子对抗、雷达、导航、武器射击指挥控制和声呐探测等系统。

“阿利·伯克”级驱逐舰

美军“阿利·伯克”级驱逐舰装备有 SPY-1D 型相控阵雷达、NTDS-5 作战数据系统和 SLQ-32(V)2 型电子战系统等舰载电子装备。其中,SPY-1D 型相控阵雷达天线由四块固定式辐射阵面构成,仅一部雷达就可完成探测、跟踪、制导等多种任务。

日本“爱宕”级护卫舰装备的终端,可与上级实时交换作战数据。该舰还装备有 NOLQ-2 综合电子战系统,可对信号辐射源进行收集、识别、测向、告警,并具有转发式干扰、应答式假目标干扰、噪声干扰和箔条干扰等功能。

### 3. 潜艇

潜艇是能潜入水下活动和作战的舰艇。潜艇的信息系统主要包括作战指挥系统、声呐探测系统和武器射击指挥控制系统等。

美国“俄亥俄”级潜艇装备的 CCSMK2-3 作战指挥系统、MK118 鱼雷射击指挥控制系统、AN/BQQ-6 综合声呐系统以及高性能的观通设备，使潜艇能在复杂海情和噪声环境下，进行战术态势评估与分析，指挥实施攻击。

“俄亥俄”级潜艇

我军 093 型攻击核潜艇

## 拓展阅读

### “中国核潜艇之父”黄旭华：一生研制核潜艇，隐姓埋名 30 年

黄旭华，1926 年生，1949 年加入中国共产党，被称为“中国核潜艇之父”。

黄旭华在葫芦岛试验基地

早在七七事变发生后，黄旭华就意识到，只有用最先进的科学，造最强大的武器，才能捍卫中国的尊严，所以后来他就读了上海交大造船系。

1957 年，党中央根据聂荣臻元帅前瞻性的建议决定要搞核潜艇，黄旭华被选中参研。接到组织的紧急调动，当时黄旭华只得写信简单告诉母亲，自己以后不能常回家了。

自此，黄旭华把自己的一生都献给了核潜艇事业。从那时起至 1988 年的 30 年间，他从未回过老家，连通信地址也没敢告诉家里人，黄旭华与家人亲友彻底断绝了联系。

他的父亲直到去世都没再见到他，也不知道他在做什么；他的兄弟姐妹埋怨他是“不孝子”；老母亲也不知他的去向。

而这30年，他一直都在研制核潜艇。功夫不负有心人，1964年中国研制出第一艘核潜艇，1970年中国第一艘核潜艇试航，1974年中国第一艘核动力潜艇交付海军使用。

一如黄旭华最初的宏愿，中国有了重武器，哪国要来侵犯都得掂量掂量。这份工作不仅保密性高，而且危险性高，尤其是研制最后阶段的深潜试验，一张扑克牌大小的面积就要承受一吨多海水的压力，稍有不慎就会造成艇废人亡的后果。

1988年南海深潜试验时，黄旭华以62岁高龄坚持和乘试人员一起下海，他说："我是总师，不仅仅要为这条艇负责，更重要的是要为艇上170个乘试人员的生命安全负责。"

结束了这次南海深潜试验，黄旭华顺道回广东海丰探视了老母。黄旭华当年离家的时候32岁，而这时的他已经62岁了，双鬓染上了白发；他的老母亲等了30年，盼了30年，母子再见面时母亲已经95岁高龄了。

当有人问及黄旭华"忠孝是不是不能两全"，他回答说："对国家的忠，就是对父母最大的孝。"

1994年，黄旭华当选中国工程院首批院士，不仅如此，黄旭华还获得过"全国科学大会奖"、"国家科技进步特等奖"、何梁何利基金"科学与技术成就奖"等奖项。

（资料来源：《初心——共产党员纪念册》，北京：人民出版社，2018年6月）

## 三、空中信息化作战平台

空中信息化作战平台主要是指大量采用信息技术的各类作战飞机和直升机等空中作战平台。空中信息化作战平台的主要信息系统为综合航空电子信息系统，通常由综合显示控制管理、目标探测、通信导航识别、电子战、精确制导武器管理等分系统构成。

1. 战斗机

战斗机是指主要用于拦截和摧毁敌空中目标、进行空战以夺取制空权的飞机。战斗机的信息系统主要包括飞行控制系统、通信导航系统、火控系统和电子对抗系统等。

俄罗斯的苏-35战斗机装备的前视雷达有12种不同的波形，可达到抗干扰及一定的隐身目的。机尾装备的后视雷达可发现尾追目标并引导火力攻击。该机还可挂装"游隼"光电瞄准吊舱，吊舱内装有红外摄像机、激光测距仪、目标跟踪部件等设备。

苏-35 战斗机

歼-20 战斗机

歼-20 是中国自主研制的新一代(按照中国、欧美战斗机代次划分标准为第四代,按照俄罗斯战斗机代次划分标准则为第五代)战斗机,融合了全球多种已经在使用的优秀战斗机的特点,具备很强的隐形性能、机动性能。目前已列装空军作战部队。

2. 轰炸机

B-2 隐形战略轰炸机

轰炸机是指专门用于对地面、水面(下)目标实施轰炸的飞机,具有突击力强、载弹量大、航程远等特点。轰炸机的信息系统主要包括飞行控制系统、通信导航系统、火控系统和电子对抗系统等。

美国 B-2 轰炸机装备有 NSS 导航系统、APQ-50 型电子对抗系统、AN/APQ-181 型雷达系统,以及通信管理系统和各种显示系统。具备自动导航和星座对位导航、雷达预警、侦测定位、干扰压制等功能。B-2 轰炸机第一次投入实战是在塞尔维亚,这是其服役十年后的第一次出战。

"战神"轰-6K

3. 武装直升机

武装直升机是指配备了机载武器和火控系统,用于空战或对地面、水面和水下目标实施空中攻击的直升机。武装直升机的信息系统主要包括夜视系统和目标截获/标识系统、通信导航系统、火控系统和电子对抗系统等。

美国 AH-64"阿帕奇"武装直升机装备有飞行员夜视系统和目标截获/标识系统,以及被动式雷达、防红外探测装置和 GPS 等,可在夜间和恶劣天候条件下作战。

AH-64 武装直升机

武直-10 武装直升机

武直-10 武装直升机是中国人民解放军第一种专业武装直升机和亚洲第一种自研专业武装直升机，结束了中国人民解放军陆军航空兵长期依赖法国海豚直升机的改型兼当武装直升机的历史，大大提高了中国人民解放军陆军航空兵的航空突击与反装甲能力。2012 年 11 月 18 日，武直-10 正式加入现役，开始列装中国人民解放军陆军航空兵部队。2016 年 8 月 6 日，完成中国人民解放军陆军航空兵全部列装。

空中骑士"霹雳火"武直-10

此外，空中信息化作战平台还有预警机、运输机等。

## 四、太空信息化作战平台

太空信息化作战平台主要是指能对敌方卫星和空中、海上、陆地目标实施攻击的太空作战平台。太空信息化作战平台主要包括两类：一是可用于攻击对方航天器的拦截歼击卫星系统，以及可实施对地、对空攻击的卫星等；二是各类军用载人航天器，如航天飞机、空间站等。

### 1. 拦截歼击卫星系统

拦截歼击卫星系统主要包括武器载体型卫星、自爆摧毁型卫星和捕获型卫星。武器载体型卫星，是指配置有导弹、火箭、激光武器、粒子束武器和微波武器等杀伤性武器，以损伤或摧毁目标卫星的卫星。自爆摧毁型卫星，就是移动到目标卫星附近，利用自身爆炸产生的动能摧毁目标卫星的卫星。捕获型卫星，就是可以"捕获"目标卫星的卫星。2007 年 3 月，美国进行了"轨道快车"系统试验，一颗卫星利用机械手成功对另一颗卫星实施了多次捕获与对接。

### 2. 军用航天器

军用航天器包括飞船、空天飞机、空间站等。飞船可以向空间站运送各种军事物资和人员，进行空间人员救护，对特定目标实施侦察与监视等。空天飞机是“航空航天飞机”的简称，是一种航天器与飞机结合成一体的飞行器，能够以极快的速度往返于地球表面与外层空间运送有效负荷。2010 年 4 月 22 日，世界上第一架空天飞机 X-37B 从美国佛罗里达州卡纳尔维拉尔角升空进行首次试飞。空间站又称太空站、航天站或轨道站，是一种具备一定的试验或生产条件、可供航天员在固定轨道上居住和工作的、能够长期运行的大型空间平台。它平时作为空间基地、空间工厂、空间试验中心，战时则可以作为空间指挥所、空间基地和空间武器发射平台。

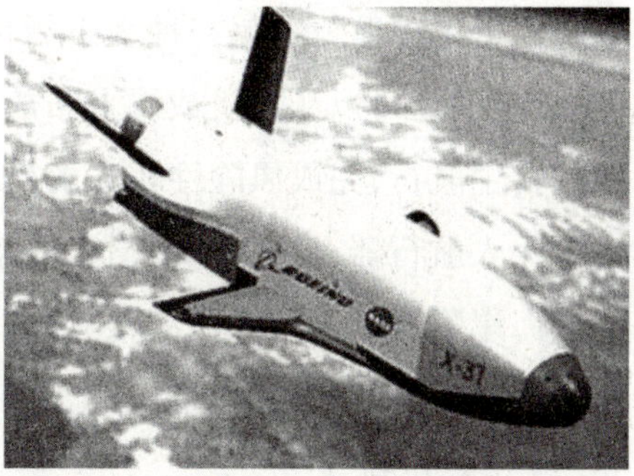

X-37B 空天飞机

## 五、无人作战平台

### 1. 无人地面车辆

无人地面车辆主要用于未爆弹药处理、简易爆炸装置探测、预警侦察、安全巡逻、战场救护、扫雷和后勤保障等战术领域。美、英等国军队在阿富汗战争和伊拉克战争中部署的无人地面车辆在 1 万辆左右，在实战中发挥了重要作用。2007 年 6 月，美军配备有遥控武器系统的 3 辆武装型无人地面车辆在伊拉克战场投入实战，标志着无人地面车辆开始向武装型发展。

美军无人地面拆弹车

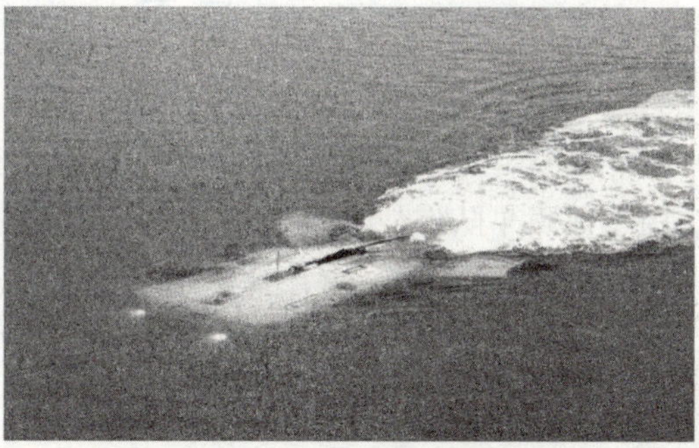
某型水下无人航行器下潜

2. 水下无人航行器

水下无人航行器是一种水下智能化装备，依附于潜艇和水面舰艇，能从艇上布放和回收，有的还可以从飞机或岸上布放。它能够携带多种传感器、专用机械设备或武器，遥控或自主航行，完成风险性较大的任务。如澳大利亚的“塞拉菲娜”是世界上体积最小的水下无人航行器，只有 40 cm 长，能潜到 5 km 深的海底，可装备在先进的侦察设备上，在敌方海岸附近进行间谍活动，还可探测敌方水雷布设区域并根据指令用自爆的方式将水雷摧毁。此外，澳大利亚还试潜了多种型号的水下无人航行器。

3. 无人机

美国海军“全球鹰”无人侦察机

无人机主要包括机体、机上飞行控制系统、动力装置、有效载荷与数据链路，以及用于起飞和回收的装置。可分为侦察无人机、攻击无人机和反辐射无人机等。如美国“全球鹰”无人侦察机是一种高空长航时无人侦察机，具有雷达、电视、红外 3 种侦察方式。除侦察设备外，机上还配有雷达告警设备和拖曳式雷达诱饵等电子对抗设备。其测控/信息传输系统能将机载侦察设备获取的信息传输到地面站进行综合处理，生成情报。

在阿富汗战争中，美军采用 LINK-16 数据链技术，将 RQ-1“捕食者”无人机、RC-135V/W电子侦察机、U-2 高空侦察机、E-8“联合星”飞机和 RQ-4“全球鹰”无人机联系起来，实现了战场信息的互通与共享，从而提高了武器装备打击的灵活性和准确性。

## 第三节　军事信息系统

军事信息系统是由信息获取、信息传输、信息处理、信息管理和信息应用等部分组成，用于保障军队作战和日常活动的信息系统。从作战应用角度看，军事信息系统主要包括指挥信息系统和信息作战系统。

## 一、指挥信息系统

指挥信息系统是以计算机网络为核心，由指挥、控制、情报、通信、预警探测、信息对抗、综合保障等分系统组成，可对作战信息进行实时的获取、传输、处理，用于保障各级指挥机构对所属部队和武器实施科学高效指挥控制的军事信息系统。

一个完整的指挥自动化系统应包括以下五个分系统：

(1)“神经中枢”——指挥系统。指挥系统综合运用现代科学和军事理论，实现作战信息收集、传递、处理的自动化和决策方法的科学化，以保障对部队的高效指挥，其技术设备主要有处理平台、通信设备、应用软件和数据库等。

(2)“手脚”——控制系统。控制系统是用来搜集与显示情报、资料，发出命令、指示的工具，主要有提供作战指挥用的直观图形、图像的显示设备，控制键按钮，通信器材及其他附属设备等。

(3)“神经脉络”——通信系统。通信系统通常包括由专用电子计算机控制的若干自动化交换中心以及若干固定或机动的野战通信枢纽。手段包括有线载波、海底电缆、光纤以及长波、短波、微波、散射和卫星通信等。

(4)“大脑”——电子计算机系统。电子计算机是构成指挥自动化系统的技术基础，是指挥系统中各种设备的核心。指挥自动化系统的计算机要求容量大、功能多、速度快，特别要有好的软件，并形成计算机网络。

(5)“耳目”——情报、监视、侦察系统。情报系统包括情报搜集、处理、传递和显示系统。主要设备有光学、电子、红外侦察器材，侦察飞机，侦察卫星以及雷达等。监视与侦察系统的作用是全面了解战区的地理环境、地形特点、气象情况，实时掌握敌友兵力部署和武器装备配置及其动向。

军队指挥自动化系统以其突出的情报获取能力、信息传输能力、分析判断能力、决策处置能力和组织协调能力，在军队现代化建设和高技术战争中的地位和作用日益突出。可以预见，随着科学技术的发展，军队指挥自动化系统将越来越完善。

我军现阶段使用的指挥信息系统主要是一体化指挥平台。

### 拓展阅读

**美国$C^4$ISR系统**

美国$C^4$ISR系统是美国军事指挥部门作出重大战略决策以及战略部队的指挥员对其所属部队实施指挥控制、进行管理时所用的设备、器材、程序的总称。$C^4$ISR是

command（指挥）、control（控制）、communication（通信）、computer（计算机）、intelligence（情报）、surveillance（监视）、reconnaissance（侦察）的缩写。通过 $C^4$ISR 系统，美国总统兼武装部队总司令利用指挥链逐级向第一线作战部队下达命令，最快只需 3~6 min；若越级向核部队下达命令，最快只需要 1~3 min；只需 40 s 便可实现与主要司令部的电话会议。

$C^4$ISR 系统示意图

美军的指挥控制系统在最近的几场战争中的运用，显示了它的强大功能。科索沃战争中，美军第一次大规模实战运用全球一体化 $C^4$ISR 系统。阿富汗战争中，美军刻意试验网络中心战和扁平式指挥的能力，首次试验网络中心战取得了一些成果，指挥机构的指挥员和参谋人员最主要的不再是听取下属发来的请示，也不再是拟制电报或下达话音指令，而是在 $C^4$ISR 系统的辅助下，侧重于做好三项工作：一是通过 $C^4$ISR 系统掌握敌我双方的情报，驱散战争迷雾，定下作战决心；二是进行作战规划，提前下达作战任务指令；三是进行毁损评估，对上一次任务的执行情况进行监督和评估，以便确定下一批次的打击任务。伊拉克战争中，美军使用了全球一体化指挥控制系统，在本土和本土之外的基地上有 33600 名人员对航天侦察监视系统进行支持。

## 二、信息作战系统

信息作战系统是以信息技术为核心，直接用于摧毁和破坏敌方电子信息装备和设施，影响敌方信心和士气，保护己方信息和人员心理的信息系统。从功能和应用角度看，主要有电子战系统、网络战系统和心理战系统等。

### 1. 电子战系统

电子战系统是以各种电子攻防武器为主要手段的信息作战系统。按行动性质，主要分为电子侦察系统、电子进攻系统和电子防御系统等。

### 2. 网络战系统

网络战系统是以计算机网络为主要平台和对象，以各种网络战武器为主要手段的信息作战系统。网络战系统主要包括网络侦察系统、网络攻击系统和网络防御系统等。

### 3. 心理战系统

心理战系统是指以各种信息技术装备和设备为主要手段，能对敌我双方人员的心理、决策和行动产生特定影响的信息作战系统。按照使用对象，可分为心理进攻系统和心理防御系统；按照使用媒介，可分为宣传材料散发系统、广播电视宣传系统、网络心理战系统等；按照装备平台，可分为机载心理战系统、舰载心理战系统和车载心理战系统等。如，美军 EC-130 心理战飞机，装备有中波（MF-80 型）、短波调幅（HF-80 型）和高频调频广播，以及能播放电视节目的大功率发射机等，可在作战中对敌实施大纵深、高强度的心理攻击。

随着现代无线传输技术、新型媒体技术、网络传播技术、虚拟和仿真技术的发展与应用，由全球卫星、大功率基地电台、移动式广播发射平台、跨国卫星广播电视、多频道有线电视、无线电侦听和可自动进行信息处理的设备、彩色印刷设备、有线广播器材和声像处理车等多种心理战武器装备和手段组合构成的心理战系统，将更具强烈的心理打击效果，对战争进程和国家安全的影响也更为巨大和深远。

## 第四节　信息化杀伤武器

信息化杀伤武器是指在物理空间、信息空间和认知战场上，为达到信息化条件下“硬”对抗作战目的，所使用的各种“硬杀伤”型信息化武器装备。

### 一、新概念武器

新概念武器，是指有别于传统武器杀伤破坏机理和作战方式的武器。它可大幅提高作战效能和效费比，在信息化战争中将充当重要角色。正在研制发展中的新概念武器主要有定向能武器、动能武器、非致命武器等。

#### 1. 定向能武器

激光武器示意图

定向能武器，是利用沿一定方向发射与传播的高能射束攻击和毁伤目标的武器。它通过一定的能量转换装置，将某种电磁辐射和高速运动的微观粒子聚焦成强大的射束，以光速或接近于光速的速度，沿一定方向射向目标，达成对目标结构、材料及电子设备的破坏和毁伤效果。它既可用于干扰目标发挥功能作用，也可用于直接破坏或摧毁目标（包括拦截飞机、卫星和各种导弹等)。主要包括激光武器、粒子束武器和高功率微波武器。

2. 动能武器

科幻电影中的电磁发射武器

动能武器,是指发射超高速运动的、具有极大动能的弹头,通过与目标的直接碰撞而摧毁各类目标的武器。它是一种典型的直接拦截武器,将成为反飞机、反弹道导弹和反卫星的撒手锏。主要包括动能拦截武器和电磁发射武器。

3. 非致命武器

非致命武器,又称失能武器,是指利用声、光、电、电磁和化学制剂等非致命技术手段,使敌方人员或装备暂时或永久失能,而不致人死亡和产生不必要的物质损害及环境危害的武器。按作用对象,可分为反人员非致命武器和反装备非致命武器。

舰载声波武器

此外,国外正在研究的新概念武器还有空间环境武器(如地震武器、臭氧武器、气象武器、电离层武器)、基因武器、纳米武器等。

## 二、信息化弹药

信息化弹药,主要是指精确制导武器系统的弹药,如各类导弹、制导炸弹、制导炮弹、制导鱼雷、制导地雷和末敏弹药等。与传统弹药相比,信息化弹药能够获取和利用目标的位置信息,进行飞行控制、弹道修正直至命中目标。

1. 导弹

导弹是依靠自身动力推进,由制导系统引导并控制其飞行弹道或轨迹,将弹头或战斗部导向并毁伤目标的武器。根据发射点和攻击目标的不同,可分为防空导弹、空空导弹、空地导弹、反舰导弹、地地导弹、潜射导弹和反坦克导弹等。

我国海军 YJ-62 型反舰导弹

2. 制导炸弹

制导炸弹是带制导控制系统的航空炸弹,又称

"灵巧炸弹"。主要包括激光制导炸弹、电视制导炸弹、红外制导炸弹等类型。制导炸弹大都由常规炸弹加装制导装置和气动力控制面（弹翼、尾翼）制成，由各种飞机携带，结构简单、成本较低，主要用于毁伤敌方防空系统、火炮、坦克和装甲车辆、机场、桥梁、建筑物，命中精度大大高于普通炸弹。

3. 制导炮弹

制导炮弹是用地面火炮发射，弹丸带有制导装置的炮弹总称。主要用于攻击坦克、装甲车、反坦克导弹的发射装置、观察所、掩蔽部和火力发射点等小型目标。制导炮弹本身没有动力装置，靠火炮发射的初速度、稳定翼和控制舵使炮弹稳定飞行。弹丸上有小型化的导引头，能在弹道末段自动搜索、捕获目标并进行精确制导，以达到更高的单发命中概率。根据采用的制导技术，可分为激光制导炮弹、毫米波制导炮弹、红外成像制导炮弹和复合制导炮弹等。

## 思 考 题

1. 信息化武器装备对现代战争有什么影响？
2. 信息化武器装备有什么发展趋势？
3. 简述指挥信息系统。

# 第六章

# 共同条令教育与训练

令行禁止，王者之师也。

——西汉·刘向《说苑·指武》

**本章导言**

2018年4月4日，中央军委主席习近平签署命令，发布新修订的《中国人民解放军内务条令(试行)》《中国人民解放军纪律条令(试行)》《中国人民解放军队列条令(试行)》(统称共同条令，以下分别简称内务条令、纪律条令、队列条令)，自2018年5月1日起施行。新条令的颁布施行，对我军在新的历史起点上坚定不移走中国特色强军之路，全面推进国防和军队现代化，实现党在新时代的强军目标，全面建成世界一流军队，具有十分重要的战略意义。

## 第一节　共同条令

### 一、内务条令

内务条令是为了规范中国人民解放军的内务制度，加强内务建设，根据有关法律和军队建设实际而制定的。它是中国人民解放军内务建设的基本依据，适用于中国人民解放军现役军人和单位(不含企业、事业单位)，以及参训的预备役人员。

中国人民解放军的内务建设，是军队进行各项建设的基础，是巩固和提高战斗力的重要保证。基本任务是：使每个军人明确和认真履行职责，维护军队良好的内外关系，建立正规的战备、训练、工作、生活秩序，培养优良的作风和严格的纪律，保证军队圆满完成任务。

现行内务条令的主要内容包括：总则，军人宣誓，军人职责，内部关系，礼节，军人着装，军容风纪，与军外人员的交往，作息，日常制度，日常战备，军事训练和野营管理，日常管理，国旗、军旗、军徽的使用管理和国歌、军歌的奏唱，附则。共15章325条，并有附录10项。

## 二、纪律条令

纪律条令是为了贯彻全面从严治军方针，加强中国人民解放军纪律建设，维护和巩固铁的纪律，确保军队绝对忠诚、绝对纯洁、绝对可靠，保证军队的高度集中统一，加强革命化、现代化、正规化建设，巩固和提高战斗力，根据有关法律规定而制定的。它是中国人民解放军维护纪律、实施奖惩的基本依据，适用于中国人民解放军现役军人和单位，以及参战、支前的预备役人员。

现行纪律条令的主要内容包括：总则，纪律的主要内容，奖励，表彰，纪念章，处分，特殊措施，控告和申诉，首长责任和纪律监察，附则。共 10 章 262 条，并有附录 8 项。

共同条令的新变化

### 拓展阅读

#### 三大纪律、八项注意

三大纪律：

（一）一切行动听指挥；（二）不拿群众一针一线；（三）一切缴获要归公。

八项注意：

（一）说话和气；（二）买卖公平；（三）借东西要还；（四）损坏东西要赔；（五）不打人骂人；（六）不损坏庄稼；（七）不调戏妇女；（八）不虐待俘虏。

#### 中央军委首次举行颁授“八一勋章”和授予荣誉称号仪式

2017 年 7 月 28 日中共中央总书记、国家主席、中央军委主席习近平向“八一勋章”获得者颁授勋章和证书。麦贤得、马伟明、李中华、王忠心、景海鹏、程开甲、韦昌进、王刚、冷鹏飞、印春荣等获得“八一勋章”的同志依次上前，习近平为他们佩挂勋章、颁发证书，同他们亲切握手、合影留念。

新设立的“八一勋章”，是由中央军委决定、中央军委主席签发证书并颁授的军队最高荣誉。“八一勋章”“共和国勋章”“七一勋章”“友谊勋章”位于党和国家功勋荣誉表彰制度体系的最高层级。中央军委首次颁授“八一勋章”，充分体现了对英模典型的崇高敬意和高度褒奖，必将极大提振军心士气、激发昂扬斗志，激励全军汇聚起为实现中国梦强军梦而奉献的强大正能量。

## 三、队列条令

队列条令是为了规范中国人民解放军的队列动作、队列队形和队列指挥，保持整齐划一和严格正规的队列生活而制定的。它适用于中国人民解放军现役军人和单位，以及参训的预备役人员。它是中国人民解放军队列生活的准则和队列训练的基本依据。全体军人必须严格执行本条令，加强队列训练，培养良好的军姿、严整的军容、过硬的作风、严格的纪律性和协调一致的动作，落实全面从严治军要求，促进军队正规化建设，巩固和提高战斗力。

现行队列条令的主要内容包括：总则，队列指挥，队列队形，单个军人的队列动作，分队、部队的队列动作，分队乘坐交通工具，国旗的掌持、升降和军旗的掌持、授予与迎送，阅兵，仪式，附则。共 10 章 89 条，并有附录 4 项。

# 第二节　分队的队列动作

## 一、集合、离散

### 1. 集合

集合，是使单个军人、分队、部队按照规范队形聚集起来的一种队列动作。

集合时，指挥员应当先发出预告或者信号，如“全连注意”或者“×排注意”，然后，站在预定队形的中央前，面向预定队形成立正姿势，下达“成××队——集合”的口令。所属人员听到预告或者信号，原地面向指挥员成立正姿势；听到口令，跑步到指定位置面向指挥员集合（在指挥员后侧的人员，应当从指挥员右侧绕过），自行对正、看齐，成立正姿势。

部队集合

### 2. 离散

离散，是使列队的单个军人、分队、部队各自离开原队列位置的一种队列动作。包括离开和解散。

## 二、整齐、报数

1. 整齐

整齐，是使列队人员按照规定的间隔、距离，保持行、列平齐的一种队列动作。整齐分为向右（左）看齐和向中看齐。

口令：向右（左）看——齐；以×××为准，向中看——齐。

向前——看。

向右看齐

向中看齐

2. 报数

口令：报数。

要领：横队从右至左（纵队由前向后）依次以短促洪亮的声音转头（纵队向左转头）报数，最后一名不转头；数列横队时，后列最后一名报“满伍”或者“缺×名”。

报数

## 三、出列、入列

单个军人和分队出列、入列，通常用跑步，5 步以内用齐步，1 步用正步，或者按照指挥员指定的步法执行；然后，进到指挥员右前侧适当位置或者指定位置，面向指挥员成立正姿势。

1. 出列

口令：×××（或者第×名），出列。

要领：出列军人听到呼点自己姓名或者序号后应当答“到”，听到“出列”的口令后，应当答“是”。

2. 入列

口令：入列。

要领：听到“入列”口令后，应当答“是”，然后，按照出列的相反程序入列。

## 四、行进、停止

横队和并列纵队行进以右翼为基准，纵队行进以左翼为基准（一路纵队行进以先头为基准）。

齐步行进与立定

1. 行进

指挥员应当下达“×步——走”的口令。听到口令，基准兵向正前方前进，其他士兵向基准翼标齐，保持规定的间隔、距离行进。纵队行进时，排、连通常成三路纵队，也可以成一、二路纵队。行进中，需要时，用“一二一”（调整步伐的口令）、“一二三四”（呼号）或者唱队列歌曲，以保持步伐的整齐和振奋士气。

队伍行进

2. 停止

指挥员应当下达“立——定”的口令。听到口令，按照立定的要领实施，分队的动作要整齐一致；停止后，听到“稍息”的口令，先自行对正、看齐，再稍息。

立正、稍息

## 五、方向变换

方向变换，是改变队列面对的方向的一种队列动作。

1. 横队和并列纵队方向变换

停止间，通常是左（右）转弯或者左（右）后转弯，必要时可以向后转。

停止间口令：左（右）转弯，齐（跑）步——走，或者左（右）后转弯，齐（跑）步——走；向后——转，齐（跑）步——走（当需要向后转走时，应当先下“向后——转”的口令，待方向变换后，再下“齐步——走”或者“跑步——走”的口令）。

行进间口令：左（右）转弯——走，或者左（右）后转弯——走。

要领：一列横队方向变换时，轴翼士兵踏步，并逐渐向左（右）转动；外翼第一名士兵用大步行进并同相邻士兵动作协调，逐步变换方向（愈接近轴翼者，其步幅愈小），其他士兵用眼睛的余光向外翼取齐，并保持规定的间隔和排面整齐，转到90°或者180°时踏步并取齐，听口令前进或者停止。

方向变换

数列横队和并列纵队方向变换时，第一列轴翼士兵停止间用踏步、行进间用小步，外翼士兵用大步行进，保持排面整齐，边行进边变换方向，转到90°或者180°后，听口令前进或者停止；后续各列按照上述要领，保持间隔、距离，取捷径进到前一列转弯处，转向新方向跟进。

2. 纵队方向变换

停止间，通常是左（右）转弯，或者左（右）后转弯，必要时可以向后转。

停止间口令：左（右）转弯，齐（跑）步——走，或者左（右）后转弯，齐（跑）步——走；向后——转，齐（跑）步——走（按照横队和并列纵队向后转走的方法实施）。

行进间口令：左（右）转弯——走，或者左（右）后转弯——走。

要领：一路纵队方向变换，基准兵在左（右）转弯时，按照单个军人行进间转法（停止间，左转弯走时，左脚先向前1步）的要领实施，在左（右）后转弯时，用小步边行进边变换方向，转到90°或者180°后，照直前进；其他士兵逐次进到基准兵的转弯处，转向新方向跟进。

## 第三节　训练与实践

### 一、学唱军歌

军歌，是激励士气、催人奋进的战斗号角，是举旗铸魂、培育精神的红色经典，是抒发感情、展现风貌的铿锵旋律。

军歌是先进军事文化的一个重要组成部分，以其特有的品质、形式和内容，在军队建设、战斗力生成、思想政治工作的开展等各方面发挥着无可替代的作用。

## 中国人民解放军军歌

1=C $\frac{2}{4}$

公 木 词
郑律成 曲

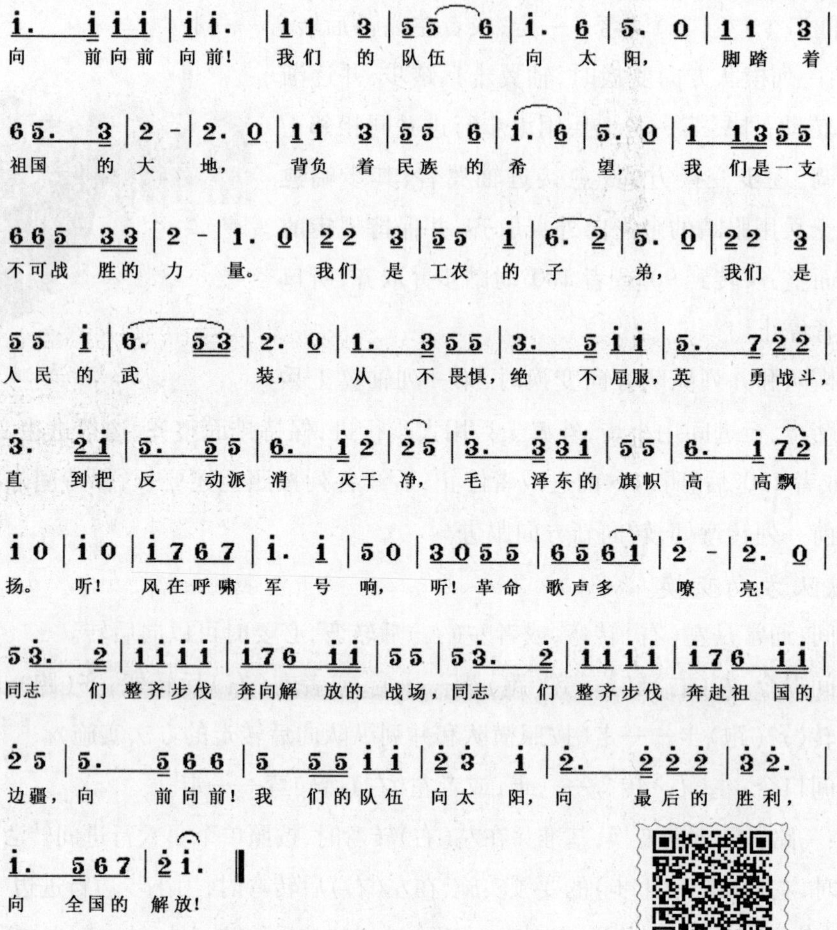


《中国人民解放军军歌》简谱

《中国人民解放军军歌》

推荐20首军歌:《强军战歌》《当祖国召唤的时候》《唱支山歌给党听》《军中姐妹》《军港之夜》《绿军装的梦》《当兵的历史》《当你的秀发拂过我的钢枪》《驼铃》《渴望光荣》《军中绿花》《我的老班长》《铁打的营盘流水的兵》《离开部队的那一天》《小白杨》《谁会记得我》《当兵就是那么帅》《我的士兵兄弟》《说句心里话》《当兵的那一天》。

《强军战歌》

## 二、军营体验

军营体验是激发爱国拥军热情，磨炼意志品质，增强集体意识、纪律意识，培养良好行为习惯的实践活动。

通过军营体验活动，可以使学生了解部队严格的管理，亲身感受战士们生活的简朴、训练的热情、思想的坚定、作风的顽强。

军营体验活动的内容一般包括：

(1)看一看：战士整队、出操、训练表演等。

(2)训一训：战士对学生进行队列训练。

(3)摸一摸：各种枪械武器装备、器材。

(4)练一练：叠被子。

(5)比一比：队列汇报表演。

(6)写一写：军营体验的感受。

参观军营

## 三、走进爱国主义教育基地

爱国主义教育基地是弘扬社会主义核心价值观的重要场所，传播中华优秀传统文化的重要载体，传承红色文化基因的重要阵地，展示改革开放成果的重要窗口。爱国主义教育基地凝聚了中华民族自强不息的奋斗精神和众志成城、坚韧不拔的爱国情怀，凝结着中国共产党的光荣历史和优良传统，书写了中国人民英勇奋斗的壮丽篇章，承载着催人奋进的红色基因和革命力量。

追寻长征足迹，传承红色基因

我们国家十分重视依托爱国主义教育基地，面向大中小学生等广大青少年，广泛组织开展生动活泼的爱国主义教育。广泛开展缅怀祭扫、升国旗仪式、入党入团入队仪式和重温誓词、成人仪式等主题教育，开展冬令营、夏令营、体验营、特色研学项目等丰富多彩的活动，把爱国主义教育基地建设成为开展爱国主义教育的生动课堂。江西于都中央红军长征出发纪念馆组建130人的小红星讲解队，讲述红军故事，宣传长征精神，成为于都河畔的一片靓丽景色。遵义会议纪念馆开展“爱国主义教育进校园”活动，把红色故事、红军所用的实物、移动展板等送进校园和课堂开展爱国主义教育，深受广大师生的喜爱。

## 拓展阅读

### 爱国主义教育基地和国家国防教育示范基地

1997 年 7 月，中宣部向社会公布了首批百个爱国主义教育示范基地，并以此影响和带动全国爱国主义教育基地的建设，在这些示范基地的带动下，各地都根据当地情况建立了各级爱国主义教育基地。各地的爱国主义教育基地多为博物馆、名人纪念馆等场馆。2004 年 2 月，党中央国务院制定下发了《关于进一步加强和改进未成年人思想道德建设的若干意见》，文件中明确要求“充分发挥爱国主义教育基地对未成年人的教育作用。各类博物馆、纪念馆、展览馆、烈士陵园等爱国主义教育基地，要创造条件对全社会开放，发挥基地的功能作用”。

截至 2019 年，全国各级各类爱国主义教育基地总建筑面积 2.27 亿平方米，展线总长度 1.27 亿米，展陈实物 525.74 万件、照片 223.32 万幅、文献资料 195.59 万套，模拟场景、雕塑、模型等 89.58 万件，共有讲解员 6.6 万人，年接待观众超过 23 亿人次。这些基地覆盖了各个历史时期的重大历史事件、重要人物和重要革命纪念地，从不同角度记录了中华民族悠久灿烂的历史文化，展现了中国人民英勇奋斗的壮丽篇章，反映了中国共产党人不忘初心、牢记使命，为中国人民谋幸福、为中华民族谋复兴的伟大奋斗历程，反映了改革开放和社会主义现代化建设的丰硕成果，日益成为激发爱国热情、凝聚人民力量、弘扬民族精神、传承红色基因的重要场所，成为中国共产党人的精神殿堂、中国人民的精神家园、中华民族的精神高地。

另外，为深入贯彻落实国防教育法和党中央、国务院、中央军委《关于加强新形势下国防教育工作的意见》精神，进一步加强国防教育场所建设，推动全民国防教育普及发展，国家国防教育办公室向社会公布了三批国家国防教育示范基地。这些示范基地，主要包括纪念馆、军史馆、烈士陵园、革命和历史遗址以及具有国防教育功能的陈列馆、博物馆、科技馆、军事训练基地等场所。

红军长征突破湘江烈士纪念碑园

### 思考题

1. 共同条令的主要内容有哪些？
2. 请谈谈参观爱国主义教育基地的积极意义。

# 第七章

# 射击与战术训练

战略上藐视敌人，战术上重视敌人。

——毛泽东

## 本章导言

射击与战术是军人遂行战斗任务的必备技能，只有熟练掌握这两个课目的训练内容，才能在战斗中根据战场情况随机应变，有效地发挥火力消灭敌人或躲避敌火力杀伤，达到保存自己、消灭敌人的目的。

# 第一节 轻武器射击

95 式自动步枪

自动步枪是轻武器中最常见的武器，了解其技战术性能、构造与保养和射击学理等基本知识，掌握武器操作和实弹射击方法，是士兵熟练使用轻武器的基础。本节主要介绍我军目前装备的 95 式自动步枪的性能、构造与保养，简易射击学理，武器操作和实弹射击方法。

## 一、轻武器性能、构造与保养

95 式 5.8 mm 自动步枪采用无托结构，具有长度短、重量轻、射击精度好、造型美观等特点。配有 95 式白光瞄准镜和微光瞄准镜。

95 式自动步枪

1. 性能

95 式自动步枪，是我军较新式的一种近距离消灭敌人的自动武器，对单个目标在 400 m 距离内射击最佳，集中火力可射击 500 m 内敌人的飞机、伞兵以及集团目标。能用实弹发射 40 mm 系列枪榴弹，使步兵具有点面杀伤和反装甲能力，表尺射程：破甲枪榴弹 120 m，杀伤枪榴弹 250 m，最大射程 400 m。必要时，还可加挂枪挂式防暴榴弹发射器，发射 35 mm 系列防暴榴弹，以完成特殊任务，表尺射程 350 m，最大射程 360 m。

侵彻力:使用1987式普通弹在300 m距离上能射穿10 mm厚的A3钢板;在600 m距离上,在贯穿2 mm厚的冷轧钢板后,仍能贯穿14 cm厚的松木板。

2. 构造

95式自动步枪由刺刀(匕首)、枪管、瞄准装置、导气装置、护盖、机匣、枪机、复进机、击发机、弹匣和枪托11大部件组成。另有一套附品。

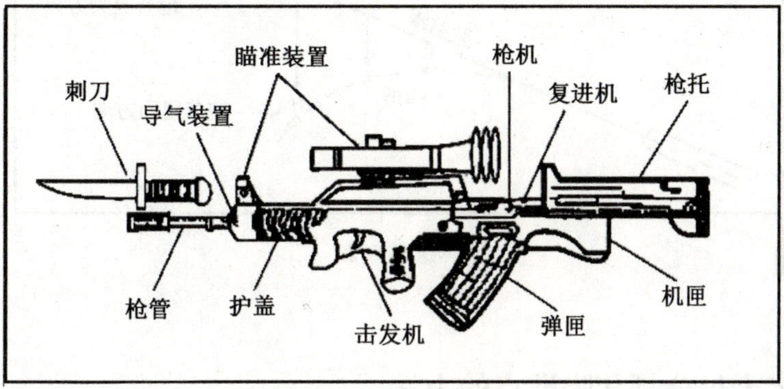


95式自动步枪11大部件

3. 保养

要保养好武器装备必须做到"两勤四不",即勤检查、勤擦拭,不碰摔、不生锈、不损坏、不丢失。

## 二、简易射击原理

### (一)发射

发射,是指由发射药或推进剂燃气能量等产生的膨胀力,将射弹等从导轨或身管装置推送出去的过程。

### (二)后坐

发射时,武器向后运动的现象就是后坐。后坐形成的原因是:发射药燃烧时,气体同时作用于各个方向,向前作用于弹头后部的压力推送弹头前进,向后作用于弹壳底部的压力通过枪机传给整个武器,使武器向后运动,形成后坐。

### (三)弹道

弹道,是指射弹的质心从发射开始点到终点运动的轨迹。

弹道形成的原因是:弹头脱离枪口后,一方面受到地心吸力的作用,逐渐下降,另一方面受到空气阻力的作用,越飞越慢。因此形成一条不均等的弧线,升弧较长较直,降弧较短较弯曲。

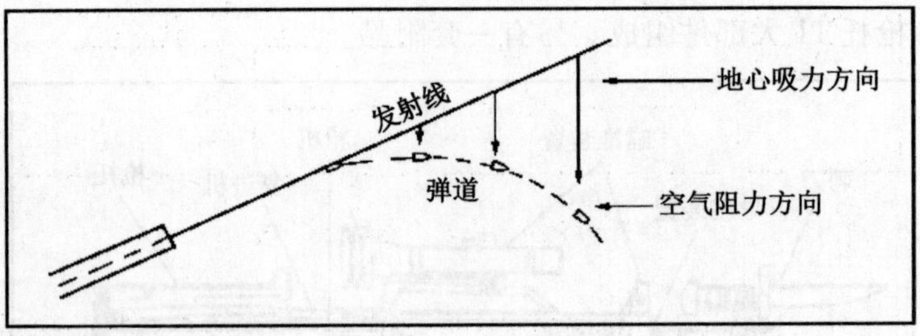


弹道的形成

## (四)选定表尺分划和瞄准点的方法

### 1. 定实距离表尺分划,瞄目标中央

当目标距离为百米整数时,可根据目标的距离装定相应的表尺分划,瞄准点选在目标中央。如自动步枪对 100 m 距离人胸目标射击时,定表尺“1”,瞄准目标中央射击,即可命中目标中央。

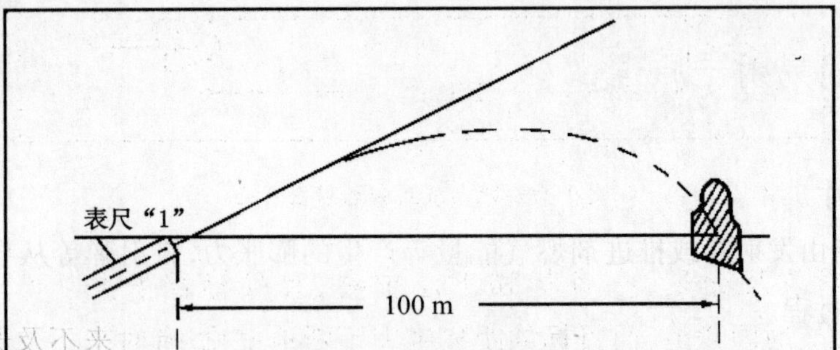


定实距离表尺分划射击景况

### 2. 定大于或小于实距离表尺分划,适当降低或提高瞄准点

在实际的射击和训练中,特别是在实战中很难遇到百米整数的目标。当目标距离不是百米整数时,通常选定大于实距离表尺分划,根据武器在该距离上的弹道高,相应降低瞄准点射击。如自动步枪在 250 m 距离上对人胸目标射击时,定表尺“3”,在 250 m 处的弹道高为 21 cm,这时,瞄准目标下沿中央射击,即可命中目标。

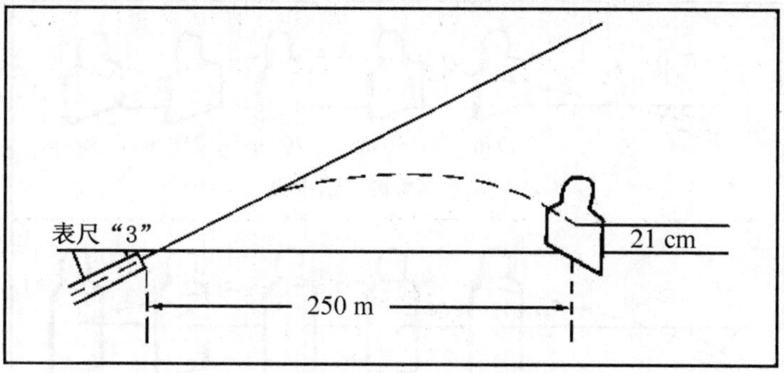


定大于实距离表尺分划射击景况

有时也可选定小于实距离的表尺分划，根据武器在该距离上的负弹道高，相应提高瞄准点射击。如自动步枪对250 m距离上的人头目标射击时，定表尺“2”，在250 m处的弹道高为负18 cm。此时，瞄准目标头顶中央射击，即可命中。

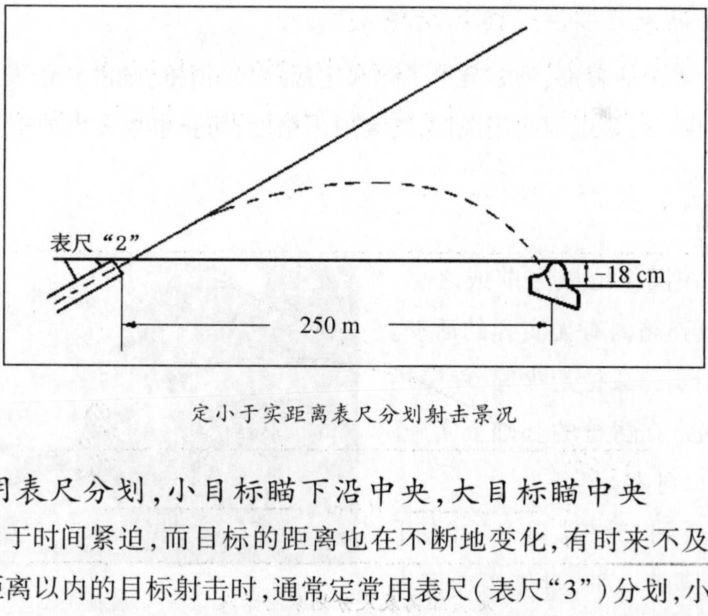


定小于实距离表尺分划射击景况

### 3. 定常用表尺分划，小目标瞄下沿中央，大目标瞄中央

战斗中，由于时间紧迫，而目标的距离也在不断地变化，有时来不及选定表尺。因此，对300 m距离以内的目标射击时，通常定常用表尺（表尺“3”）分划，小目标瞄下沿中央射击，大目标瞄中央射击，即可命中。如自动步枪定常用表尺对300 m以内人胸目标（高50 cm）射击时，瞄目标下沿中央，则整个瞄准线上最大弹道高为35 cm，没有超过目标高，目标只要在300 m距离内，都会被射弹杀伤。

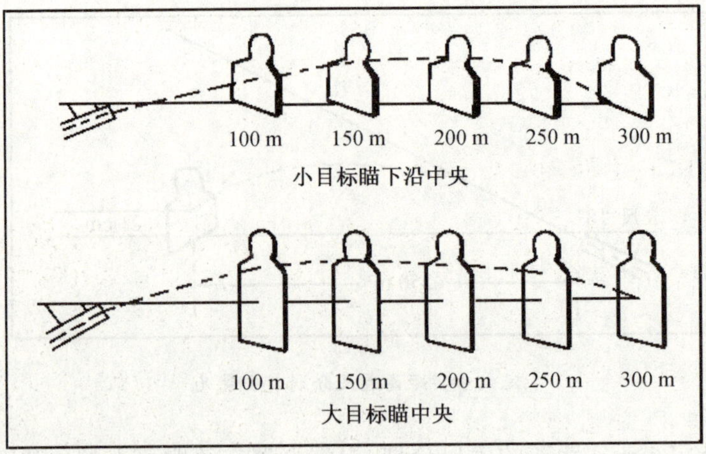

定常用表尺分划对 300 m 以内目标射击景况

## 三、武器操作、实弹射击

武器操作主要包括验枪、卧姿装退子弹和定复表尺、据枪、瞄准和击发等动作。掌握武器操作动作的要领，是正确使用武器，提高射击精度，防止事故发生的重要保障。

### (一)验枪

验枪，是指在操作枪械之前或之后，检查枪膛、弹匣、弹箱内有无实弹的活动。目的是避免误用实弹或枪走火等，保障用枪安全。验枪通常在肩枪的基础上实施。验枪时，严禁枪口对人。

验枪

动作要领：听到“验枪”口令后，右手移握握把，以右脚掌为轴，身体半面向右转，左脚顺势向前迈出一步，两脚分开约与肩同宽。将枪向前送出，左手接握下护盖（双手持枪时，两手协力将枪向前送出），左大臂紧靠左肋，枪托贴于右胯，准星约与肩同高，左手拇指打开保险。拇指按压弹匣卡笋，卸下弹匣，使弹匣口向上，交给右手握于握把左侧，食指移握机柄。

当指挥员检查时，拉枪机向后；验过后，自行送回枪机，装上弹匣，扣扳机，关保险，左手移握护盖。

听到“验枪完毕”口令后，左手反握上护盖，右手移握枪托，两手协力将枪倒置于胸前，右手拇指挑起背带，身体半面向左转，在右脚靠拢左脚的同时，两手协力将枪送上右肩，恢复肩枪姿势（双手持枪时，右脚迅速靠拢左脚，成双手持枪立正姿势）。

## （二）卧姿装退子弹和定复表尺

卧姿装退子弹

听到“卧姿——装子弹”的口令，右手移握提把，使枪口向前，背带从肩上脱下，左脚向右脚前迈出一大步（也可右脚顺脚尖方向迈出一大步），左臂伸出，掌心向下（手指稍向右）撑地，顺势卧倒。身体左侧着地，以左肘和身体左侧支持身体。右手将枪向目标方向送出，左手接握下护盖。枪面稍向左，弹匣着地，右手卸下空弹匣，使弹匣口朝后、挂耳向下，交给左手握于护木右侧，解开弹袋扣，换上实弹匣，将空弹匣装入弹袋内并扣好，食指打开保险，拉枪机送子弹上膛，关上保险，装定表尺（使用瞄准镜时，解开镜袋扣，取出瞄准镜装在枪上并锁紧，摘下物镜护罩），然后移握握把，全身伏地，两脚分开约与肩同宽，目视前方，准备射击。

听到“退子弹——起立”口令，身体稍向左侧，右手卸下实弹匣交给左手，打开保险，食指慢拉枪机向后，退出膛内子弹，送回枪机，右手将子弹压入弹匣内，解开弹袋扣，换上空弹匣，把实弹匣装入弹袋内并扣好，扣扳机，关保险，表尺分划归“3”（使用瞄准镜时，右手盖上瞄准镜护盖，卸下瞄准镜，装入袋内并扣好），右手移握提把，将枪收回，同时左小臂向里合，屈左腿于右腿下。以左手和两脚撑起身体，右脚向前一大步，左脚再向前一步，左手握上护盖前端，将枪倒置于胸前，右手挑起背带，在右脚靠拢左脚的同时，两手协力将枪送上右肩，恢复肩枪立正姿势。

## （三）卧姿有依托据枪、瞄准、击发

1. 据枪

据枪时，将枪下护盖放在依托物上，枪与身体要对正目标，身体右侧与枪身略成一线，两脚打开略宽于肩，两手协同保持枪面平正，左手握下护盖或小握把，手腕挺直，向下稍向后用力，左肘着地前撑，将肘皮控制在内后侧，右手虎口向前握握把，食指第一节靠在扳机上，用手掌肉厚部分和余指合力握住握把，握力在 10～20 kg，右手腕内合下塌挺住。两肘稳固地支撑于地面，保持上体稳固。两手协同将枪托上三分之二抵于肩窝，抵肩位置不能过高或过低，使枪托与肩窝紧密结合，通过肩部用整个身体承受武器后坐。胸部稍挺起，身体稍前跟，上体正直自然下塌，下塌后枪身不得前移，枪托抵肩确实，两脚内侧紧蹬地面，头稍前倾，自然贴腮。

卧姿有依托据枪

2. 瞄准

使用觇孔式瞄准具时，右眼通视觇孔准星，使准星尖位于觇孔中央，并指向瞄准点，就是正确瞄准。

正确瞄准的景况是，准星与觇孔（缺口）的平正关系看得清楚，而目标看得较模糊。有依托据好枪后，瞄准线应自然指向瞄准点下方，上体下塌确实后，瞄准线应自然指向瞄准点。若未指向瞄准点，切忌用手或臂等局部力量调整或强扭枪身改变据枪动作进行修正，也不可迁就或勉强，而应调整身体的整个姿势或依托物的高低。修正方向时，可左右移动两肘或整个身体；修正高低时，可前后移动身体或调整依托物的高低。

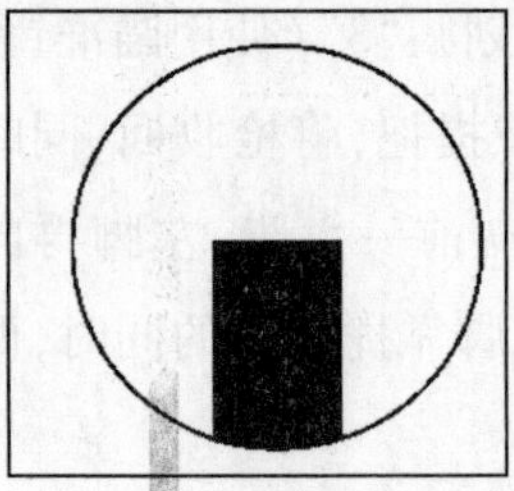

准星与觇孔的正确关系

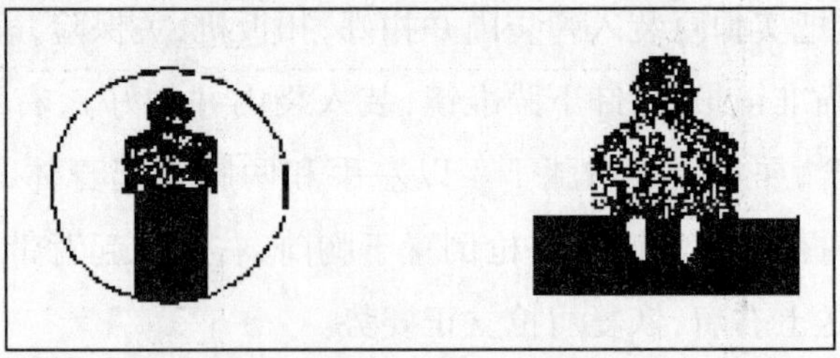

正确的瞄准景况

3. 击发

击发是准确射击的关键。击发时，右手食指第一节均匀正直地向后扣压扳机，余指握握把和右手腕用力保持不变。当瞄准线接近瞄准点时，开始预压扳机，并减缓呼吸。当瞄准线指向瞄准点时，应停止呼吸，继续增加对扳机的压力，直至击发。击发瞬间应保持正确一致的瞄准。若瞄准线偏离瞄准点或不能继续停止呼吸时，应既不增加也不放松对扳机的压力，待修正或换气后，再继续扣压扳机。

## (四)实弹射击

1. 实弹射击组织实施流程参考

(1)指挥员下达课目,明确安全注意事项和要求。(2)指挥员检查警戒人员就位和警戒情况、示靶人员设靶情况,命令信号员"发出开始射击信号"(信号员发射两发红色信号弹)。(3)指挥员组织第一组领取弹药(每组第一名为小组长下口令,成纵队带至发弹员处),发弹员发弹并下达"检查弹药"口令,射手报告弹药数量,之后小组长组织完成装填弹匣动作。(4)指挥员下达"第×组带至出发地线"的口令,小组长将本组成员带至出发地线,射手到达自己的位置自行立定并转体面向射击方向。(5)指挥员下达"向射击地线前进"口令,射手对正自己的靶位前进,达到位置自行立定。(6)指挥员下达"卧姿装子

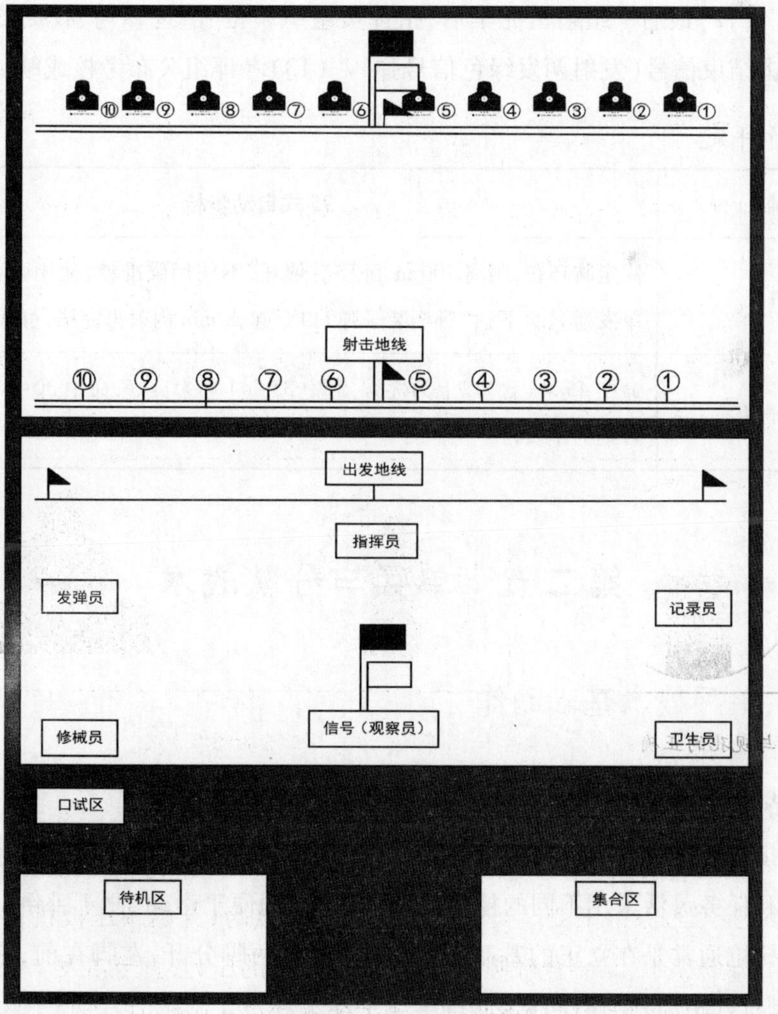


实弹射击场地设置

弹”口令,并开始计时(3 min),信号员升起红旗,射手装好子弹自行射击,每发射击后,示靶人员立即报靶,射手根据前发弹着自行修正,继续射击,射击完毕后枪面向左、枪托着地。(7)指挥员指挥第二组领取弹药、装填弹匣并带至出发地线。(8)第一组射击到达3 min时限,指挥员下达“退子弹起立”口令,射手卸弹匣,拉住机柄等待地段指挥员(每名地段指挥员负责2名射手)检查,地段指挥员由右至左依次检查射手有无剩余子弹,完毕后地段指挥员归位,射手自行完成后续动作,起立肩枪。(9)指挥员下达“验枪”口令,地段指挥员由右至左依次检查,而后回到原来位置并举旗示意。(10)指挥员下达“验枪完毕”口令,地段指挥员落旗,射手完成后续动作,信号员升起白旗,指挥员下达“向一号射手靠拢”口令,小组长将本组带至集合区;指挥员指挥靶壕检靶,示靶人员更换靶纸,并把射击后的靶纸收齐送至成绩登记处,交给考评组考官。(11)指挥员依次组织后续各组完成实弹射击。(12)最后一组射击完毕后,指挥员组织验枪、清理弹药、收拢器材,命令信号员发出射击结束信号(发射两发绿色信号弹)。(13)考评组公布考核成绩。

2. 成绩评定

| 枪种 | 95式自动步枪 |
| --- | --- |
| 条件 | 固定胸环靶,距离100 m,卧姿有依托,不使用瞄准镜,使用弹数5发(5次单发射),自下达“卧姿装子弹”口令起,3 min内射击完毕,可报靶 |
| 成绩评定 | 命中45环(含)以上为优秀,命中35~44环为良好,命中30~34环为及格,否则为不及格 |

## 第二节 单兵与分队战术

### 一、单兵战术基础动作

#### (一)持枪

持枪是指士兵在战斗中携带枪支的动作和方法。在不同的地形和距离条件下,士兵应根据敌情和任务灵活采用不同的持枪动作,力争做到便于运动、便于卧倒、便于观察和便于射击。持枪通常是在立正的基础上进行的,也可两脚分开,左脚在前,右脚在后,成丁字步,两脚打开距离约与肩同宽。

1. 单手持枪

口令:“单手持枪”。

要领:右臂微屈,右手提提把,以右手的握力将枪固定,枪身轴线与地面略成水平,背带压于拇指下,枪身距身体右侧约 10 cm,左臂自然下垂,运动时随身体自然摆动。安装瞄准镜时,通常不采用单手持枪的方法。

2. 双手持枪

口令:“双手持枪”。

要领:左手托握下护盖,右手握握把,食指微接扳机,将枪身置于胸前,枪口朝向左下(也可向前稍向左,枪身略成水平),背带自然下垂或挂在后颈部。

3. 单手擎枪

口令:“单手擎枪”。

要领:右手正握握把,食指微接扳机,将枪置于身体的右侧,枪口向上,上护盖末端略低于肩,枪身微向前倾,枪面向后,右大臂里合,枪托贴于右肋,背带自然下垂,目视前方,左手自然下垂或攀扶,运动时自然摆动。

4. 双手擎枪

口令:“双手擎枪”。

要领:双手擎枪是在单手擎枪基础上,左手托握下护盖,枪身略低,枪口对向前上方,背带自然下垂或压于左手下,身体与射向略成 30°。

## (二)卧倒、起立

卧倒、起立是单兵的基础动作,可分为徒手卧倒、起立,单手持枪卧倒、起立和双手持枪卧倒、起立。

卧倒、起立

1. 徒手卧倒、起立

口令:“徒手卧倒”“起立”。

要领:左脚向右脚前迈出一大步,同时上体前倾,身体下塌,按左手、左膝、左肘的顺序着地,形成侧卧,在转体的同时,蹬直左腿,两手掌心向下,放置于头部两侧或交叉于胸前。

起立时,先成侧卧,之后以臂、手、腿的支撑力将身体撑起,右脚向前一步,左脚再向前一大步,右脚靠拢左脚成立正姿势。也可两手将身体撑起,右脚向前一步,左脚再向前大半步,右脚靠拢左脚成立正姿势。

2. 单手持枪卧倒、起立

单手持枪卧倒、起立在单手持枪的基础上进行。

口令:“单手持枪卧倒”“起立”。

要领:卧倒时,左脚向前迈出一大步,左腿弯曲,上体前倾,两眼注视前方,左手顺左脚方向伸出,按左手、左膝、左肘的顺序着地,迅速卧倒。卧倒后,右手将枪向目标方向送出,左手接握下护盖,右手移握握把,全身伏地,据枪射击。安装瞄准镜时,不采取单手持枪卧倒的方法。

起立时,右手移握提把,收枪的同时转为侧身,屈回左腿,收回左小臂,之后用左臂和两腿的撑力撑起身体,右脚向前一大步,左脚再向前大半步,右脚靠拢左脚的同时成单手持枪立正姿势。

3. 双手持枪卧倒、起立

双手持枪卧倒、起立在双手持枪的基础上进行。

口令:“双手持枪卧倒”“起立”。

要领:卧倒时,左脚向前迈出一大步,左腿弯曲,上体前倾,两眼注视前方,右手握握把,左手松开下护盖顺左脚方向伸出,按左手、左膝、左肘的顺序着地,迅速卧倒。卧倒后,右手将枪向目标方向送出,左手接握下护盖,全身伏地,据枪射击。

起立时,右手移握握把,收枪的同时转为侧身,屈回左腿,收回左小臂,之后用左臂和两腿的撑力撑起身体,右脚向前一大步,左脚再向前大半步,右脚靠拢左脚的同时,左手接握下护盖,成双手持枪立正姿势。

注意:卧倒时,左脚迈出的步幅要大,以降低重心,前扑着地时,右脚内侧要扒地,以控制身体平衡。出枪时,保持枪身不晃动,并能形成正确的据枪姿势指向目标。

### (三)前进

士兵在敌火力威胁较大、自身处于卧倒状态下,如发现近处(10 m 以内)有地形可利用时,可采用匍匐前进的运动姿势向其靠近。根据遮蔽物的高低,匍匐前进又分为低姿匍匐、侧身匍匐和高姿匍匐三种姿势。

1. 低姿匍匐

低姿匍匐是身体平趴于地面并降低至最低程度的运动方式,一般在前方遮蔽物高约 40 cm 时采用。

低姿匍匐

口令:“向××处,低姿匍匐——前进”。

要领:低姿匍匐前进时的携枪方法一种是右手握握把和背带或右手掌心向上托握机匣,使枪面向右置于右小臂内侧;另一种是左手握护盖,右手握枪颈,将枪横托于胸前,枪身离地。

前进时,身体紧贴地面,头稍微抬起,屈回右腿,伸出左手,用右脚的蹬力和左手的扒力使身体前移,然后再屈回左腿,伸出右手,用左脚的蹬力和右手的扒力使身体继续前移,依次交替前进。前进速度不小于每秒 0.8 m。徒手低姿匍匐动作与持枪的动作基本相同。

### 2. 侧身匍匐

侧身匍匐是在前方的遮蔽物高约 60 cm 时所采用的一种运动方式。其特点是运动的速度稍快,但姿势偏高。

侧身匍匐

口令:"向××处,侧身匍匐——前进"。

要领:前进时,手提提把或握把将枪收回,使枪面向左稍向上(也可向右稍向上,将枪置于右小臂内侧),同时侧身,使左大腿外侧着地,左小臂前伸着地,左大臂支撑身体,左腿弯曲,右脚收回靠近臀部着地,以左小臂的扒力和右脚的蹬力使身体前移。前进速度不小于每秒 1.2 m。徒手侧身匍匐动作与持枪的动作基本相同。

### 3. 高姿匍匐

高姿匍匐一般在前方的遮蔽物高约 60 cm 时采用。

口令:"向××处,高姿匍匐——前进"。

要领:前进时,左手握上下护盖,右手握枪颈,将枪横托于胸前,枪口离地,用两肘和两膝支撑身体,然后,依次前移左肘和右膝、右肘和左膝,如此交替前移。前进速度不小于每秒 1 m。有时,也可采取低姿匍匐的携枪方法。徒手高姿匍匐动作与持枪的动作基本相同。

### 4. 滚进

滚进通常在为避开敌侦察、射击而左右移动或通过棱线时采用。在卧倒基础上滚进时,将枪保险关上,左手握表尺上方,右手握枪颈附近或两手握上护木,枪面向右,顺置于胸、腹前抱紧,两臂尽量向里合,两脚腕交叉或紧紧并拢,全身用力向移动方向滚进。到达预定位置迅速出枪成卧姿射击姿势或卧姿隐蔽姿势。

滚进

直(曲)身前进中需要滚进时,应左(右)脚向前一大步,左手在左(右)脚外(内)侧着地,身体尽量下塌,右手将枪挽于小臂内,枪面向右,身体向右(左)转,在右(左)臂、肩着地同时,向右(左)滚进。滚进时,右(左)腿伸直,左(右)腿微曲,滚进距离较长时可两腿夹紧。当滚进到适当位置后,如需射击,应迅速出枪,成卧姿射击姿势,需要跃起前进时,以左手的支撑力和身体右(左)转动的力量将身体支起,同时上右(左)脚前进。

## 二、步兵班战术

步兵班战术主要包括步兵班进攻战斗、步兵班防御战斗和步兵班(组)战斗勤务三个内容。

### 1. 步兵班进攻战斗

步兵班进攻战斗是指步兵班主动攻击敌人的战斗。步兵班在进攻战斗中,通常在排的编成内担任突击班,有时担任连(排)预备队,根据情况还可担任穿插、渗透、开辟通路等任务。

担任突击班时,可得到喷火器1个组(2~3具)的配属,有时可得到营属120反坦克火箭1具的配属和上级随伴火炮、坦克的支援。担任其他任务时,根据战斗任务的需要,还可能得到部分兵种分队和装备器材的加强。

### 2. 步兵班防御战斗

步兵班防御战斗是指步兵班抗击敌人的战斗。步兵班通常在排的编成内组织防御,防守排支撑点内的一段阵地,防御正面可达100~150 m。有时也可能单独防守一个阵地。

班也可能担任上级的预备队,还可能担任防御阵地前方(翼侧)的直接警戒、袭扰任务或担任防御纵深内打击空降之敌等任务。

根据担任的任务,班在防御战斗中可得到轻喷火器1~2具的配属,有时可得到1挺重机枪的配属以及可得到上级坦克和炮兵火力的支援。

### 3. 步兵班(组)战斗勤务

步兵班(组)战斗勤务主要包括班哨、尖兵班、步哨、游动哨、潜伏哨和警戒哨等。

### 思考题

1. 如何选定表尺分划和瞄准点?
2. 在进行武器操作和实弹射击过程中,如何预防事故发生?
3. 在什么情况下使用低姿匍匐前进?

# 第八章

# 防卫技能与战时防护训练

保存自己消灭敌人这个战争的目的，就是战争的本质，就是一切战争行动的根据，从技术行动起，到战略行动止，都是贯彻这个本质的。战争目的，是战争的基本原则，一切技术的、战术的、战役的、战略的原理原则，一点也离不开它。

——毛泽东《论持久战》

## 本章导言

防卫技能与战时防护训练是每名军人的必训课目，也是有效“保存自己，消灭敌人”的重要手段和必要途径。通过对本章内容的学习，不仅能加深我们对军事训练相关内容的了解，更有助于提高我们在面对险情、危情时的应急处置能力。

# 第一节 格斗基础

格斗是由拳打、脚踢、摔打等搏击、散打的基本动作组成的。练习格斗，能使全身各部位得到比较全面的活动，尤其是上下肢肌肉的爆发力，各关节的灵活性和柔韧性，以及快速的反应能力都能得到提高。此外，格斗还有自卫和制敌的作用。

## 一、格斗常识

### （一）人体关节与要害部位

人体关节在受到超过生理限度的压迫、打击或扭转时，就会失去正常的功能使局部丧失战斗力。了解人体关节的生理特点，能够更好地在格斗中控制敌方，保护自己。

要害部位是指在人体受到外力打击或挤压后，最容易造成昏迷、伤残、死亡的部位。人体的很多部位，如头部、面部、颈部、胸部、腹部、腰部、裆部（生殖器）等存在要害，或其本身就是要害部位（见下图）。在了解要害部位的同时，还需掌握正确的击打方法，既能克敌于瞬间，又能避免因打击过度而带来的种种遗憾。

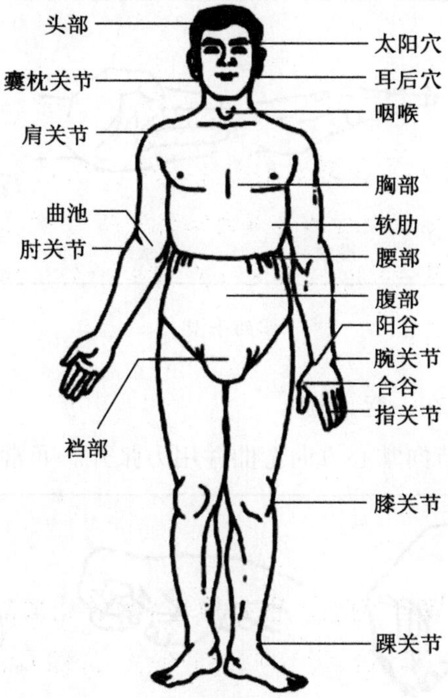


人体要害部位

## (二)手型和步型

### 1. 手型

拳:四指并拢握紧,拇指扣在食指的第二节上。通常分为立拳、反拳、平拳三种。

拳的手型

掌:四指并拢伸直,拇指弯曲紧扣于虎口处。通常分为立掌、横掌、插掌、八字掌四种。

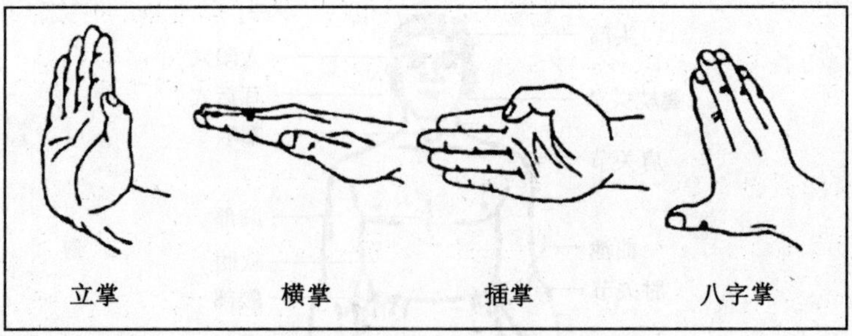


掌的手型

勾:五指的第一节捏拢在一起,屈腕。

爪:五指的第一、二关节向掌心方向弯曲并用力张开。通常分为鹰爪、虎爪两种。

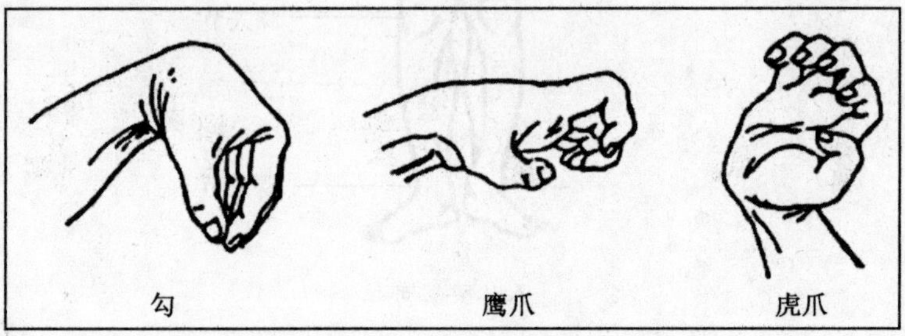


爪的手型

2. 步型

马步:两脚平行拉开(约为本人脚长的 3 倍),脚尖正对前方,屈膝半蹲,膝部不超过脚尖,大腿接近水平,全脚掌着地,身体重心落于两腿之间,挺胸、塌腰,两拳握于腰间,拳心向上。

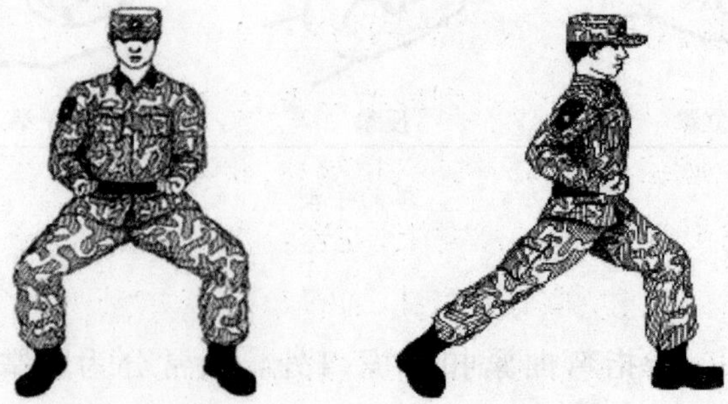

马步　　弓步

弓步:两拳抱于腰间,拳心向上,左(右)脚向前上步,左(右)腿屈膝半蹲,右(左)腿在后挺直,脚尖里扣。

虚步：两脚前后分开（约为本人脚长的 2.5 倍），前脚掌着地，腿微屈。后腿屈膝半蹲，脚尖外撇 45°，全脚掌着地，体重大部分落于后脚。左脚在前为左虚步，右脚在前为右虚步。

盖步：两脚前后开立，约为本人脚长的 3 倍，右（左）脚尖向右（左）前，两腿交叉屈膝半蹲，左（右）脚后跟抬起，两拳拳心向上收于腰际，挺胸抬头，目视正前方。

跪步：两脚前后开立，约为本人脚长的 3 倍，两腿屈膝下蹲，右（左）膝屈膝下跪并稍向外展，右（左）脚后跟抬起，两拳拳心向上收于腰际，挺胸抬头，目视正前方。

虚步

盖步

跪步

## 二、格斗基本功

### （一）格斗式

格斗式是实施攻防动作的准备姿势。正确的格斗姿势是进行有效攻击和严密防守的基础，是完成进攻和防守的最佳预备姿势。它的特点是身体暴露面积小，便于步法移动，便于进攻和防守，既可以全身自如保持平衡，又可以在瞬间做出反应。

格斗势

以左式为例，在立正的基础上，右脚后撤一步，身体稍向右转，膝微屈，脚尖外斜 45°，脚跟稍提起；左脚尖稍里扣，膝微屈，重心落于两脚之间；两手握拳前后拉开，拳眼向上，左臂弯曲，肘关节夹角在90°～110°之间，肘尖下垂，左拳与鼻同高；右臂弯曲，肘关节夹角小于 90°，右大臂贴于右侧肋部；身体侧立，下颌微收，闭口合齿，收腹含胸，目视前方。

### （二）步法

步法是格斗中身体向前、后、左、右移动的方法。灵活而敏捷的步法，不仅是调整重心和维持身体平衡的关键，也是进攻和防守中占据有利位置和发挥最优攻势的基础。因此，对步法的训练应特别注重在活、疾、稳、准上下功夫。

1. 进、退步

进、退步主要用于向前、向后及斜向移动。急进急退主要用于突然进步攻击和急退防守。

进步　　退步

2. 横移步

横移步主要用于横向闪躲向我直线攻击的拳或腿。

左横移步　　右横移步　　垫步

3. 垫步

垫步主要用于急进出拳或出腿攻击和急退防守及反击。

**(三)拳法**

拳法是格斗中主要的攻击方法。要求出拳迅速、有力、准确。可以原地击打，也可配合步法、身法使用。基本拳法有直拳、摆拳、勾拳等。

1. 直拳

分为左直拳和右直拳。

右直拳

右摆拳

左上勾拳

2. 摆拳

分为左摆拳和右摆拳。

3. 勾拳

(1)平勾拳

分为左平勾拳和右平勾拳。

(2)上勾拳

分为左上勾拳和右上勾拳。

## (四)腿法

腿法具有打击力量大、范围广、隐蔽性强,能进行有效进攻与反击等特点。基本腿法通常有蹬腿、勾踢腿、弹腿等。

1. 蹬腿

有左蹬腿、右蹬腿、正蹬腿(分为左正蹬腿和右正蹬腿)。

左正蹬腿

右正蹬腿

左后蹬腿

右后蹬腿

2. 勾踢腿

分为左勾踢腿、右勾踢腿。

左勾踢腿

右勾踢腿

3. 弹腿

分为左弹腿、右弹腿。

左弹腿

右弹腿

4. 踹腿

分为左踹腿、右踹腿。

左踹腿

右踹腿

5. 边腿

分为左边腿、右边腿。

右边腿

## (五)肘法

分为横击肘、顶肘、砸肘、挑肘。

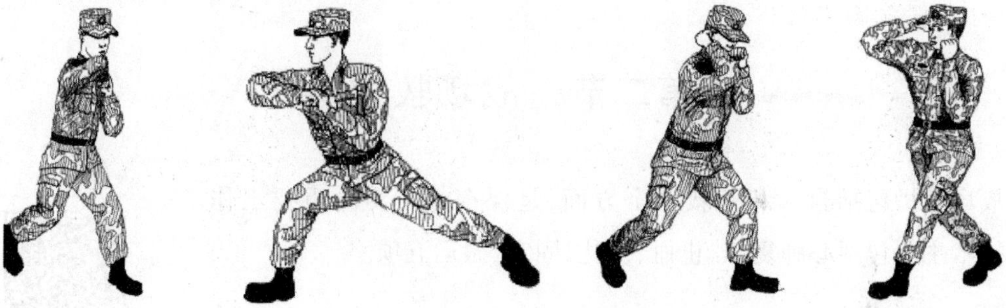

横击肘　　顶肘　　砸肘　　右挑肘

## (六)膝法

分为正顶膝、侧顶膝。

正顶膝　　侧顶膝

## 三、军体拳

军体拳，是由拳打、脚踢、摔打、夺刀、夺枪等格斗基础动作组合而成的一种实用拳术。它具有节奏分明、套路连贯、攻防意识较强的特点。它遵循由简到繁，从基本功到基本动作，运动量由小到大的原则编成。动作上融入了踢、打、摔、擒拿、夺刀、夺枪、袭击等格斗基本动作，动作精练适用，每一动作都是“一招制敌”，同时它还吸取了长拳舒展大方、动作灵活、迅猛有力、节奏分明的特点，以及南拳步稳、动作刚劲有力的风格。进行军体拳训练，人体各部位几乎都参加运动，可使人的身心得到全面锻炼，能改善人体机能，较好地发展肌肉的力量和关节的灵活性，达到强身健体、增强体质的目的。

军体拳之捕俘拳

# 第二节　战场救护

战场救护包括自救和互救两个方面，是保存战斗力的重要工作。救护技术主要包括心肺复苏、止血、包扎、固定、搬运五项。

战场常用急救器材

## 一、心肺复苏

心肺复苏是指针对呼吸、心跳停止所采用的抢救措施。即以人工呼吸替代自主呼吸，以心脏按压形成暂时人工循环并诱发心脏的自主搏动。

1. 判断心搏骤停

心搏骤停一旦发生，时间就是生命，抢救越早，复苏成功率越高。判断心搏骤停，首先应轻摇或轻轻拍打病人，同时呼叫其名字或大声呼喊，若无反应可判断为意识丧失。然后马上以手指触摸其双颈动脉，若意识丧失同时伴颈动脉搏动消失，即可判定为心搏骤停。应立即开始现场抢救，并紧急呼救以取得他人帮助。

基础生命支持技术

2. 安置复苏体位

复苏体位是仰卧位，应在呼救的同时小心放置病人仰卧在坚硬平地上。安置时，应一手托住病人颈部，另一手扶着他的肩部，使病人沿其躯体纵轴整体翻转到仰卧位。

3. 开放气道

心搏骤停后，全身肌肉松弛，可发生舌根后坠，使气道受阻。为了保持呼吸道通畅，可采用仰头抬颏法，也可采用仰头举颈法或双手托颌法开放病人气道。

注意：在开放气道的同时应用手指挖出病人口中异物或呕吐物，有假牙者应取出假牙。

4. 判断自主呼吸

判断病人有无自主呼吸，可以通过"一看二听三感觉"的方法。即看病人胸、腹有无起伏，用耳及面部贴近病人口鼻，分别听和感觉有无气体呼出，如没有应立即进行口对口人工呼吸。

5. 重建呼吸

伤员通气技术

帮助病人重建呼吸最为有效的方法就是人工呼吸。人工呼吸时保持病人抬头仰颏，抢救者以右手拇指和食指捏紧病人鼻孔。深吸一口气后，用自己的双唇将病人的口完全包绕，然后用力吹气 1~1.5 s，使病人的胸壁扩张。吹气完毕，抢救者松开捏病人鼻孔的手，让病人的胸壁及肺依靠其弹性自主回缩呼气。

重建循环进行心外按压能使病人重建循环。进行时，抢救者可采用踏脚凳或跪式等不同体位，用靠近病人左侧手的食指和中指置于胸骨下切肌上方，用另一手的掌根部紧靠前一手食指，放于胸骨下三分之一处，掌根部长轴与胸骨长轴重合，然后将前一手置于另一手背上，两手手指交叉抬起，使其不接触胸壁。按压时双肘伸直，垂直向下用力按压，下压深度 4~5 cm，按压频率 100 次/分，按压时间与放松时间各占 50%，放松时掌根不能离开胸壁，以免按压点移位。

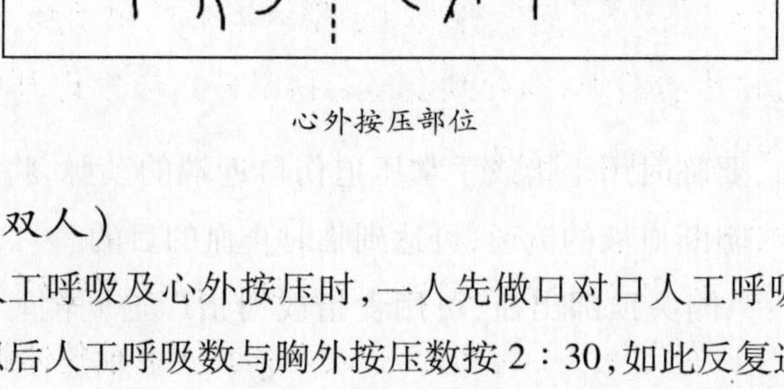


心外按压部位

6. 心外按压（双人）

双人同时进行人工呼吸及心外按压时，一人先做口对口人工呼吸 2 次，另一人作胸外心脏按压 30 次，以后人工呼吸数与胸外按压数按 2∶30，如此反复进行。

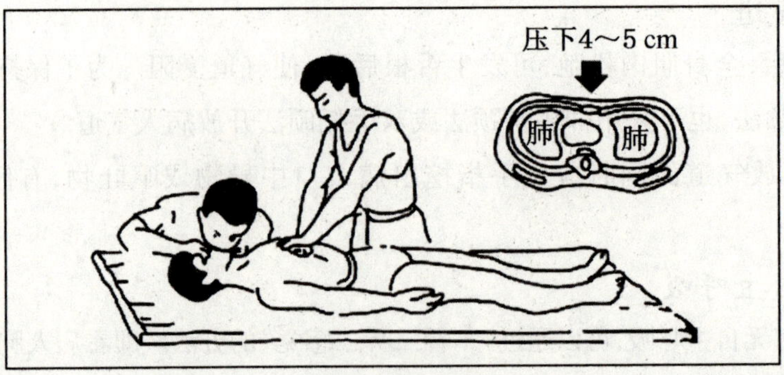

心外按压和人工呼吸

## 二、止血

血液是生命的源泉，它通过心脏的不断收缩，循环于身体的各个部位。当失血量达到20%时，就会危及伤员的生命。

### （一）出血种类

判定出血种类是正确实施止血的首要工作，方法是根据出血的特征加以判断。如果是动脉出血，则颜色鲜红，呈喷射状，有搏动，出血速度快且量多；如果是静脉出血，则颜色暗红，呈涌出状或徐徐外流，出血速度不如动脉出血快；如果是毛细血管出血，则血色鲜红，从伤口向外渗出，出血点不容易判明。

### （二）止血方法

止血是一种医疗技术，有许多简便的方法，运用起来十分奏效。

伤员止血技术

1. 加压包扎止血法

静脉、毛细血管或小动脉出血时，先将敷料盖在伤口上，然后用三角巾或绷带用力包扎。

2. 指压止血法

较大的动脉出血，要临时用手指或手掌压迫伤口近端的动脉，将动脉压向深部的骨头上，阻断血液的流通，可达到临时止血的目的。

（1）头顶部出血：一侧头顶部出血，可用食指或拇指压迫同侧耳前方（颞浅动脉）搏动点。

（2）颜面部出血：一侧颜面部出血，可用食指或拇指压迫同侧下颌骨下缘、下颌角前方约 3 cm 处的凹陷处，可摸到明显的搏动点的面动脉，压迫此点可以止血。

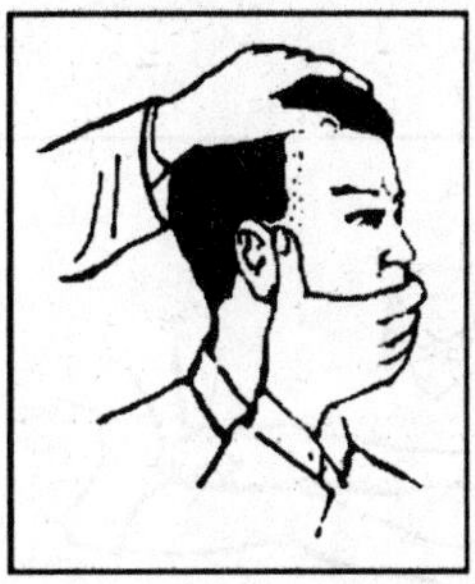

头顶部压迫止血方法

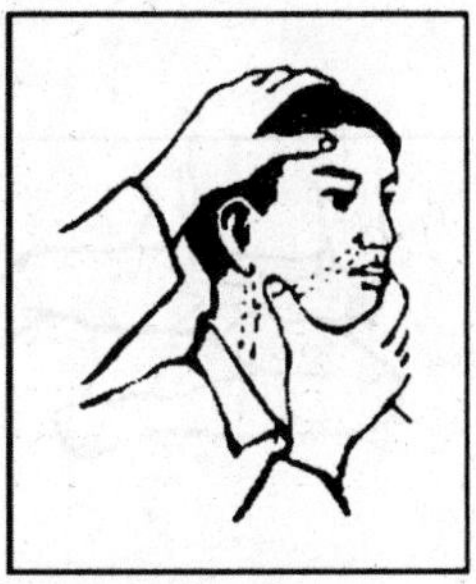

颜面部压迫止血方法

（3）头面部出血：一侧头面部大出血，可用拇指或其他四指压迫同侧气管外侧与胸锁乳突肌前缘中点之间，此处可摸到一个强烈的搏动（颈总动脉），将血管压向颈椎止血。

（4）肩腋部出血：可用拇指压迫同侧锁骨上窝中部的搏动点（锁骨下动脉），将动脉压向深处的肋骨上止血。

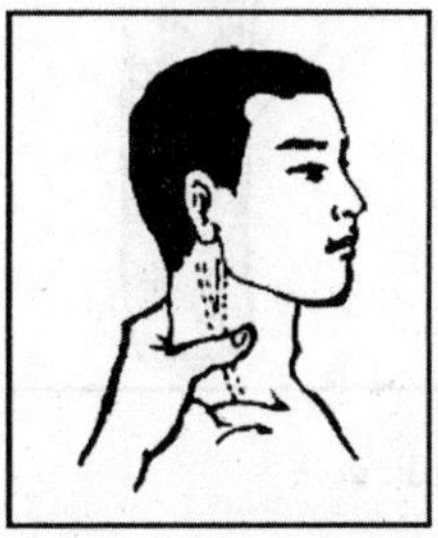

头面部压迫止血方法

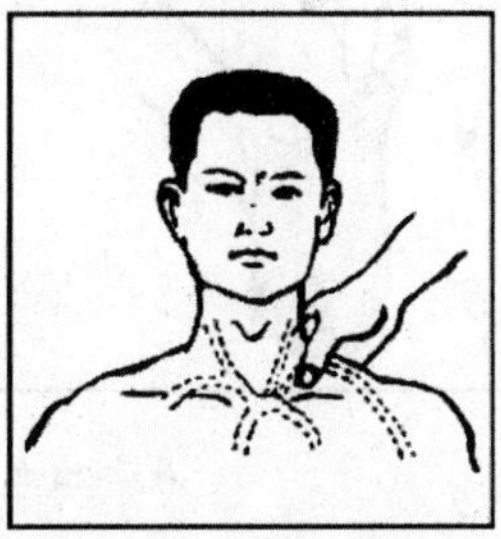

肩腋部压迫止血方法

（5）前臂出血：可用拇指或其他四指压迫上臂内侧肱二头肌与肱骨之间的搏动点，将肱动脉压向肱骨上即可止血。

（6）手部出血：互救时可用两手拇指分别压迫手腕横纹稍上处内外侧搏动点（尺动脉、桡动脉）止血。自救时用健康手的拇指、食指分别压迫上述两点。

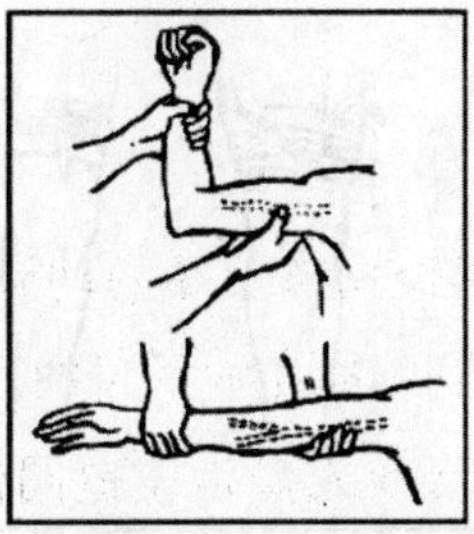

前臂出血压迫止血法

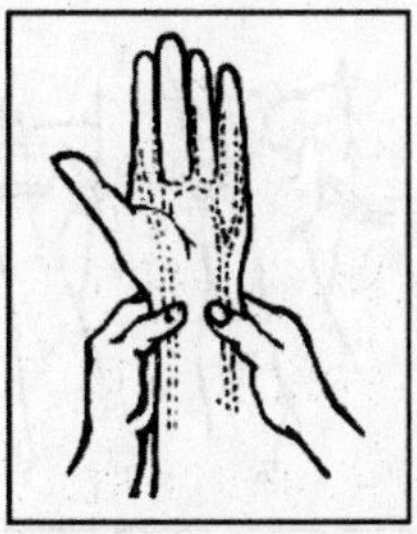

手部出血压迫止血法

(7)大腿以下出血:大腿及其以下动脉出血。自救时可用双手拇指重叠用力压迫大腿上端腹股沟中点稍下方的强大的搏动点(股动脉)止血。互救时,可用手指或手掌用力将股动脉压在股骨上。

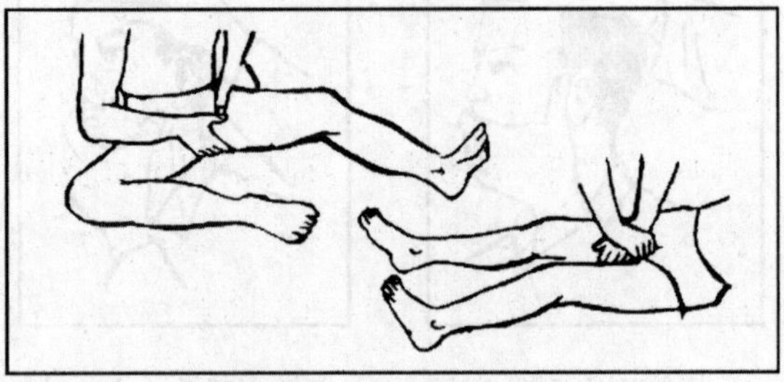

腿部出血压迫止血法

(8)足部出血:可用两手食指或拇指分别压迫足背中部近脚腕处的胫前动脉和足跟内侧与内踝之间的胫后动脉止血。

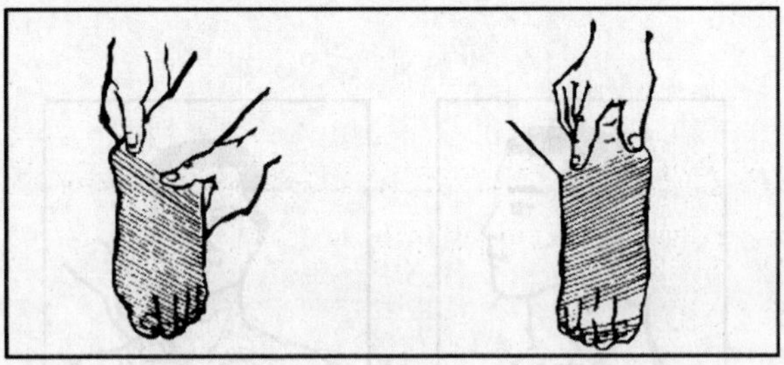

足部出血压迫止血法

3. 止血带止血法

止血带是一种制止肢体出血的急救用品。常用的止血带是约 1 m 长的橡皮管。一般在四肢大动脉出血用其他方法止血无效时,采用止血带止血。方法要诀是:橡皮带左手拿,后头 15~20 cm 要留下,右手拉紧环体扎,前头交左手,中食二指夹,顺着肢体向下拉,前头环中插,保证不松垮。

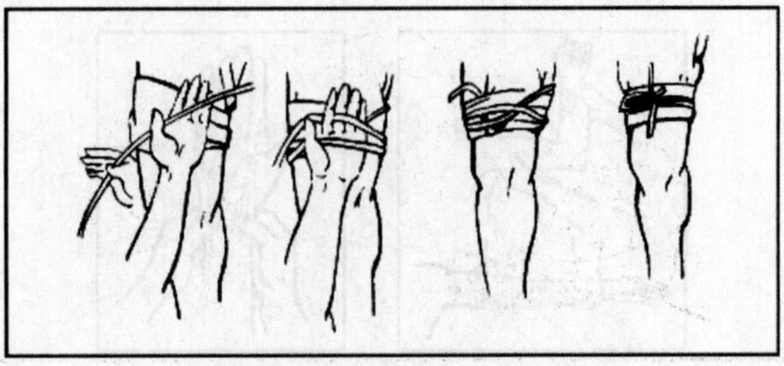

止血带止血法

注意：使用止血带时，止血带与皮肤之间要加垫（敷料、衣服等），不能直接扎在皮肤上；扎止血带的伤员必须作标记，注明扎止血带的时间；止血带每隔 1 h（冬季 0.5 h）松开一次，每次放开 2～3 min，以暂时改善血液循环。松开时要逐渐放松，如有出血，应再扎上止血带；如不再出血，可改用三角巾压迫包扎伤口。

4. 卡式止血带止血法

卡式止血带是一种新型、便于携带、松紧可调的塑料卡锁止血带，目前已全面装配部队。通常适用于四肢静脉、毛细血管和小动脉出血。其操作方法是：在出血处加上敷料垫，打开活动锁紧开关，用一手拿住活动锁紧开关压住敷料，另一手从肢体下方拉过涤纶松紧带头端，绕肢体一圈，将插入式自动锁卡插进活动锁紧开关内，用一手按住活动锁紧开关，另一手用力拉紧涤纶松紧带，直到不出血为止。

放松时，用手向后扳放松板；解开时，用手指向下按压开关即可。

## 三、包扎

包扎通常使用配发的急救包，使用时把急救包沿箭头方向撕开，将敷料盖在伤口上，然后进行包扎。不同部位具有不同的包扎方法。

伤员包扎技术

1. 头面部伤的包扎

（1）帽式包扎法：适用于颅顶部损伤的包扎。其方法是将三角巾底边的中点放在伤员眉间上部，顶角经头顶垂向枕后，再将底边经左右耳上向后拉紧，在枕部交叉，并压住垂下的顶角，再将顶角随一底边角拉紧在前额部打结固定。

（2）风帽式包扎法：适用于颅顶部、面部、下颌和伤肢残端的包扎。将三角巾顶角和底边中央各打一结，形似风帽。然后将顶角结放于前额正中，底边结置于枕外隆突下方，两手垂直向下拉紧两底角，分别在下颌处反折交叉后绕至枕后结上打结固定。

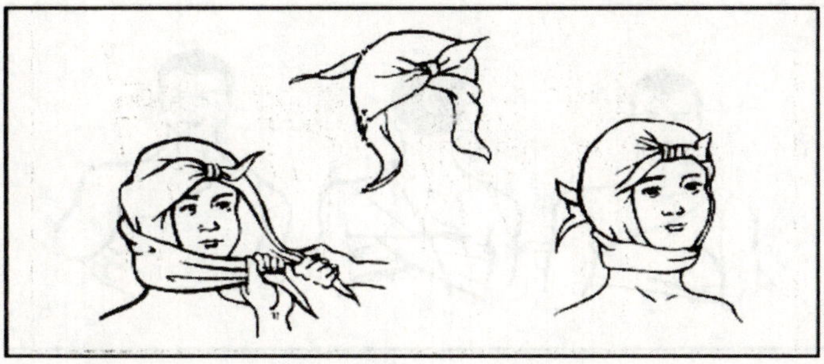

三角巾头部包扎法

(3)下颌包扎法:适用于下颌部伤口和下颌骨折固定的包扎。将三角巾折叠成约四横指宽条带状,取1/3处抵住下颌,长端经耳前绕过头顶至对侧耳前上方,与另一端交叉,然后分别绕过前额及枕后,于对侧相遇打结固定。

(4)面部包扎法:三角巾顶角打一结兜住下颌,盖住面部,然后拉紧两底角,在头后交叉,绕至额前打结。包扎好后,在眼、口、鼻的地方剪洞,露出眼、口、鼻。

2. 四肢伤的包扎

(1)三角巾包扎上肢:将三角巾一底角打结后套在伤侧手上,结的余头留长些备用;另一底角沿手臂后侧拉至对侧肩上,顶角包裹伤肢,前臂曲至胸部,拉紧两底角打结。

(2)三角巾包扎手(脚):将手放在三角巾中央,手指朝向顶角;拉顶角盖住手背,两底角左右交叉压住顶角绕手腕打结。包扎脚部与此法相同。

(3)三角巾包扎小腿和脚:将三角巾铺平,顶角在前,将伤脚放于三角巾中央适当位置,反折顶角于足背,再将两底角提起包裹顶角,绕踝关节部的肢体后固定打结。

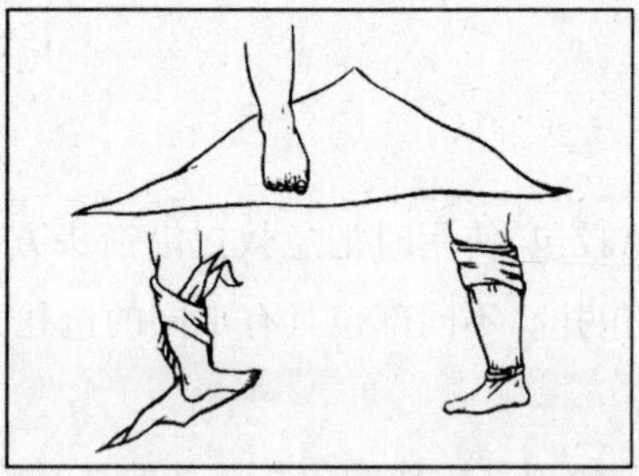

三角巾包扎小腿和脚

(4)三角巾包扎肘、膝:将三角巾折成适当宽度的带形,将带的中部斜放于伤部,取带两端分别压住上下两边,包绕肢体一周后在伤口背侧打结。

3. 胸(背)部伤的包扎

将三角巾的顶角放在伤侧胸部肩上,把左右两底角拉到背后打结,然后和顶角打结。本方法也适用于背部包扎。

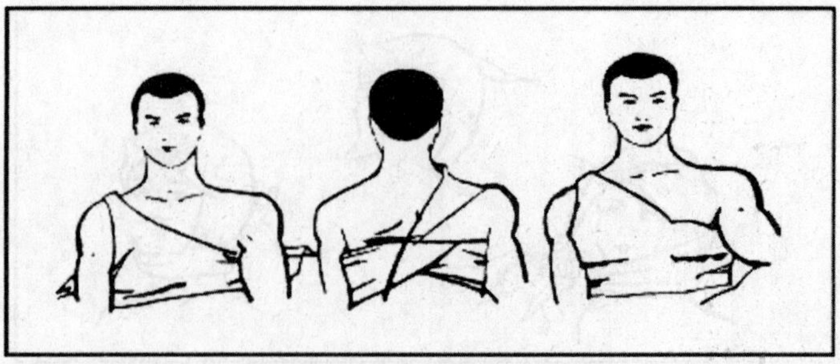

三角巾胸部包扎法

4. 腹部伤的包扎

腹部损伤或伴随脏器脱出通常采取腹部兜式包扎法。三角巾顶角朝下，底边横放于腹部，两底角向后拉紧于腰背部打结，然后把顶角经会阴拉至臀部上方，与腰部余结头打结。腹部脏器脱出时，可用饭碗或武装带围成圈后放在敷料上进行保护性包扎。

## 四、固定

固定是使受伤的肢体制动，让受伤肢体得到休息，避免增加损伤，也可减少伤员痛苦，便于后送。凡骨或关节损伤都要进行固定。

1. 判断骨折的方法

伤员固定技术

(1)用手指轻轻按摸受伤部位时疼痛加剧，有时可以摸到骨折断端。

(2)受伤部位变形。

(3)受伤部位明显肿胀或受伤部位不能活动。

(4)骨折断端有时可用手摸出“嘎吱”“嘎吱”的骨摩擦感。

2. 骨折临时固定的方法

目前我军对骨折临时固定所采用的制式材料为卷式夹板，紧急情况下，也可使用三角巾、枪支、树枝等就便器材代替。

(1)锁骨骨折三角巾临时固定法：在伤员的腋窝处加好棉垫，用两条三角巾分别折成五横指宽的条带，环绕腋窝一周，在腋后打结，然后把左右打结的三角巾拉紧，在背后打结，使左、右肩关节后伸外展。也可用一条三角巾折成条带或用夹板进行临时固定。

(2)上臂肱骨骨折躯干三角巾临时固定法：将三角巾折叠成与上臂长度相等的宽带，将肱骨固定在躯干上，然后屈肘90°，再用三角巾将前臂悬吊于胸前。也可用夹板或简便器材进行临时固定。

上臂骨折夹板固定法

(3)前臂尺桡骨骨折临时固定法：用卷式夹板的头端从手背腕部推向肘关节，再将卷式夹板回返推向手心处，然后用两条三角巾条带分别在骨折两端绕肢体两圈固定，再用一条三角巾将骨折肢体悬吊于胸前。此骨折也可用其他方法进行临时固定。

前臂骨折固定法

(4)小腿胫腓骨骨折临时固定法：用四条三角巾条带，分别在骨折的上端、下端将伤肢绕两圈临时固定在健肢上，然后用一条带状固定带在踝关节处用“8”字形固定，再用一条三角巾折成五指宽将两膝关节固定。此处骨折也可用其他方法进行临时固定。

（5）大腿股骨骨折临时固定法：用卷式夹板两块，一块放于大腿内侧，一块放于大腿外侧，一块长度不够时可接上一块，在骨突出处加垫，用条带固定骨折上端和下端，然后用条带固定膝关节，再用条带成“8”字形固定踝关节，最后在大腿根部将夹板固定。也可用其他方法进行临时固定。

注意：①骨折固定一旦伤口出血，应先止血包扎后再固定。②大腿和脊柱骨折时应就地固定。③固定要牢固，松紧要适当。④夹板与皮肤之间应垫棉花、衣服等。

## 五、搬运

搬运伤员的目的是使伤员迅速安全地脱离危险区，搬至隐蔽地或送到救护机构救治，以防伤员在战场上再次负伤。

### 1. 搬运伤员的要求

（1）要尽快地将伤员搬运至隐蔽地。

（2）在搬运前尽可能做好伤员的初步急救处理，如情况允许，一般应先止血、包扎、固定，后搬运。

伤员搬运技术

（3）要根据敌情、伤情、地形，灵活运用搬运方法。

（4）搬运动作要轻，避免不必要的震动加重伤情。

### 2. 常用的搬运方法

（1）单人搬运

侧身匍匐搬运法

匍匐背驮搬运法

徒手抱搬运法

肩扛搬运法

（2）担架搬运

担架搬运注意事项：

①伤员上担架要平托。

②伤员头部要放在后面，使后面的救护员能随时观察伤情。

③抬担架的人行走要平稳，步子快慢相同。

④担架高低要保持平衡。伤员在担架上的一般体位是：胸腹伤取仰卧位，背臂伤取俯卧位，内脏伤取平卧位。

担架搬运伤员

## 第三节　核生化防护

对核生化的防护，是指对敌人核、生物、化学武器袭击而采取的防护措施。目的是最大限度地减少损伤，保存自己。

### 一、核生化基本知识

1. 核武器及其杀伤破坏途径

核武器是利用原子核裂变或裂变—聚变反应，瞬时释放巨大能量，造成大规模杀伤破坏效应的武器。包括原子弹、氢弹和特殊性能核弹等。其杀伤破坏主要是通过冲击波、早期核辐射、光辐射、核电磁脉冲、放射性沾染等途径进行。上述几种因素不仅杀伤破坏作用不同，而且作用时间长短不一，短的在核爆炸瞬间的分秒时间内，长的可达几天至几十天，甚至更长时间。

2. 生物、化学武器及其杀伤破坏途径

生物战剂是在战争中用来伤害人、畜，毁坏农作物的致病微生物和细菌所产生的毒素。装有各种生物战剂的炸弹、炮弹和气溶胶发生器、布洒器等统称生物武器。生物武器是利用生物战剂的致病作用杀伤有生力量和毁伤动植物的武器。按对人员的伤害程度可分为失能性战剂和致死性战剂。

化学武器是以毒剂的毒害作用杀伤有生力量的武器。化学毒剂有神经性毒剂、糜烂性毒剂、失能性毒剂、窒息性毒剂和刺激性毒剂等。化学毒剂的种类不同,其危害也不一样。化学毒剂释放后,可形成气态、气溶胶态、液滴态、微粉态,人员接触或吸入后会立即中毒,如果不及时防护和抢救,就会失去战斗力或在短时间内死亡。

3. 战场次生核生化的危害

次生核生化危害,是指次生核危害、次生生物危害、次生化学危害的统称,是核生化设施遭常规武器袭击、人为破坏或自然灾害威胁,引发放射性物质、生物制剂和有毒化学品释放而产生的危害。

## 二、防核生化武器基本技能

### (一)对核武器的防护

对核武器的防护主要包括两个方面:一是对核爆炸瞬时效应的防护,二是对放射性沾染的防护。

1. 对核爆炸瞬时效应的防护

核爆炸瞬时效应防护是指对核爆炸产生的冲击波、光辐射、早期核辐射等瞬时杀伤效应采取的防护措施,是核防护的重要内容。

核化武器伤及防护

(1)开阔地上的防护

收到核袭击警报信号或发现核闪光时,应立即背向爆心卧倒。卧倒时,两手交叉压于胸下,两肘前伸,头自然下压夹于两臂之间,闭眼闭嘴(有条件时堵耳),憋气(当感到有热空气时),两腿伸直并拢。

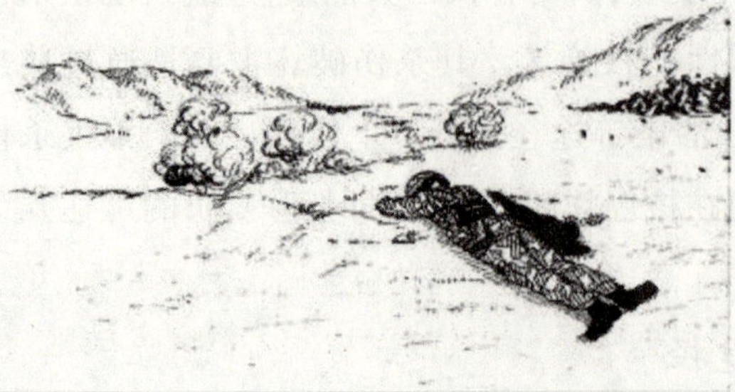

在开阔地上防护

利用土堆防护

（2）利用地形防护

当发现核爆炸闪光时，应就近利用地形背向爆心的一面迅速卧倒（动作要领同开阔地）。如利用较大的土丘、坟包、土坎时，可对向爆心卧倒，重点防护头部。

（3）利用服装防护

衣物的防护效果，一般是厚的比薄的好，浅色的比深色的好，密实的比稀疏的好。

### 2. 对放射性沾染（污染）的防护

对放射性沾染（污染）的防护是指对核爆炸形成的放射性沾染（污染）采取的防护措施。其目的是避免或减轻放射性物质通过体外照射、体内沾染和皮肤沾染的方式对人体造成伤害。

（1）对放射性烟云沉降的防护

处于爆心下风方向的人员在放射性烟云到达以前要做好防护准备。当发现放射性灰尘落下时，应迅速穿戴防护器材；若无制式器材，应利用就便器材进行防护，如戴口罩，披雨衣（斗篷），扣紧袖口、领口和裤腿，脖子上围毛巾等，进行全身防护，将身体遮盖起来。当沉降完毕，如风速不大、无大量灰尘扬起时，可脱掉雨衣或斗篷（注意风向），但不要摘口罩。

（2）通过沾染区的防护

通过沾染区时，应尽量避开辐射水平高的地区，能绕则绕，不能绕过时，人员之间应保持适当距离，加快行进速度，减少灰尘的扬起。如有条件乘车通过时，应尽量乘车，以缩短停留时间。

（3）在沾染区内的防护

利用有防护设施的工事进行防护，尽量减少在工事外活动，以减轻外照射和沾染。暴露人员应穿戴防护器材，扎紧“三口”（领口、袖口、裤口），穿（披）雨衣或斗篷，戴手套等。在沾染区内，尽量不喝水、不吸烟、不进食，不接触受染物体。

## （二）对化学武器的防护

### 1. 遭化学武器袭击时的防护

（1）利用器材防护呼吸道和眼睛

遭化学武器袭击时，要迅速戴好防毒面具。

全身防护：敌机布洒毒剂、毒剂炮（炸）弹爆炸后有飞溅的液滴或漂移的气雾时，除进行呼吸道和眼睛防护外，还要迅速披上防毒斗篷或雨衣、塑料布等。同时，应防止毒剂液滴溅落在随身携带的装具和武器上。

（2）利用工事防护

利用有防护设施的工事防护时，应根据指挥员的命令有组织地进入，不得随意进出。

进入时应防止将毒剂带入,进入后关闭密闭门或放下防毒门帘,要减少各种活动。人员在没有密闭设施的工事内,要戴面具防护。

2. 在染毒地域停留时的防护

在染毒地域停留时,必须按照规定穿戴防护器材,尽量避免与染毒物体接触。利用战斗间隙对接触物体和活动地域进行消毒,严禁在染毒地域随便进食、喝水、大小便。

## (三)对生物武器的防护

对生物武器的防护,主要包括对生物战剂气溶胶的防护和对敌投带菌昆虫的防护。

1. 对生物战剂气溶胶的防护

生物战剂气溶胶只有通过呼吸道、消化道、黏膜和皮肤特别是受伤的皮肤进入人体后,才能发挥其杀伤作用。防护的基本目的就是防止生物战剂气溶胶从这些部位进入人体。能对毒剂气溶胶和放射性气溶胶进行有效防护的措施均适用于防生物战剂气溶胶。如各种军用防毒面具、民用防毒面具、防疫口罩、防尘口罩,甚至用布片、手帕等捂住口鼻,也有一定的防护效果。防毒服、防疫服、简易皮肤防护器材等可对身体表面起到较好的防护作用。有防毒设施的掩蔽部集体防护效果更好。缺乏条件时,也可利用地形及气象条件避免和减轻危害。如运动到生物战剂气溶胶云团或污染区的上风方向;黄昏、夜晚、黎明和阴天时,在高处隐蔽;不停留在易滞留生物战剂气溶胶的植被区域等。

2. 对敌投带菌昆虫的防护

主要是保护暴露皮肤,防止昆虫叮咬。其主要方法:

一是利用工事、房屋、帐篷防护。对门窗或出入口应安装纱窗、纱门,挂上用防虫药物浸泡过的门帘或关闭孔口、密闭门。

二是利用器材防护。可利用防蚊服、防蚊帽等进行防护。为防止敌投带菌昆虫钻入衣服,可将袖口、裤脚扎紧,上衣塞入裤腰(或扎腰带),颈部围毛巾。对于蜱(蜘蛛一类小动物)的防护,应经常检查,将爬在衣服上的蜱及时除去。

三是涂驱避剂。为保护人员不受昆虫的叮咬,可使用驱避剂加以防护。常用的驱避剂有避蚊胺、驱蚊灵等。使用时,将药涂在暴露皮肤上,每次用量3~5 mL,避蚊胺涂抹后可维持4~6 h。或将药涂在衣服的裤脚、袖口和领口处。使用驱避剂时,切忌全身涂抹,尤其不得抹入眼内,以免引起皮肤中毒。

此外,搞好个人卫生、战场卫生,增强人员体质和基础免疫力,消灭生物战剂生存条件,预防传染病的产生和蔓延也是对生物武器防护的一条重要措施。

## 思考题

1. 格斗基本功包括哪些方面的内容？
2. 救护技术主要包括哪几项？
3. 对核武器的防护主要包括哪些方面的内容？

# 第九章

# 战备基础与应用训练

要强化实战准备，牢固树立练兵打仗、带兵打仗思想，牢固树立随时准备打仗的思想，牢固树立立足现有条件打胜仗的思想，狠抓各项战备制度落实，保持常备不懈的战备状态，确保遇有情况能够快速有效处置，坚决完成空军担负的各项军事斗争任务。

要时刻准备打仗，强化战斗队意识，坚持战斗力标准，集中精力研究军事、研究战争、研究打仗，做好军事行动各项准备，保持高度戒备状态，时刻听从党和人民召唤，忠实履行党和人民赋予的神圣使命。

——习近平

## 本章导言

战备是军队为应付可能发生的战争或军事突发事件而在平时进行的准备和戒备。做好战备工作，提高战备水平，是有效应对多种安全威胁、完成多样化军事任务的重要保证。

# 第一节　战备规定

战备规定的内容主要有日常战备、等级战备等。

## 一、日常战备

日常战备包括战备教育，军情研究，战备计划，战备值班，节日战备，请示报告，人员、装备和战备物资管理，指挥信息系统管理，战备设施建设和战备演练10个方面。以下重点介绍战备教育、节日战备和“三分四定”三项内容。

### （一）战备教育

各部队通常要结合形势和任务对所属人员进行经常性的战备教育。战备教育是完成战备任务和作战任务的重要保证，目的在于根据国内外军事、政治、经济领域斗争形势的发展变化，帮助官兵克服和平麻痹思想和松懈情绪，增强战备观念，牢固树立战斗队思想，提高做好战备工作的自觉性，为建立正规的战备秩序提供坚实的政治基础。战备教育由政治机关组织，纳入政治教育计划统一安排。通常情况下，团级以上部队每半年、营级以下分队每季度进行一次战备教育。节日、特殊时期和部队执行任务前一般也要进行针对性战备教育。

战备教育的内容应当紧密结合形势任务和官兵思想实际，增强时代感和主动性、针对性、实效性。

（1）职能使命教育。主要包括：①我军的性质宗旨、根本职能；②现代军事思想；③马克思主义战争观；④党的军事指导理论创新成果；⑤新体制下陆军特种作战分队的使命任务。

(2)形势任务教育。主要包括:①国际战略形势、周边安全环境、国内社会动态和驻地民社情等;②国际国内时事政治;③上级决策指示;④反渗透、反心战、反策反、反窃密教育。

(3)战斗精神教育。主要包括:①我军光荣历史和优良传统教育;②爱国主义精神教育;③革命英雄主义精神教育;④战斗意志和战斗作风教育。

(4)战备常识教育。主要包括:①任务区和驻地人文、社会、地理环境等;②战备法规制度;③作战行动常识;④应对常见突发事件常识;⑤各级战备计划。

### (二)节日战备

节日战备,是指在元旦、春节、国际劳动节和国庆节等法定节日期间,为保证国家安全和人民欢度节日而组织的一种短期战备值班行动。节日战备前,通常组织战备教育和战备检查,制定战备计划,调整加强值班兵力,完善应急行动方案,及时上报战备安排。节日战备期间,要按规定保持人员在位率和装备完好率,加强战备值班、执勤、巡逻警戒和对重要目标的防护。节日战备结束后,要及时向上级上报节日战备情况。

### (三)"三分四定"

"三分四定"是陆军地面部队、海军陆战队、空降兵部队对战术储备物资存放与管理的基本要求。其他部队的战术储备物资要根据自身特点,按照便于储备和使用的要求进行存放与管理。

分队战备物资应按规定配备储备,按"三分四定"的要求存放管理。"三分"就是将个人的物资分为携行、运行、后留三类,分别放置。携行就是紧急情况时自己随身带的必备物资。运行就是有些物资个人很需要,但自己携带不了,需要上级单位帮助运走的物资。后留就是不需要带走的个人物资(自己买的,不是部队配发的东西),留在营房里,由上级统一保管。"四定"指战备物资在存放、保管和运输中做到定人、定物、定车、定位。定人就是将携行、运行和后留物资明确到具体的个人并以标签进行标识。定物就是将个人储备物资按照携行、运行和后留进行区分,明确各自的种类和数量。定车就是明确个人携行和运行物资放置的具体车辆(几号车)。定位就是明确个人携行和运行物资放置在车辆上,后留物资放置在库室内的具体位置。

## 二、等级战备

等级战备,是指部队为准备执行作战任务,或者情况需要时,根据上级命令进入的高度戒备状态。我军的等级战备，以平时的经常性战备为基础，按照戒备程度，由低级到高级依次划分为三级战备、二级战备和一级战备。

## (一)战备等级转换

部队进入等级战备，应当根据形势和任务需要确定，通常逐级转换，必要时可以越级转换。

### 1. 进入三级战备

三级战备，是国内外发生重大事件，有可能对国家安全和稳定构成威胁时，部队所处的戒备状态。三级战备是指部队现有人员、装备、物资等完成行动准备的戒备状态。

接到进入三级战备的命令后，必须立即展开战备等级转换，停止所属人员探亲、休假、疗养、退役，召回在外人员；统计缺编、超编人员，清退借调人员，严格控制人员外出；启封、检修、补充装备和物资器材；组织作战数据准备和加载；组织针对性战备教育和训练；加强战备值班；研究掌握敌情和有关情况，修订完善战备计划；展开阵地准备和有关保障，做好开设指挥所准备；在规定时限内完成战备等级转换，报告战备等级转换情况。

部队完成三级战备转换后，必须达到现有人员在位、装备良好，携行和运行物资补充到位，能够随时按照命令规定的时限出动执行任务。部队不少于实力数80%的人员和装备完成出动准备。

### 2. 进入二级战备

二级战备，是国家安全和稳定受到严重威胁时，部队所处的戒备状态。二级战备是指部队按照编制达到齐装、满员，完成行动准备的戒备状态。

部队接到进入二级战备命令后，必须立即展开战备等级转换，收拢部队，补充人员、装备；按照携行和运行标准发放、装载战备物资，落实后勤、装备等各项保障；进行战备动员和临战训练；加强战备值班；跟踪研究掌握敌情和有关情况，完善行动方案；做好进入预定疏散地域或者战时位置的准备，完成应急扩编准备；基本指挥所指挥人员进入指挥位置，做好展开工作准备；留守机构展开工作；各分队完成作战准备；在规定时限内完成战备等级转换，报告战备等级转换情况。

部队完成二级战备等级转换后，必须按照编制达到齐装、满员，携行战备物资器材发放到位，运行战备物资器材装载到位，能够随时按照命令规定的时限出动执行任务。部队不少于编制数90%的人员和装备完成出动准备。

### 3. 进入一级战备

一级战备，是国家安全和稳定受到现实直接威胁时，部队所处的戒备状态。一级战备是指部队完成一切临战准备的最高戒备状态。

部队接到进入一级战备的命令后，必须立即展开战备等级转换，根据命令进行应急扩编和临战动员，严密掌握敌情和有关情况。部队进入疏散地域或者战时位置，指挥所展开工作。在规定时限内完成战备等级转换，报告战备等级转换情况。

部队完成一级战备转换后，必须做好一切临战准备。部队不少于95%的人员和装备完成出动准备。

### （二）战备等级转换的要求

现代战争突发性强，进程快，战场情况瞬息万变。特别是信息化条件下的局部战争，持续的时间普遍缩短。因此，分队能否快速、高效地实施战备等级转换成为打赢战争的前提条件，这对分队战备等级转换工作提出了更高要求。

1. 科学筹划，周密准备

组织战备等级转换工作具有很强的全局性和应急性，必须以严肃认真的态度和科学求实的方法，周密计划和准备。

2. 合理分工，密切协调

战备等级转换工作内容多，头绪多，组织复杂，为避免发生程序重复的"内耗"现象，组织战备等级转换工作必须合理分工，密切协调。

3. 加强管理，防奸保密

战备等级转换工作，是分队工作的重要组成部分，是高度机密的行动，必须高度重视安全保密工作。

4. 全面落实，认真检查

组织战备等级转换标准高、要求严格的特点，决定了在组织分队实施战备等级转换中，必须认真检查各单位落实不同战备等级所规定的内容及要求情况。

## 第二节 紧急集合

紧急集合，就是部（分）队在紧急情况下，迅速聚集人员并按规定携带装备物资的应急行动。

紧急集合时机：发现和遭到敌人的突然袭击，受到火灾、水灾、地震、台风等自然灾害威胁，上级赋予紧急任务或发生重大意外情况时等。

## 一、紧急集合的要领

紧急集合分为全副武装紧急集合和轻装紧急集合两种。全副武装紧急集合的程序分四步：着装、整理携行生活器材、装具携带和集合。

1. 着装

通常着作训服。昼间：一般按当时的训练着装进行。如果上级重新规定着装，应立即换装。夜间：按照帽子（冬季戴皮、棉帽时，披装后再戴）、上衣、裤子、袜子、鞋子（双层床上层的士兵打完背包再穿鞋子）的顺序进行穿戴。

2. 整理携行生活器材

全副武装紧急集合可携带背包或单兵生活携行具（背囊）。

打背包时，背包宽 30~35 cm，竖捆两道，横压三道。米袋捆于背包上端或两侧；雨衣、大衣通常捆于背包上端，大衣袖子捆于背包两侧；鞋子横插在背包背面中央（左上右下，弯曲部朝下）或竖插两侧；背包内侧放战备小包，外侧放褥单、蚊帐（视情）。

携带单兵生活携行具（背囊）时，携行具内物资顺序：垫被（褥子）、被子（卷起）、大衣（冬季，夏季为蚊帐）、战备小包、米袋、脸盆（饭盒）。背囊左侧口袋装雨衣，右侧口袋装作训鞋、背包绳。

挎包内物品：急救盒（包）、毛巾、牙膏、牙刷、野战餐具、军用食品、笔记本、笔。着轻装时，雨衣可置于挎包内。

战备小包内物品：当季作训服（含帽子及标志符饰）、毛巾、体能训练服（冬季为秋衣裤）、袜子、内裤、针线盒（包）等。

3. 装具携带

背挎包，右肩左胁；扎腰带；披单兵战斗携行具（含 4 个弹匣、4 枚手榴弹）；背水壶，右肩左胁；背防毒面具，左肩右胁；背背包；取枪。

4. 集合

士兵披装完毕后，迅速跑步到班集合地点，向班长报告。全班到齐后，班长带领全班迅速赶到排集合场，并向排长报告。

## 二、紧急集合的要求

紧急集合时要做到：迅速、肃静、确实、完整、安全、便于行动。

# 第三节 行军与宿营

吃、住、藏、打、行是军人的几项基本活动。行军作为重要的军事活动，是经常性发生的。行军中，军人是如何做到迅速、隐蔽的呢？而休息时，又是如何保证安全而舒适的环境呢？

## 一、行军

行军是军队沿指定路线进行的有组织的移动，目的是转移兵力，争取主动，形成有利态势。按行军方式可分为徒步行军、摩托化行军及徒步与摩托化相结合的行军，按行军强度分可为常行军、急行军和强行军，按时间可分为昼行军和夜行军，按方向可分为向敌行军、背敌行军和侧敌行军。

徒步行军

### （一）行军组织准备

指挥员受领任务后，应在规定的时间内，有计划地做好行军准备。如时间紧迫，可在行进中不断组织和完善。

1. 传达任务，进行动员

指挥员在正确理解上级意图的基础上，适时召开支委会，传达上级行军命令和有关指示，明确所属各小队或人员担负的任务。科学计算时间，合理进行分工，做好行军准备。时间仓促时，应直接向所属人员传达任务，明确行军部署，进行动员。乘车行军时，还应加强驾驶人员的思想教育，使其具有高度的责任心，顺利完成驾驶任务。

2. 研究情况，拟制行军计划

指挥员应根据上级指定的行军路线，组织干部、骨干利用地图或沙盘，认真研究情况,重点分析行军方向上的敌情、地形、道路状况及其对行军的影响,拟制行军计划。

计划的主要内容:敌情判断结论;上级和本级的任务;行军队形的编成与行进序列;行军路线、行程,通过出发点、调整点的时间,大休息点到达的时间;友邻的行军路线(与本分队的距离);行军警戒、防护和伪装措施;可能出现的情况及处置方案;集合时间、地点,完成行军准备时限;指挥员位置及联络信(记)号。

乘车行军时,还应明确车辆分配、各车长及观察(联络)员、登车时间和地点等。计划经上级批准后,应迅速向全体下达行军命令。时间允许时,应组织装载训练。

### 3. 组织行军保障

特种(侦察)作战分队应根据敌情、任务、行军方式、地形、天候等情况,周密地组织行军保障。

(1)研究行军路线

行军前,应研究调查行军路线,了解行军道路、桥梁、河流、徒涉场情况。尤其在夜间能见度不良条件下行军,要熟记地形特征,做好利用地图、按方位角行进的准备。必要时,应找向导带路。根据实际情况,可组织排障组,准备好排障和抢修道路的必要器材。

(2)组织行军警戒和防护

指挥员应指定各车的对空观察哨和值班火器;制定伪装、灯火管制措施;规定行军纪律;明确遭敌核、化学武器和航空兵、炮兵火力袭击时各小队或人员的行动。

(3)组织通信联络

应以简易通信、运动通信为主。无线电台一般只收不发,只有在上级有明确指示或与敌直接接触或发生战斗的情况下才可发报或通话。

(4)做好物资器材准备

物资器材准备主要包括武器、弹药、器材、装具、给养、饮水、油料和药品等的准备。准备的数量应根据任务、行程、道路和天气等情况而定,以既能保证战斗、生活,又不过多增加负荷量为原则。通常携行粮食 3 日份(其中熟食 1 日份)和必要的饮水。

(5)组织技术保障

行军前,应检查车辆的技术状况,备足配件和随车工具,做好随坏随修准备。情况允许时,可利用当地兵站和地方修理场进行维修。

### 4. 检查行军准备

出发前,指挥员应认真检查物资(器材)携行、车辆技术状况和装载情况,督促所属人员按时完成行军准备,并将准备情况报告上级。

### 5. 组织设营组、收容组

设营组是指预先派往宿营地域进行宿营准备的临时性编组。在敌情顾虑较小的情况下,指挥员可提前派出设营组。其人员可由副职、司务长、保卫人员、炊事员、通信员和卫生员等组成。主要任务:在预定大休息及宿营(集结)地筹备粮秣、燃料和饮水,调查社情、疫情;选择和区分宿营(大休息)地域,明确停车点;派人引导本队,并向指挥员报告有关情况。

徒步行军时应设立收容组。收容组通常由一名军官、卫生员率领数名体质较好的战士组成,在本队后跟进,负责收容伤病员和掉队人员,并组织其跟进,根据情况消除路标。

## (二)行军实施

### 1. 准时集合出发

接到上级行军命令后,应迅速在指定地区集合,同时派出警戒分队(为防敌袭击和侦察而采取的警卫措施),检查各分队人员、武器、车辆、着装等情况,适时登车,按上级规定的时间准时出发和通过出发点。

### 2. 掌握行军路线、行军队形和行军速度

(1)行军路线

为了避免走错路线和迷失方向,应利用多种方法和手段掌握行军路线。在复杂地形和夜间行军时,可派一名军官加强前方尖兵的指挥,或由军官、骨干组成方向组,随尖兵行动。如发现走错路,应首先确定站立点,而后选就近路插向原定路线。如无把握,应立即返回原先走错的地点,再继续前进。

(2)行军队形

行军队形,应根据敌情、任务和道路状况而定。通常成一路或两路纵队沿道路一侧或两侧行进,指挥员通常在本队先头行进。按搜索组、前方尖兵、本队、后方警戒的序列行进。

前方尖兵:通常由一个班组成,主要担任前方警戒。派出的距离,昼间为500~700 m,夜间为200~300 m,乘车行军为2000~3000 m。

本队:由连的主力和加强分队组成。排与排之间的距离通常为25~50 m,乘车行军时应适当加大。

侧方(后方)警戒:在翼侧(后方)有敌情顾虑时,还应派出一个警戒组,在翼侧或后方担任警戒。

(3)行军速度

行军速度和一日行程应根据敌人的袭扰程度、行军队形的编成、人员的体质、移动工具及其技术状况、道路的数量及质量、驾驶员的驾驶技能、行军时间及水文气象等条件确定。

常行军,是按正常的每日行程和时速实施的行军。摩托化行军日行程一般为

150~250 km,平均时速昼间为20~30 km,夜间为15~20 km(在高速路等路况良好道路上摩托化行军时,速度视情加快);徒步行军日行程一般为25~35 km,平均时速为4~5 km。常行军应按时进行大、小休息,以恢复体力和保养车辆。

急行军,是以最快速度实施的行军,执行紧急任务时采用,应提高行军速度,减少休息时间。

强行军,是以加快行进速度和延长行进时间、减少休息时间的行军。通常在奔袭、追击、迂回、摆脱敌人或执行其他紧急任务时采用。一般要求徒步日行程50 km以上,乘车日行程300 km以上。

行军中,分队指挥员应根据情况适当调整行军速度。开始行军时,速度应稍慢,之后按正常速度行进。通过渡口、桥梁、隘口和道路交叉点等,指挥员应亲自指挥,防止拥挤、堵塞而耽误时间。通过后,先头应适当减速,以保持队形间距。掉队时,应大步跟上,不宜跑步,以免增大体力消耗,影响行军能力。

### 3. 适时组织休息

正确规定行军中的休息时间和地点,是缓解行军疲劳、保持行军能力、顺利实施行军的重要条件。摩托化行军时,小休息通常每2~3 h进行一次,每次20~30 min。徒步行军的第一次小休息,通常在行军30 min后进行,时间15~20 min,之后每行军1~2 h休息一次,每次10~20 min。

### 4. 果断处置情况

(1)临时改变行军路线时

指挥员应迅速命令分队停止前进,向各分队简要地明确新的行军路线。当前方有迂回路线能进入新的行军路线时,可仍按原行军序列从迂回路线进入新的行军路线;当已经超过通向新路线的路口,前方又无新的迂回路线,或迂回路线较远时,应选较宽阔的路段或空地作为调头点,组织一次调头进入新的行军路线。此时应变后方尖兵为前方尖兵、前方尖兵为后方尖兵。

(2)遭敌空袭时

应迅速离开道路,利用地形地物隐蔽。夜间行军时应严格管制灯火。根据命令,组织对空射击。如任务紧急,可增大各分队间隔、车距,加速行驶,快速通过。

(3)遭敌袭击时

指挥员应沉着冷静,立即判明敌情,迅速组织反击。如敌方兵力较弱,应展开必要兵力歼灭或驱逐之,主力继续行进,并将情况报告上级;如敌方兵力较强,应迅速就近抢占有利地形,掩护上级主力展开歼灭之;如误入敌方伏击区,应迅速展开,抢占有利地形,抗击敌人冲击,并迅速将情况报告上级,伺机向敌方的薄弱方向突围,或根据上级指示,协助主力歼敌。

(4)道路、桥梁遭敌人破坏或者遇到难以通行的地段时

应当绕行。无法绕行时,应及时组织抢修迂回道路,并报告上级。

## 二、宿营

宿营,是指部(分)队在行军、输送或战斗后的住宿,是分队离开常驻营房遂行各种任务中的临时住宿。目的是使分队得到休息和整顿,以便做好再次遂行各种任务的准备。

宿营以舍营、露营或两种相结合的方式进行。

### (一)选择宿营地域

宿营应保证休息安全和便于迅速投入战斗。宿营地域,必须具有良好的地形,便于疏散、隐蔽;有充足的水源,便于饮水、用水;有良好的进出道路,便于机动展开和迅速投入战斗;避开大的集镇、交通枢纽等明显目标,以便防空;避开山洪水道、油库、高压电源和易崩塌的危险地点,以免造成不必要的伤亡;避开严重的沾染地和传染区。宿营地域冬季应向阳避风,夏季应在阴凉避暑的地方。宿营地域的面积,营通常为6~8 $km^2$,连约为1 $km^2$,排约为0.4 $km^2$,班为0.05 $km^2$,连间距通常为300 m,排间距为30~50 m,班间距为20 m。

### (二)确定宿营部署

宿营部署是军队宿营时对兵力所做的区分和配置。其样式的确定,取决于当时的敌情、地形、宿营时间、宿营方式和行军序列等条件。在无敌情顾虑或敌情顾虑较小,宿营时间较短的情况下,连(排)通常在行军路线的两侧选择有利地点进行宿营;在敌情顾虑较大,宿营时间较长,或位于待机(集结)地域时,应尽可能离开行军路线,部署在便于隐蔽、便于警戒和便于展开行动的地域内。宿营部署还包括警戒部署,主要有观察报知勤务的派遣、班哨、步哨、游动哨、潜伏哨和警卫哨等。

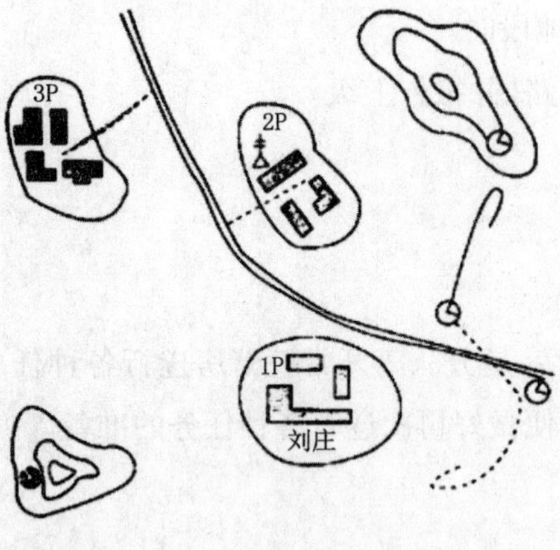


某步兵连沿行军路线宿营部署示意图

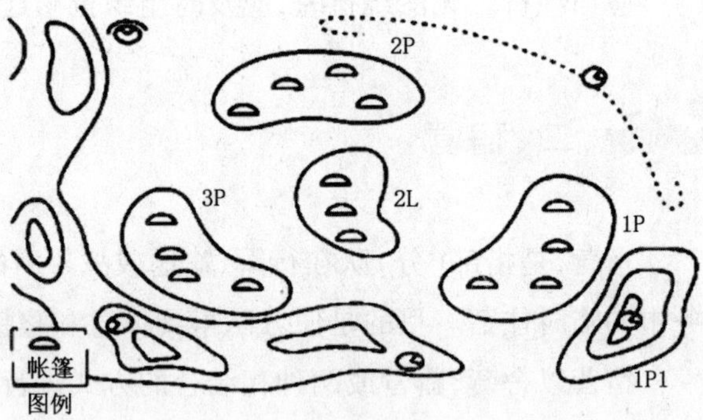


某步兵团离开行军路线宿营部署示意图

### (三)搭设帐篷、挖掘厕所

分队通常利用制式帐篷露营,若无制式帐篷,可利用就便器材如雨衣、雨布、树枝等架设简易帐篷。

1. 屋顶形帐篷

屋顶形帐篷是指将绳子拴在两棵树之间拉紧形成脊线,或者用锹柄、木棍等物做支柱,再用背包带连接两个支柱顶端,将两端延长,斜拉固定在地桩上形成屋脊样式,再将雨布等搭在脊线上形成两个屋顶坡面,坡面底边用石头压牢而成的帐篷,如下图所示。

屋顶形帐篷

2. 单坡面帐篷

单坡面帐篷是利用断墙、小坡等,将雨布的一边固定在墙或坡上,雨布的另一边固定在地面上所形成的帐篷,如下图所示。

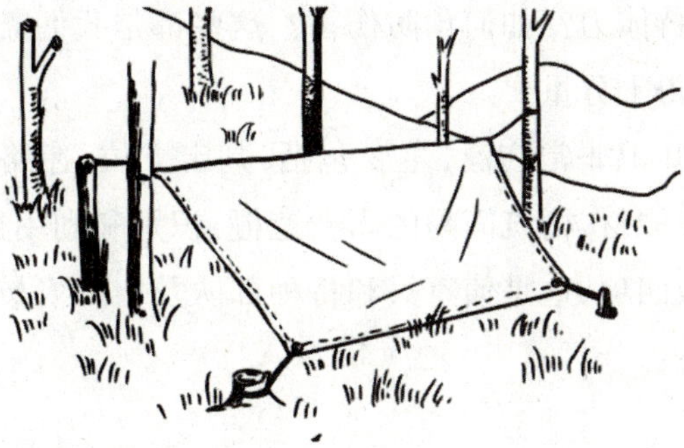

单坡面帐篷

3. 遮棚

在林中过夜，可以就地取材搭制临时遮棚，分单坡面遮棚和丛林遮棚两种。

(1)单坡面遮棚。搭制这种遮棚时，先选择两棵树做立柱，然后在距地面 1 m 处绑一横杆，横杆上斜搭(约 45°)若干后杆，后杆上再绑上两条横杆，再将树枝像铺瓦一样，一层层重叠地搭挂在支架上，遮棚的两侧用树枝遮堵，便搭制成一个临时遮棚。

(2)丛林遮棚。通常设置在便于排水的高地。在天气闷热时，高地也常有凉爽的微风。在丛林中可充分发挥创造性，利用树木、竹、藤、茅草、芭蕉叶并结合雨布等就便器材，搭制各种形式的遮棚。其基本方法是“先撑棚架后盖顶，围墙铺床同时行，最后挖出排水沟，铲除杂草把地平”。

4. 挖掘厕所

搭设帐篷后，应在宿营地域的下风处挖掘厕所。方法是首先挖掘一条宽 1 m、深 0.6 m 以上的长方形深沟，尔后在两侧或一侧长边挖蹲位，挖出的浮土可堆积在蹲位附近，以便随时掩埋排泄物。挖好后在四周围上雨布等遮挡。

### (四)组织休息、搞好管理

分队搭设完帐篷后，应迅速做饭吃饭、检查车辆、加油加水、擦拭武器、整理装具、补充弹药、准备器材、安排好伤病员、穿刺脚泡、修补鞋袜、烤晒衣服。军官要深入班、排检查督促分队尽快休息，加强查铺查哨。

## 第四节　野外生存

野外生存，即人在食宿无着的山野丛林中求生。野外生存不仅是军人常遇到的，也是一些探险爱好者和徒步爱好者常遇到的。野外情况复杂，生存条件恶劣，如何获取食物、水？如何休息好、保持体力？如何预防伤害？这些都是我们需要认真对待的，掌握必要的野外生存知识就显得十分重要。

野外生存所包括的知识非常广泛，主要包括：判定方位，迷路后的措施；猎捕动物和采食野生植物充饥；就地取材，构筑简易的露营遮棚；识别和利用草药救治伤病等。概括起来就是走、吃、住、自救四项，这是侦察兵和特种部队及空勤人员的必备知识，也是每一个军人应当了解的常识。

## 一、野外判定方向

### 1. 利用指北针

用指北针判定方位的准确性比较高。使用时将指北针平放，等磁针静止后，磁针涂有夜光剂的一端所指的方向就是所在位置的北方。

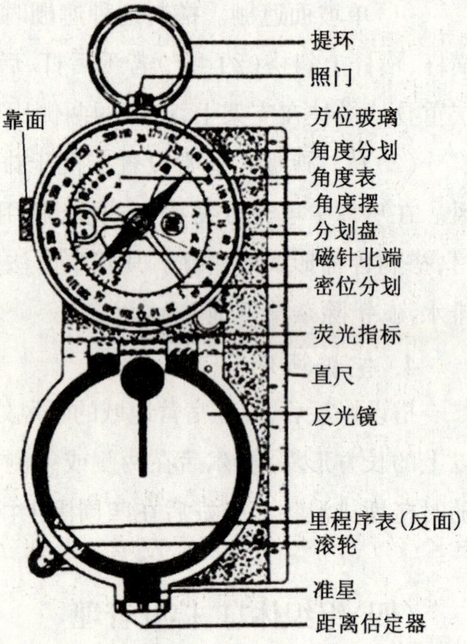

指北针的构造

### 2. 利用太阳

(1)利用太阳阴影判定

俗话说："立竿见影。"可以用一根直的杆子，使其与地面垂直，把一块石子放在直杆影子的顶点处(记为 A)，约 10 min 后，当直杆影子的顶点移动到另一个地方(记为 B)时，再放一块石子，将 A、B 连成一条直线，这条直线的指向就是东西方向，与 AB 直线垂直的方向就是南北方向，向太阳的一端是南方。依此法测定方向，直杆越高、越细、越垂直于地面，影子移动的距离越长，测出的方向就越准确。

(2)利用太阳和时表判定

动作要领归纳为：时间折半对太阳，"12"所指的方向就是现地北方(每日以 24 h 计)。

具体做法是：判定时，先将手表放平，以表盘中心和时针所指时数折半的位置对向太阳，则由表中心通过"12"向外延伸的方向就是现地北方。例如，在上午 8 时，应以"4"字处对向太阳，若为下午 5 时(17 时)应以"8 时 30 分"处对向太阳，则"12"字处向外延伸就是北方。

需要注意的是：利用太阳和时表判定时，应以当地时间为准。我国大部分地区都使用北京时间，即东经 120°的时间。由于经度不同，在北京时间内，各地所见的太阳的位置也不同，因此，在远离东经 120°的地区，应将北京时间换算为当地时间（以东经 120°为准，每向东 15°，将北京时间加 1 h，每向西 15°，减 1 h），然后按当地时间进行判定。回归线以南中午太阳过顶，此种方法和利用太阳阴影判定都不便使用。

3. 利用北极星

此方法适用于夜间。北极星作为正北天空中一颗闪亮的恒星，在夜间找到它，就相当于找到了正北方向。通常是依据北极星与其他星座的位置关系来找到北极星的。方法是：

（1）大熊星座主要由 7 颗较亮的星星组成，形状像把勺子，将勺端甲、乙两颗星的连线向勺口方向延长，约为两颗星间距 5 倍处的那颗星就是北极星。

（2）仙后星座主要由 5 颗星星组成，形状像字母“W”，在“W”的缺口方向，约为缺口宽度 2 倍处的那颗星就是北极星。

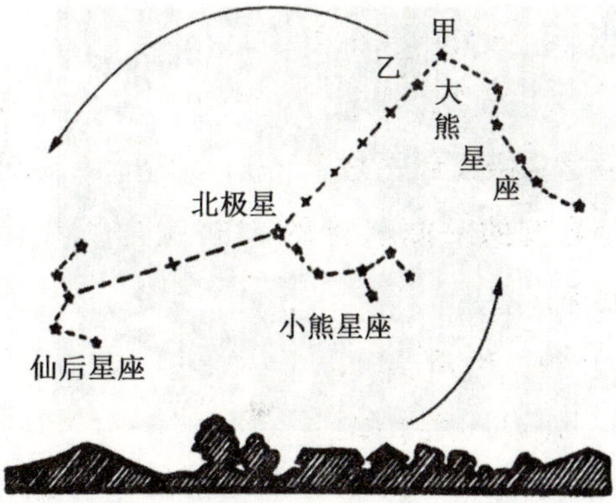

利用北极星判定方位

4. 其他判定方法

此外，在阴天和没有指北针、地图的情况下，我们应当学会利用自然界的一些特征和其他方法判定方向。

在自然界，有些地物、地貌由于受阳光、气候等条件的影响形成了某种特征，可以利用这些特征来粗略地判定方位。如独立生长的大树通常是南面枝叶茂密、树皮较光滑，北面枝叶较稀少，树皮粗糙，有时还长有青苔。砍伐后，树桩上的年轮北面间隔小，南面间隔大。

利用突出地面的物体，如土堆、土堤、田埂、独立岩石和建筑物等判定方位，一般南面干燥、青草茂密，冬季积雪融化较快；北面潮湿，易生青苔，积雪融化较慢。

我国大部分地区，尤其是北方，庙宇、宝塔的正门多朝南方，农村住房的正门一般也多朝南开。

## 二、寻找水源和鉴别水质

水是野战生存的重要条件。俗话说：“饥能挡，渴难挨。”水在某种程度上说比食物更重要。因此,觅水训练是野战生存训练的重要内容之一。

## (一)寻找水源的方法

### 1. 根据植物生长情况寻找水源

生长着香蒲、沙柳、马莲、金针(也称黄花)等的地方,水位比较高,且水质也好;生长着灰菜、蓬蒿、沙里旺的地方,也有地下水,但水质不好,有苦味或涩味,或带铁锈味。初春时,其他树枝还没发芽时,独有一处树枝已发芽,此处有地下水;入秋时,同一地方其他树叶已经枯黄,而独有一处树叶不枯黄,此处有地下水;另外,三角叶杨、梧桐、柳树、香柏这些植物只长在有水的地方,在它们下面一定能挖出地下水来。

茂林中的水源

在许多干旱的沙漠、戈壁地区生长着怪柳、铃铛刺等灌木丛的地表下 6~7 m 处就有地下水;有胡杨生长的地方,地下水位距地表面 5~10 m;芨芨草生长处地下水位距地表 2 m 左右;生长茂盛的芦苇的地方,地下水距地表 1 m 左右;如果发现金戴戴、马兰花等植物,便可判定下挖 1 m 左右就能找到地下水。

在南方,叶茂的竹丛不仅生长在河流岸边,也常生长在与地下河有关的岩溶大裂隙、落水洞口的地方。在广西许多岩溶谷地、洼地,成串或独立的竹丛地,常常就是有大落水洞的标志。这些落水洞有的在洞口能直接看到水,有的在洞口看不到水,但只要深入进去,往往就能找到地下水。

### 2. 根据动物、昆虫的活动情况寻找水源

绝大多数哺乳动物定期补水。草食性动物通常永远不会离水源太远,因为它们早晚都需饮水。留意跟踪动物的足迹经常会找到水源。肉食性动物饮水一次可以维持较长时间,它们可以在捕食其他动物时获取水分。所以,某地出现肉食性动物,并不一定在附近就有水源。

谷食性鸟类,如雀类和鸽类,是不会远离水源的。当它们径直低飞时,那一定是渴求水源。饮足水后它们会停在那里,从一棵树飞到另一棵,经常性歇息。密切留意它们的飞行方向,可能会找到水源。水鸟即便不停下来吃喝也能坚持长时间远距离飞行。它们的出现也不一定预示周围就有水。隼、鹰以及其他肉食性鸟类能从捕获物中得到水分,所以也不能作为有水的信号。

爬行类动物可以吮吸露水,也可从捕获的小动物中获取水分,即便无水也能生存很

长时间。

昆虫是很不错的水源指示者。尤其是蜜蜂,它们通常远离蜂巢或蜂房至多不超过 6500 m,但是饮水时间没有规律。蚂蚁也离不开水,一队向着一棵树行军的蚁群很可能是去地下蓄水池饮水。这样的蓄水之地即便在不毛之地也有可能找到。大多数昆虫会在水源半径 90 m 范围内不停地飞行。

另外,在地下水埋藏浅的地方,泥土潮湿,蚂蚁、蜗牛、螃蟹等喜欢在此做窝聚居;冬天青蛙、蛇类动物喜欢在此冬眠;夏天的傍晚,因其潮湿凉爽,蚊虫通常在此成柱状盘旋飞绕。

3. 直接从植物中取水

在南方的丛林中,到处都有野芭蕉,也叫仙人蕉。这种植物的含水量很大,只要用刀将其从底部迅速砍断,就会有干净的液体从茎中滴出。如果能找到野葛藤、葡萄藤、猕猴桃藤、五味子藤等藤本植物,也可从中获取饮用水。在春天树木要发芽之时,还可从山榆树等乔木的树干及枝条中获取饮用水。另外,还可以从芦荟、仙人掌及其果实中获取饮水。

注意:千万不要饮用那些带有乳浊液的藤或灌、乔木的汁液,有毒。从植物中获取的饮用“水”,容易变质,最好即取即饮,不要长时间存放。

## (二)采集水的方法

1. 雨水和雨露的收集

下雨时,可用雨布、塑料布大量收集雨水。用空罐头盒、杯子、钢盔等容器收接雨水,可放在干净的石头上,不要放在地上,若雨势较大,地面的泥会溅到接水的容器中。在雨露刚刚形成时,可以找一件吸水性强的衣服或布料做成布团,然后在草地上拖来拖去,这样就可以吸水;也可采集挂在树枝上的水滴和汲取岩石上的积水。布团吸足之后,再把水拧在容器里,虽然这是一种很累人的笨办法,但却非常行之有效。

2. 凝结水

植物根部可从地下吸收水分,但直接从地下取水很难,可以在一段树木的嫩枝叶上套一只塑料袋,通过叶面蒸腾作用会在袋内产生凝结水。

挑选健壮、枝叶浓密的嫩枝条。袋口朝上,袋的一角靠下,以便收集凝结水。或将一塑料薄膜覆盖在生长良好的植株上就可以收集到水分。蒸发作用产生的水汽上升与薄膜接触时遇冷,会凝结成水滴。将薄膜顶端收口并悬吊起来,或者用有弹性的垫棍

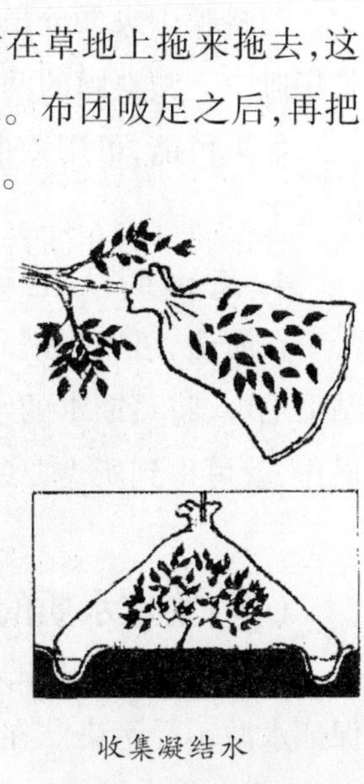

收集凝结水

支撑起来。凝结的水珠应让之沿着薄膜内壁流入底部收集皿中。不要让树叶触动薄膜，否则会碰掉凝结的水珠。

甚至将刚砍断的新鲜植物枝叶放在大塑料袋里，温度升高时，也会产生凝结水。用干净的石块垫在枝叶下面，以方便凝结水的收集。用石块使袋子绷紧，弹性垫棍支撑袋顶，这样以免枝叶触及袋面。塑料袋应微微倾斜使里面的凝结水珠顺着袋壁滑至收集点。当枝叶变蔫不再有很强蒸腾作用时，小心地再换上一批新鲜枝叶。

3. 日光蒸馏器

在地面挖一个大约宽 90 cm、深 45 cm 的坑。坑底部中央放一个收集皿，在坑上悬一条拉成弧形的塑料膜。光能升高坑内潮湿土壤和空气的温度，蒸发产生水汽。水汽逐渐饱和，与塑料膜接触遇冷凝结成水珠，下滑至收集皿中，这种方法适用于沙漠地区或者日夜温差相当大的地区。塑料膜比空气温度下降得更快，水汽凝结非常明显。此类蒸馏器在 24 h 内至少能收集 55 mL 水。日光蒸馏器也可用于从有毒或污染水中收集蒸腾凝结水。

蒸馏器收集水

塑料膜中央部分吊一石块确保塑料膜呈弧形，以便水滴能顺条滑至中央底部并落入收集皿中。塑料膜的两端也用石块压住。将收集皿固定，以免掉入陷阱的生物打翻它。

如果可能，可用一根吸管将收集皿里的水引入更低位置的容器里。这样就可不断地取水了。

4. 海水的淡化

在海边，可以用锅煮海水来收集蒸馏水的方法使海水淡化。煮海水时，在锅盖内侧贴上毛巾，将蒸馏水的水珠吸附在毛巾上，然后再拧在大贝壳或其他容器内。这样反复操作，就可得到所需要的淡水。

## (三)鉴定水质的方法

由于水在自然界的广泛分布和流动，特别是地面水流经地域很广，一般情况下难以保证水源不受污染。在野外没有检验设备时，我们可以根据水的色、味、温度、水迹粗略地鉴别水质的好坏。

1. 通过水的颜色鉴定

纯净的水在水层浅时无色透明,深时呈浅蓝色。可以用玻璃杯或白瓷碗盛水观察,通常水越清,水质越好,水越浑,则所含杂质越多。水色随含污情况不同而变化,如含有腐质呈黄色,含铁化合物呈淡绿蓝色,含铁或锰呈黄棕色,含硫化氢呈浅蓝色。

2. 通过水的味道鉴定

一般清洁的水是无味的,而被污染的水带有一些异味。如含硫化氢的水有臭鸡蛋味,含盐的水则带咸味,含铁较高的水带金属锈味,含硫酸镁的水有苦味,含有机物质的水有腐、臭、霉、腥、药味。

3. 通过水温鉴定

地面水如江河、湖(泊)的水温因气温变化而变化,浅层地下水受气温影响较小,深层地下水水温低而恒定。如果水温突然升高,多是有机物污染所致。另外,工业废水污染水源后也会使水温升高。

4. 通过水点斑痕鉴定

用一张白纸,将水滴在上面,晾干后观察水迹。清洁的水是无斑迹的,有斑迹则说明水中杂质多、水质差。

### (四)改善水质的方法

人员饮用的水必须经过洁净、消毒和改善,饮用水里的悬浮物和胶质物质越少越好。野外水源水质混浊有异味,不便直接饮用时,首先应辨别水中是否含有有毒的物质,一般情况下,有强烈异味的水是不宜饮用的,对一般水质较差的情况,可做净化处理。

1. 饮用水的消毒

水的消毒主要是杀灭致病微生物,主要方法有两种。

物理法:主要是将水煮沸消毒,这是一种既容易又简单而且比较可靠的消毒方法。

化学法:利用化学药品氯、碘、高锰酸钾、漂白粉、明矾、“69-1”型饮水消毒片等对水进行消毒。

2. 饮用水的洁净

净水药片净水。使用“69-1”型饮水消毒片处理浊水,可起到澄清灭菌作用,使用明矾可使浊水变清。将净水药片放入水容器中,搅拌摇晃,静置几分钟,即可饮用,可灌入水壶中存储备用。一般情况下,一片净水药片可对 1 L 的水进行消毒,如果遇到水质较混浊可用 2 片净水药片进行消毒。目前,军队大都采用此法在野外对水进行消毒。

碘酒净水。如果没有净水药片,可以用随身携带的医用碘酒代替净水药片对水进行消毒。每升水滴入 3~4 滴碘酒，如果水质混浊，则碘酒要加倍。搅拌摇晃后，静置的时间也应长一些，20~30 min 后，即可饮用或备用。

食醋(白醋)净水。如果以上消毒药物均没有，正巧随身携带有野炊时用的食醋(白醋也行)，也可以对水进行消毒。在水中倒入一些醋汁，搅匀后，静置 30 min 后便可饮用。不过水中会有些醋的酸味。

植物净水。将一些含有黏液汁的植物如仙人掌、霸王鞭、榆树皮等捣成糊加入浊水中，使用时在一桶水内放 4 g 左右植物糊，搅拌 3 min 后再静置 10 min，浊水即能澄清。植物净水，虽然絮状物沉淀时能除去部分细菌和微生物，但是没有消毒作用。因此，饮用水最好再加少许漂白粉消毒。如无漂白粉，加入几滴稀盐酸或碘酒，也能起消毒作用。

简易过滤净化器净水。将竹节一端堵节去掉，在另一端堵节上钻一个小孔，竹节内从下向上依次放较干净的石子、沙、土、木炭碎块做成过滤器，将浊水缓缓倒入竹节，小孔就能流出经过过滤的水。使用消毒片、漂白粉消毒后可以直接饮用。

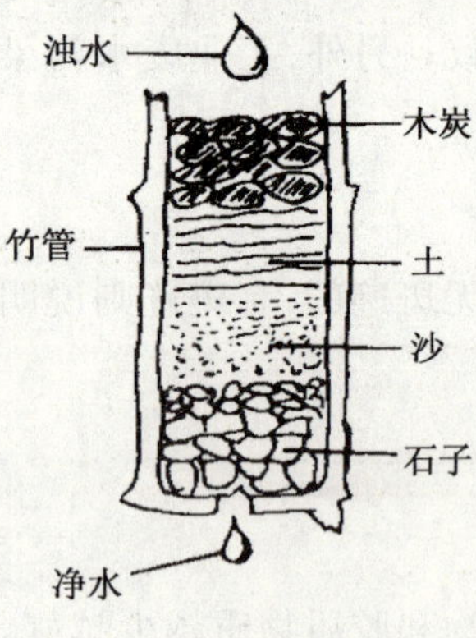

简易净水装置

注意：在水源紧缺的情况下，要合理安排饮用水，不要为一时口渴而狂饮。最初可以不喝水，或者仅湿润口腔、咽喉。当然，也不要勉强忍耐干渴，以致身体出现脱水症状。喝水要得法，应该采用“少量多次”的方法。在喝水时，一次只喝一两口，然后含在口中慢慢咽下，过一会儿感觉到口渴时再喝一口，慢慢地咽下，这样重复饮水，既可使身体将喝下的水充分吸收，又可解决口舌、咽喉的干燥。

## 三、识别和采集食物

可在野外寻觅的食物种类主要有野生植物和动物、昆虫、鱼类、藻类等。大部分野生植物、动物、昆虫、鱼类都可食用，只有少量有毒不可食用。

### (一)获取植物性食物

在各种野生植物里，有毒的植物种类不多，大部分野生植物均可食用。我国南方常见的可食用的野生植物有野果类、野菜类、蘑菇类、海藻类等。

1. 野果类

我国南方的灌木丛中生长有许多可食的野果。如：生长在低山丘陵常绿阔叶灌木丛中的桃金娘，山地落叶灌木丛中的山桃、胡颓子，石灰岩山地落叶阔叶灌木丛中的小果蔷薇，河谷落叶阔叶灌木丛中的余甘子、沙棘，沙地灌木丛中的山棘子、稠李等，以及山樱桃、山柿子、猕猴桃、酸藤果、茅莓、棠梨、坚果等。夏秋两季这些野果都可以生食充饥。

毡帽果

鼻涕果

石头菜

2. 野菜类

野菜也有不少，如无毒且美味的苦菜、蒲公英、小根蒜等，可生吃；无毒或无不良苦味的刺儿菜、荠菜、野苋菜、扫帚菜、扁蓄、鸭跖草等，需炒食或蒸食；对于一些具有苦涩味并可能具有轻微毒性的败酱、胭脂麻、水芹、珍珠菜等，需煮浸。

3. 蘑菇类

蘑菇（菌）在我国分布很广，是人们喜爱的一种食物，通常可食用的有香菇、草菇、口蘑、猴头菌、鸡枞菌等。蘑菇一般的吃法是炒食或作汤。

采食蘑菇要特别注意识别毒蘑。识别的方法：

（1）毒蘑多有各种色泽，而且美丽；无毒蘑则多呈白色或茶色。

（2）菌盖上有肉瘤，菌柄上有菌环和菌托的有毒；反之则无毒。

（3）毒蘑多生长在肮脏潮湿、有机质丰富的地方；无毒蘑则多生长于较干净的地方。

（4）毒蘑采集后易变色；无毒蘑则不同，不易变色。

（5）毒蘑大都柔软多汁；无毒蘑则较致密脆弱。

（6）毒蘑的汁液混浊似牛奶；无毒蘑则清澄如水。

（7）毒蘑的味道多辛酸苦辣；无毒蘑则很鲜美。

（8）煮蘑菇时，锅里放灯芯草同煮，煮熟后，如灯芯草变成青绿色，证明有毒；如果灯芯草呈黄色，则无毒。煮蘑菇时，毒蘑能使银器具变黑；如果加进牛奶，牛奶会马上凝固；如果放进葱，葱会变成蓝色或褐色。

4. 海藻类

海藻通常长在海岸和岛屿上，例如绿藻、红藻、褐藻等。海藻一般对人体无害，相反大多数海藻类对人体有益，人们常吃的紫菜即是其中之一。海藻易于采集，但应选择那些附着在礁石上或漂浮在水中的，海滩上的海藻因时间过长可能会腐烂、变质。

采食野生植物最大的问题是如何鉴别是否有毒。有人习惯于用有无怪味来判断是否能吃，这样很危险。有毒的植物不见得都有怪味，如马桑果，味甜，但毒性却很大。有毒植物通常有以下几个特点：

（1）特殊形态和色彩，如天南星的茎有斑纹。

（2）分泌带色的液体，如毛茛、回回蒜和白屈菜在损伤后分泌浓厚黄液体。

（3）具有不良的气味，如苦参、臭梧桐等。

## （二）获取动物性食物

所有的动物都可能成为潜在的食物来源。肉类食物比植物更有营养，而且在有些地方，肉类食物可能比植物类食物更容易获得。在野外可以吃的动物包括青蛙、老鼠、蛇、野兔、鱼等。但多数动物必须通过布置陷阱或直接狩猎才能得到。狩猎首先要知道动物的栖息地，掌握动物的生活规律。如秋天野猪经常在柞树林、红松林或林子附近的农田出没；野兔分布于全国各地，多栖息于山地、草原或有树的河谷中，白天不易遇到，多在夜间活动，主要啮食野草、蔬菜和树皮等。掌握了动物的习性和活动规律之后，便可因地制宜设法猎捕。

鱼

野兔

### 1. 设置陷阱

首先查看要捕猎的动物的足迹，一般在它们经常活动的路径上设置陷阱。其次是做好圈套或陷阱。设置规则：

（1）不要破坏原来的环境，不要踩踏猎物留下的足迹。

（2）隐蔽踪迹。构建和处理陷阱时别在周围留下明显的痕迹，如足印等。

（3）巧妙伪装。用泥巴掩好木桩的横截面，放在地表的绳索要加以掩饰，越自然越好，和环境越协调越好。

（4）保持陷阱强劲有效。如弹性绳套陷阱，即利用弹性的幼树设计的吊架可以把上当的猎物吊在空中。幼树越高，承受力越强，就越有效。先构建钩形扳机，钩在 b 的缺口上。将 b 竖立钉牢。a 上端拴在弹性幼树顶上，使之绷紧弯曲。如下图。

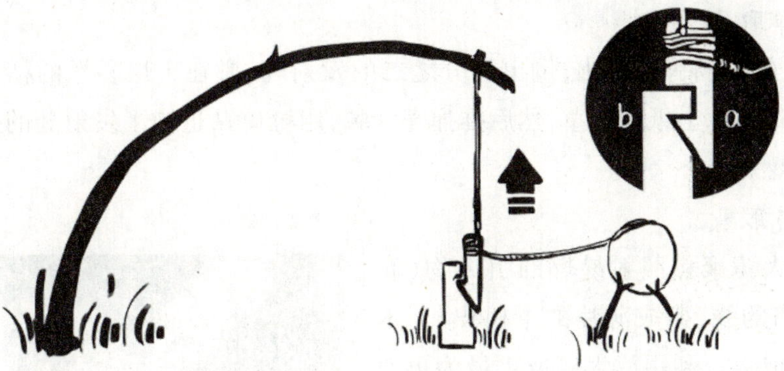


弹性绳套陷阱

2. 钓鱼

有湖泊的地方,就可能有鱼。钓鱼应选在风平浪静的水域。钓鱼的时机,一是夜里,凌晨左右;二是暴风雨来临的时候。钓鱼应有钓线、鱼钩、钩坠、浮子等,鱼钩可用针制作,或在海边寻找被丢弃的鱼骨和小硬木刺来制作临时的鱼钩。加工时,若无小刀可将贝壳打破,用贝壳的锐角细心刮制。钓线则可寻找韧性较强的蔓草制作。先将蔓草晾干,再用石块捶击使其柔软,捻成强韧的钓线,长度最好在 2~3 m。钩坠、浮子(鱼漂)可用子弹壳或小石子等重物代替钩坠(安放在距离鱼钩 10~15 cm),鸭、鹅、雁等禽鸟的羽毛管,松树和杨树的树皮以及玉米秆、圆珠笔芯都可以制成浮子。钓竿则可用任何一种柔韧的竹竿或树木的枝条代替。鱼饵通常用蚯蚓,实际上各种昆虫,如蜻蜓、蝗虫、牛虻等都可以做鱼饵。

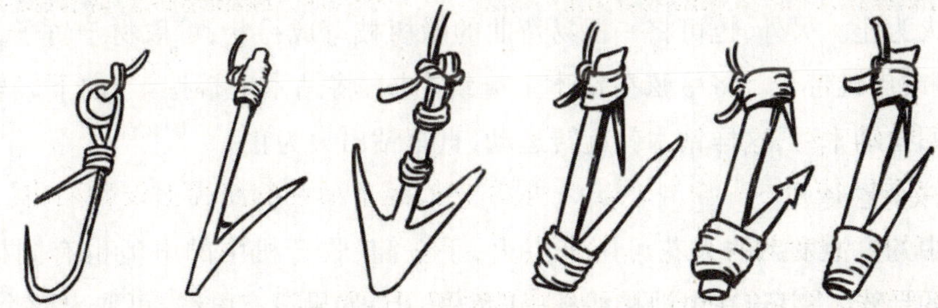

别针钩　荆棘钩　多重荆棘钩钉钩　骨钩　木钩

## 四、野外取火

火柴或打火机在野外生活中是不可缺少的。当迷失了方向,或来不及在天黑之前到达宿营地时,一盒火柴往往可以帮助人摆脱困境,甚至挽救生命。倘若火柴受潮或者打火机无气,还可用其他办法取火。

1. 枪弹取火法

取一枚子弹，将弹丸拔出，倒出三分之二的发射药，撒在干燥易燃的枯草或纸上，把弹壳空出的地方塞上纸和干草，然后推弹壳入膛，用枪口贴近撒了发射药的引火物射击，引火物即可燃烧。

2. 透镜取火

利用放大镜聚焦照射易燃的引火物（腐木、布中抽出的线、撕成薄片的干树皮、干木屑等），也可取火。利用放大镜取火最为迅速的是照射汽油、酒精和枪弹的发射药或导火索，可在1~2 s内点燃引火物。

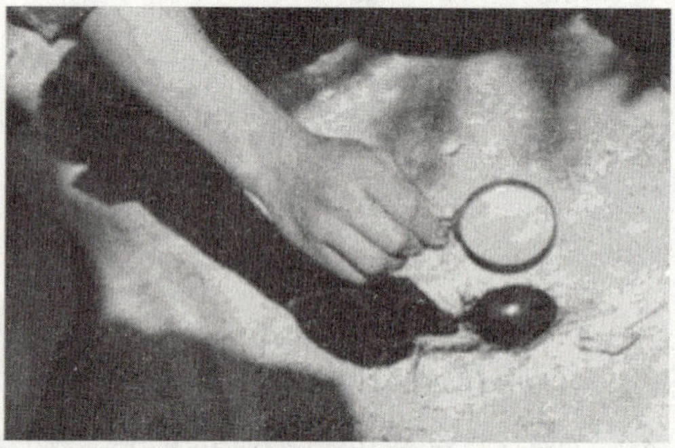
透镜取火

如果没有放大镜，也可用望远镜、瞄准镜或照相机上的凸透镜代替。冬季还可用透明的冰块磨制放大镜。

3. 钻木取火

钻木取火根据的是摩擦生热的原理。木原料本身较为粗糙，在摩擦时，摩擦力加大会产生热量，加之木材本身就是易燃物，所以就会生出火来。

具体做法是：首先找到合适的木材做钻板，干燥的白杨、柳树等都是不错的选择，因为它们的质地较软；再找到合适的树枝做钻头，相对较硬一些就可以。接下来把钻板边缘钻出倒“V”形的小槽，在钻板下放入一个易燃的火绒或者枯树叶，然后双手用力钻动，直到钻出火为止。另外，也可将一根易弯曲的嫩树枝弯成弓状，可取材于竹子，弓弦可用兽皮、细绳或皮靴带子。将弓弦在钻木上缠绕一圈，将钻木上端握牢，向下轻轻用力，另一只手来回拉动木弓，这样钻木就旋转运动，直至钻出火为止。

4. 电池生火

车辆中的电池发出的火花可用来点火，手电筒、收音机中的电池也有同样的功能。取两根长的导线，将其连在电池接线柱（正负极）上；如果没有电线，可取出两个扳手或其他金属工具应急。如果导线长度不够，可将电池从车中取出。将两根导线裸露的末端慢慢接触，在即将接触前会迸出火花，必须让它们落在引火物上。一小块沾了点汽油的布是最好的引火物。

## 五、野炊

食用各种野生动植物前，一般应利用炊具进行处理，主要的处理方法如下。

1. 利用就便器材和材料

煮，在野外可用石头、硬土块做架，或用铁丝挂吊器具。可用脸盆、罐头盒、多功能水壶等做器具。

烤，即将可食用的动物肉和根茎类植物块根用木棍等穿挂，放在火焰上或炭火中烤（烧）熟；鱼（不去鳞片）和块根应用泥土包裹后烤熟，然后剥皮食用；贝壳类动物可放在火堆下烤熟。

石煮，即先在地上挖个坑，先将在火堆中烤热的石块放于坑内，再将食物放在石块上，再盖上一层湿树叶、草和沙土，靠热的石块散发的热气将食物煮熟。

2. 构筑野炊灶野炊

当分队携带制式战备盆时，通常构筑野炊灶进行野炊。野炊灶是由灶膛、烧火槽、灶门和烟道组成的。

### 六、野外求救

夜间可在高处点火堆；白天可燃烟，在火上放青草就会发出白烟，每隔 6 min 放一次青草；在易被空中、地面发现的地方用石块摆放成“SOS”的求援标识，这是世界通用的求援信号；在草原上可用刀割或手拔出相应的求救标识；适时脱去与周围地物颜色相近的军装，露出白色或其他色彩鲜艳的衬衣；当发现我方救援飞机时，可用小镜子或指北针的反光镜照射救援飞机；在森林中，也可通过击打树木发出的声音与救援人员联络。

## 第五节　识图用图

不论是古代，还是现代，地图都是一件十分重要的工具。在抗日战争中，我国的地图不详细，导致在战争中很被动，这说明了地图的重要性。现代社会中虽然有电子地图，但如何利用地图为生活和工作服务，又是另一个问题。

### 一、地图基础知识

1. 地图的含义

地图是指将地球表面的自然和社会现象，按一定的数学法则，用特定的图式符号、颜色和文字标注在平面图纸上的图。地图是军队各级指挥员组织和指挥战斗行动所必需的,是部队官兵在行军和作战中的向导。

### 2. 地图的类型

地图的分类标准有主题、比例尺、制图区域、内容等。按主题内容可分为普通地图与专题地图。普通地图按比例尺不同可分为地形图与地理图。地图按政治行政区分类时,首先按国家进行分类,然后每个国家再按一级行政区划分,以此类推。按用途可分为军用地图和民用地图。民用地图可进一步划分为教育地图、科学地图与文化地图等。军用地图可进一步划分为战术用图、战役用图等。

### 3. 地图比例尺

图上某线段长与其相应实地水平距离之比叫地图比例尺。地球的表面积很大,要把它展绘在平面图纸上,就必须缩小比例。缩小时,地图上的长度与相应实地长度必须保持一定的比例关系,这种比例关系就是地图比例尺。

地图比例尺=图上长度∶相应实地水平距离=1∶N。

比例尺是一个无单位的量,分子通常用1来表示,分母是指地图缩小的倍数;比值大的,比例尺也大;比值小的,比例尺也小。一幅地图,当图幅面积一定时,比例尺越大,其图幅所包括的实地范围就越小,但图上显示的内容就越详细;相反,比例尺越小,图幅包括的实地范围就越大,但图上显示的内容就越简略。

通常,比例尺为1∶25000、1∶50000、1∶100000的地图称为大比例尺地图,适用于炮兵和部队计划组织战斗;比例尺为1∶200000、1∶500000、1∶1000000的地图称为小比例尺地图,适用于领导机关组织计划战役等。

### 4. 地图颜色

地球上地形的性质和种类多样,为了使地图内容层次分明、清晰易读,所以在地图上采用不同的颜色来区分。目前,我国出版的地图一般为四色地图。

四色地图中各颜色的作用

| 颜色 | 作用 |
|---|---|
| 黑色 | 居民地、独立地物、管线、道路、境界、森林符号和标注等 |
| 绿色 | 森林、果园等 |
| 蓝色 | 水系、雪山、等高线及其标注 |
| 棕色 | 地貌和等高线的高程注记 |

### 5. 地物符号

地物符号就是在地形图上结合注记表示地面上地物的图形符号。地面上的物体种类繁多,但是受图纸的限制,为了使地图简明、美观、便于识别,地物在地图上是按照《地形图图式》规定的符号和标注来表示的,这些符号称为地物符号。从使用的角度分,可概括为点状符号、线状符号和面状符号;按其比例尺特征,可分为依比例尺符号、半依比例尺符号、不依比例尺符号。根据地物符号,人们可以从地图上识别出地物的种类、性质和分布情况,分析它们在军事上的价值。

地物符号多数是按照地物的平面形状设计的,如居民地、公路、桥梁等符号的图形与实地地物的平面轮廓相似。有的地物符号是按地物的侧面形状绘制的,如树木、烟囱、水塔等符号的图形与实物的侧面形状相似。还有一些是按照地物的有关意义绘制的,如气象站、矿井、水井等,如下表所示。

| 图形特点 | 符号及名称 | | |
|---|---|---|---|
| 与平面形状相似 | 居民地  | 河流  | 公路、桥梁  |
| 与侧面形状相似 | 突出阔叶树  | 烟囱  | 水塔  |
| 与有关意义相应 | 变电所  | 矿井  | 气象站  |

定位点是指符号中表示地物真实位置的部位,下表所示的是不依比例尺表示的符号定位点。

| 定位点 | 符号及名称 | | |
|---|---|---|---|
| 图形中有一点的,在该点上 | 三角点  | 亭  | 窑  |
| 为几何图形时,在图形的中心 | 油库  | 独立房屋  | 发电厂  |

续表

| 定位点 | 符号及名称 | | |
|---|---|---|---|
| 底部宽大时，在底部中心 | 水塔<br> | 气象站<br> | 碑<br> |
| 底部为直角的，在直角的顶点 | 路标<br> | 突出阔叶树<br> | 突出针叶树<br> |
| 两个图形组成的，在下方图形的中心 | 变电所<br> | 散热塔<br> | 石油井<br> |

地物符号只能表示地物的形状、位置、大小和种类，不能表示其质量、数量和名称，因此需要用文字、数字作为注记。

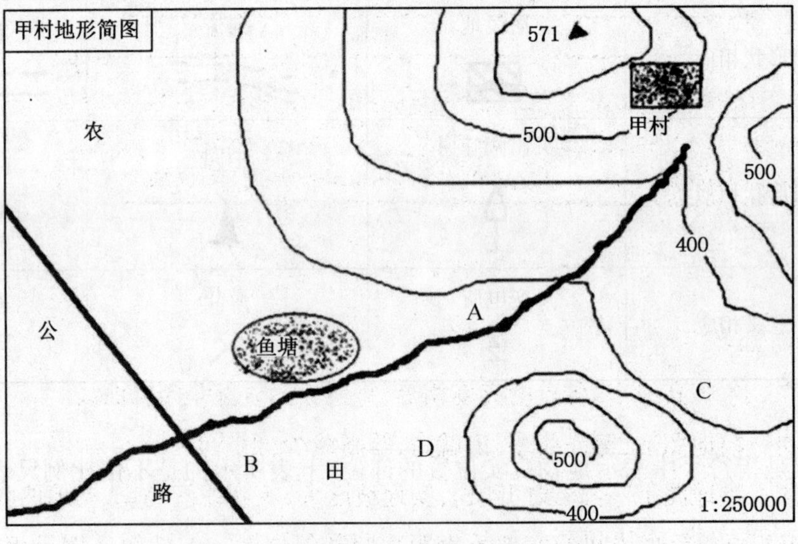

常用文字与数字标注

6. 地图在作战中的作用

(1)判定方位。即确定站立点和目标点在图上的位置，是现地使用地图的主要作用。

(2)地图与现地对照。即将地图上的地形符号与现地地物和地貌进行对应判断，目的在于确定地形和敌我关系位置，以保证实施正确的指挥。

(3)利用地图行进。军队行进的基本方法是利用地图选定行军路线，与现地对照，保证沿选定的路线到达预定地点。

## 二、地形判读

### (一)等高线

#### 1. 等高线显示地貌的原理

将一座山从低到高按相等的高度,一层层地水平切开,在山的表面就出现许多大小不同的截口线,把这些截口线垂直投影到一个平面上,就呈现一圈套一圈的等高线图形。所谓的等高线就是地面上海拔高度相等的各点连接而成的曲线。

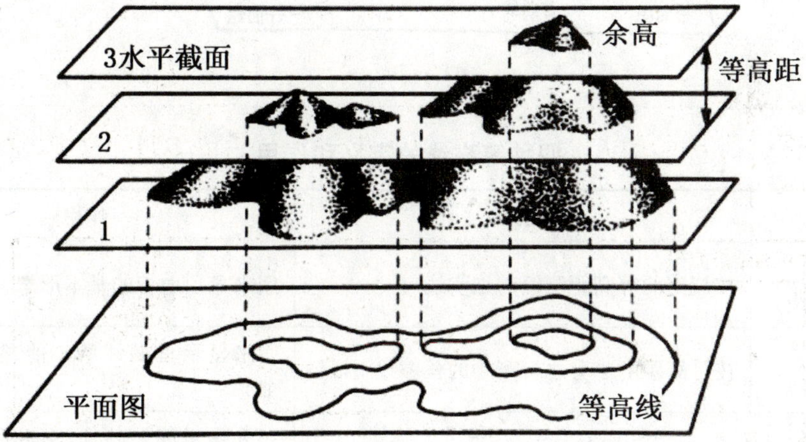


等高线显示地貌的原理

由上图可知:

(1)在同一条等高线上,各点的高度相等,每条等高线都是闭合曲线。

(2)在同一幅地图上,等高线多,山就高,等高线少,山就低。

(3)在同一幅地图上,等高线间隔密,实地坡度大,等高线间隔疏,实地坡度小。

其中,相邻两条等高线间的实地垂直距离叫作等高距。与地图比例尺相似,等高距的大小决定着地貌表示的详细程度。也就是说,等高距越小,等高线越多,表示的地貌就越详细,反之,则地貌表示越简略。下表所示的是我国基本比例尺地形图等高距的规定。

**比例尺与等高距对应表**

| 比例尺 | 1 : 25000 | 1 : 50000 | 1 : 100000 | 1 : 200000 |
|---|---|---|---|---|
| 等高距(m) | 5 | 10 | 20 | 40 |

## 2. 等高线的作用

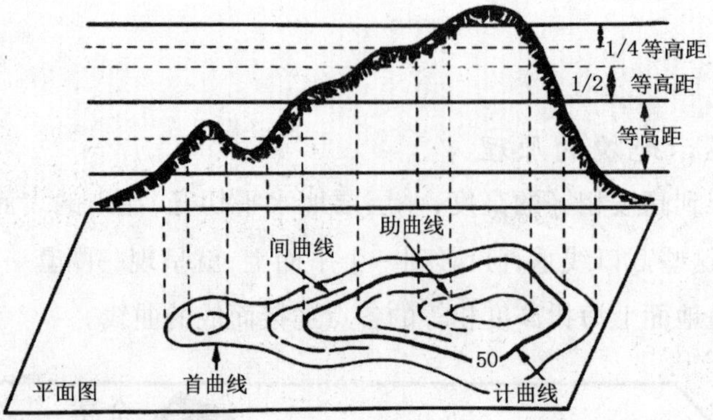


等高线的种类

**四种等高线的定义和作用**

| 名称 | 定义 | 作用 |
|---|---|---|
| 首曲线<br>(基本等高线) | 按规定的等高距测绘的细实线 | 用来显示地貌的基本形态 |
| 间曲线<br>(半距等高线) | 按等高距的二分之一测绘的长虚线 | 用来显示首曲线所不能显示的局部地貌 |
| 助曲线<br>(辅助等高线) | 按等高距的四分之一测绘的短虚线 | 用来显示间曲线所不能显示的局部地貌 |
| 计曲线<br>(加粗等高线) | 从高程起算面起,每逢等高距5倍处的首曲线描绘成的粗实线 | 便于在图上计算高程 |

## (二)地貌识别

### 1. 山各部位的形态

| 名称 | 山顶 | 凹地 | 山背 | 山谷 | 鞍部 | 山脊 |
|---|---|---|---|---|---|---|
| 现地<br>形状 |  |  |  |  |  |  |
| 图上<br>表示 |  |  |  |  | 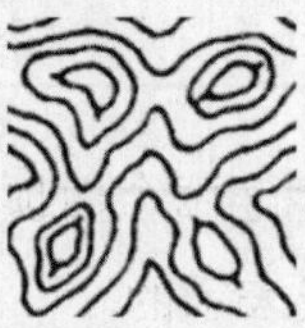 |  |

(1)山顶:山的最高部位。在图上是用一个小环圈表示山顶,环圈外通常绘有示坡线,用以表示斜坡方向。

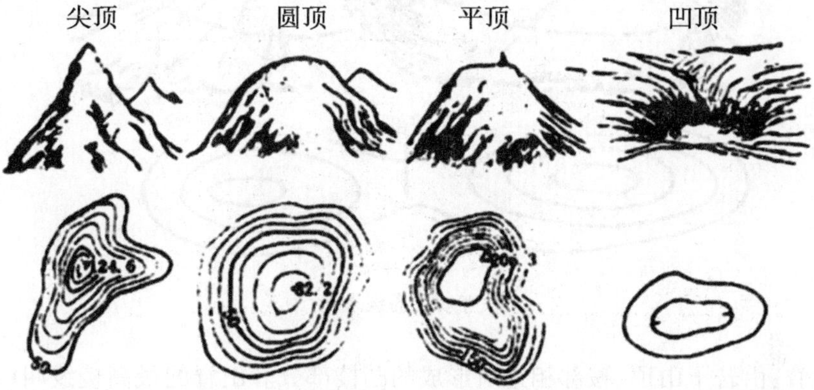


各种山顶的等高线表示

(2)凹地:比周围地面凹陷,且经常无水的地方。在图上是用一个或数个小环圈表示凹地,并在圈内绘有示坡线。

(3)山背:从山顶到山脚的凸起部分。在图上是用以山顶为准向外凸出的等高线表示山背。各等高线凸出部分顶点的连线叫分水线。

(4)山谷:两个山背或山脊间的低凹部分。在图上是用逐渐向山顶或鞍部方向凹入的等高线表示。各等高线凹入部分顶点的连线叫合水线。

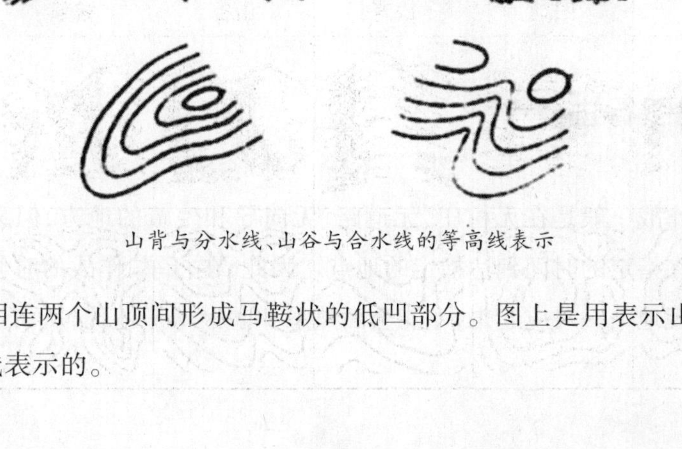


山背与分水线、山谷与合水线的等高线表示

(5)鞍部:相连两个山顶间形成马鞍状的低凹部分。图上是用表示山谷和山背的两组对称的等高线表示的。

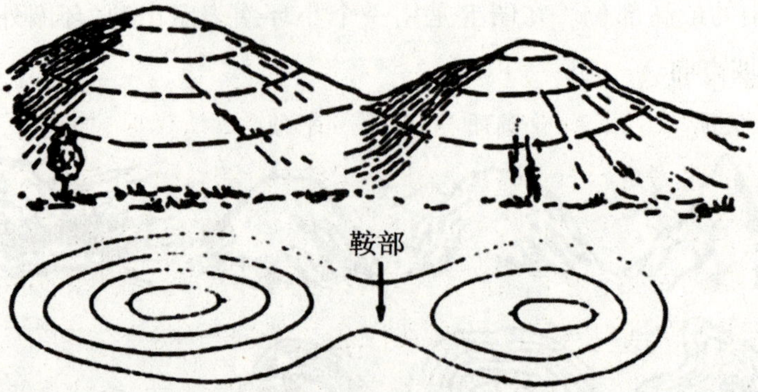


鞍部的等高线表示

(6)山脊:由若干山顶、鞍部相连所形成的凸棱部分。山脊的最高棱线叫山脊线。图上是由若干表示山顶和鞍部的等高线连贯起来表示的。

## 2. 地貌符号

虽然等高线显示地貌比较科学,但是由于有些地貌形态比较复杂、特殊,因此需要使用地貌符号来表示。

| 名称 | 冲沟 | 陡崖 | 陡石山 | 崩崖 | 滑坡 |
|---|---|---|---|---|---|
| 现地形状 |  |  |  |  |  |
| 图上表示 | 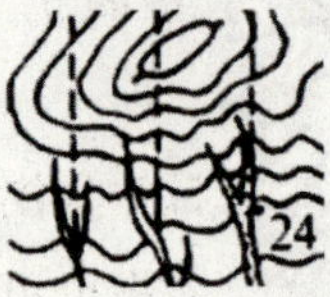 | 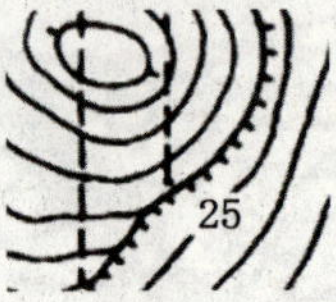 | 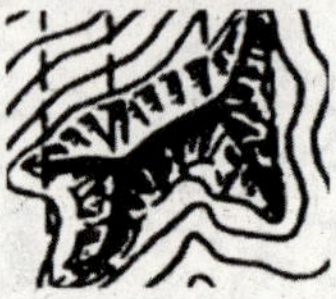 | 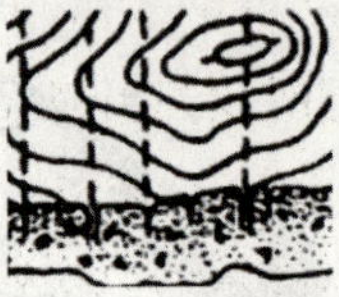 |  |

## 三、按图行进

军队行军、作战一般是在无村庄、无道路、无向导和生疏的地方,但又要求部队能够按指定的路线,在指定的时间到达指定的地点。因此,在行军、作战的时候需要现地使用地图,将地图与现地一一对应起来,才能全面熟悉和掌握地形情况,从而按照实际地形组织部队行动。

### (一)行进前准备

(1)选择行进路线。根据任务、敌情、地形和部队装备等情况在地图上选出行进的最佳路线。选择时应重点考虑与行动有关的地形因素和敌情。例如,越野行进时,每一个转弯处都要有明显的方位物;在夜间行进时,则要选择明显、不易变化的目标作为方位物。

(2)绘制行进路线图。将选定的行进路线和沿途方位物标绘在地图上,要求清晰、醒目,最好是按行进方向进行编号,以方便在行进中进行对照检查。

(3)量算里程、时间。在地图上量算各个行进路段的里程,并计算好行进时间。特别是行进路线起伏较大时,应考虑坡度对行进所用时间的影响。

(4)熟记行进路线。在行进前应熟记行进的路线。

### (二)地图与现地对照

将地图上的地形符号与现在的地物和地貌进行对应判断,目的在于确定地形和敌我关系位置以及发现现地和地图的变化情况,以保证实施正确的指挥。

#### 1. 标定地图

标定地图就是使地图与现地方位一致。主要方法有:

(1)概略标定。在现地判明方位后,将地图的上方(北方)对向现地的北方,地图即已概略标定。这种方法简便迅速,是现地使用地图最常用的方法之一。

(2)利用指北针标定。地图上有两个用黑点或圈标的南北两磁点,将这两点相连,即为磁子午线,指北针的直尺与磁子午线重合,然后转动指北针,使磁针指向北,这样就完成标定了。标定时要避开铁器,因为铁器会影响指北针方向。

(3)利用直长地物标定。直长地物就是又直又长的地面物体。在日常生活中比较常见的主要有直长的路段、铁路、高压电线、水渠、土堤等,利用这些直长地物也可以标定地图。使用这种方法的前提是我们位于直长地物上。在图上找到这段直长地物的地物符号;对照两侧地形,使地图和现地的关系位置概略相符;转动地图,使图上的直长地物符号与现地直长地物方向一致,地图即已标定。

#### 2. 现地对照地图

现地对照地图就是使地形图上各种地物、地貌和现地一一对应起来,这一步也是现地用图的基础。当对照某一区域地形时,通常先对照大而明显的特殊地形,再由近及远、由点到面或分段分片地进行对照。例如:在对照山地或丘陵地形时,可根据地貌形态、山脉走向,先对照明显的山顶、山脊,然后再顺着山脊、山背、山脚和山谷的方向进行对照;在对照平原地形时,可先对照主要的道路、河流、民居地和突出的建筑物,然后再逐点分片地进行对照。

### （三）按地图行进

按地图行进就是利用地图选定行军路线，再沿着选定的路线行进。这是地图的基本应用。在行进中，首先要做到“三明”：

（1）方向明：出发前，确定起点，在地图上标注，对照地形，明确行进的路线和方向。

（2）路线明：就是要将行进的路线和里程熟记在心。

（3）位置明：就是在行进中，要随时对照现地地形，明确所处的位置在图上的位置，特别要注意岔路口和转弯点，这样才能保证按正确的路线行进。

其次，要掌握好行进的速度和时间，按计划行进。在行进中还要做到“三勤”，即勤看、勤对照和勤观察。如果发现走错了，应立即停止，将地图与现地对照，明确方位后，重新回到正确的行进路线。晚上行进时，由于能见度低等缺点，应十分注意对照地图，以保证行进的正确性。

## 第六节　电磁频谱监测

### 一、电磁频谱

电磁频谱是指按照电磁波频率或者波长排列起来所形成的谱系。

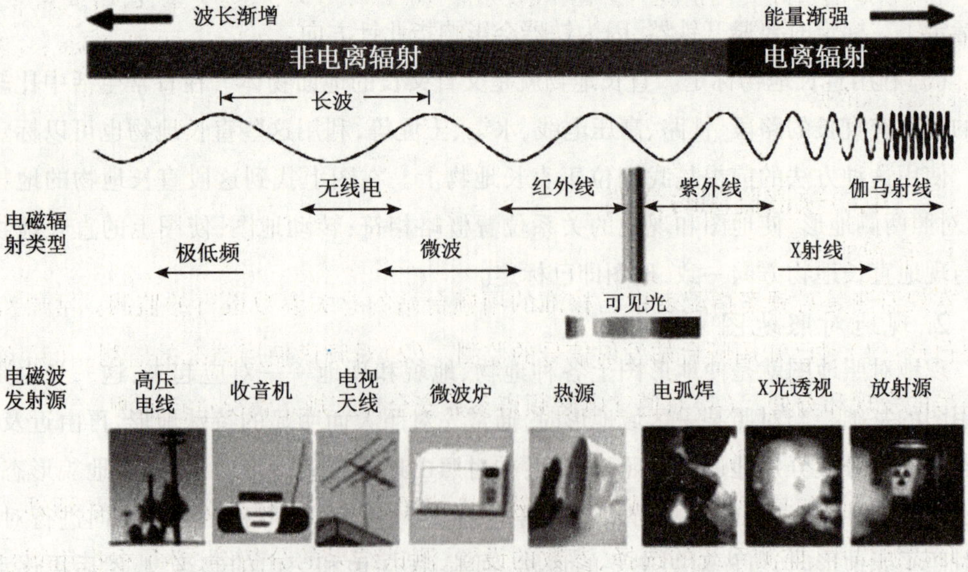


电磁频谱示意图

电磁频谱是一种自然资源，又是一种无形的特殊资源，是有限的、不可再生的战略资源，属国家所有。电磁频谱作为国家的公共资源，除一部分划给军队专用外，大部分都是军民共用，所以各国都十分重视，加以珍惜和充分利用。在军事上，电磁频谱既是传递信息的一种载体，又是侦察敌情的重要手段，因此成为交战双方争夺的制高点之一。随着军队信息化建设的高速发展，它已成为未来战场上影响战争胜负的一个重要砝码。

## 二、电磁频谱监测

电磁频谱监测，就是运用各种监测设备和技术手段，对空中电磁信号进行分析、识别和参数测量的过程。电磁频谱监测是对电磁频谱实施科学管理的技术手段，是电磁频谱管理中不可缺少的一个重要环节，并为干扰协调提供技术依据，为战时战场综合电磁态势的形成提供基础数据的技术支持。

### （一）电磁频谱监测的任务

电磁频谱监测包括对电磁信号的监听、测量、测向和定位，电台的识别和干扰查找等内容。其主要任务包括：通过测量和识别空中电磁信号的技术参数和特征，验证和监督合法用频台站的技术参数和操作特性，识别、验证并查找非法用频台站、设备产生的干扰，确保各类用频装备及其使用符合相关规定；记录有关干扰源、噪声等电磁环境，测量空中电磁频谱的实际使用情况，进行有关发射频率、发射功率、调制类型、占用带宽、占用度、场强的测量与系统分析等；结合频谱工程和电磁兼容分析，为频谱规划、频率分（指）配，提供技术依据。

### （二）电磁频谱监测的分类

1. 常规监测

常规监测是对频率指配表中已核准的用频台站的有关参数进行的监测。常规监测主要包括：（1）对已知用频台站发射信号的监测。（2）对频谱使用情况的监测。（3）对非法信号的发现和查处。（4）对遵守电磁频谱参数安全保密规定情况进行监测。

2. 电磁环境监测

电磁环境监测是对指定区域内的电磁环境按照相关技术标准进行监测的活动。在电磁环境测试中，监测系统的选择、参数的设置、测试结果的分析等，必须根据用频台站的类别和属性，严格遵循有关技术标准的要求。如对机场导航台站电磁环境监测必须遵守国标《航空无线电导航台站电磁环境要求》,对雷达站电磁环境监测必须遵守国标《对空情报雷达站电磁环境防护要求》。

3. 战场电磁频谱监测

战场电磁频谱监测是战时频谱监测部(分)队根据电磁频谱管理机构的指示、要求,为确保主战武器装备用频安全,规范战场用频秩序,全面掌握作战地域电磁态势而组织开展的频谱监测活动。战场电磁频谱监测主要包括:(1)对主战武器装备使用频率的监测。(2)对战场电磁态势的监测。(3)对战场用频秩序的监测。

### (三)电磁频谱监测的主要参数

1. 工作频率

主要测量电磁发射信号的中心频率,监测电磁发射信号是否工作在指配的合法频率上,以及频率容限是否符合有关标准的要求。

2. 工作带宽

电磁信号的带宽可用必要带宽和占用带宽来表示。必要带宽是指对给定的发射类别而言,在规定的条件下恰能保证传输信息,并能保证所要求的速率和质量的频带宽度。它是电磁频谱分析中最常用的参数。

3. 信号强度

空中电磁发射信号的信号强度可用场强或功率通量密度来表示。场强测量通常适用于1 GHz以下的电磁信号的测量,功率通量密度测量大部分用于1 GHz以上的电磁信号的测量。

4. 频谱占用度

频谱占用度是指在指定的测试时间内,指定频率或频段的信号强度高于指定阈值的时间与指定测试时间比值的百分数。获取频谱占用度数据就是检测信号出现与否,其实质是检测大于噪声电平或预制的门限电平的信号。

5. 无线电测向、定位

无线电测向和定位的目的是利用无线电测向设备确定任何电磁辐射的位置。

## 思考题

1. 行军时应该注意什么？
2. 宿营地如何选择？
3. 在野外如何辨别方向？
4. 在野外如何获得清洁水源？
5. 在野外如何生火？
6. 地图中的颜色有哪几种？它们各表示什么地物？
7. 等高线有哪几种？它们的作用分别是什么？
8. 按图行进的“三明”和“三勤”分别是指什么？

# 参考文献

[1]习近平.习近平谈治国理政[M].北京:外文出版社,2014.

[2]习近平.习近平谈治国理政(第二、三、四卷)[M].北京:外文出版社,2017,2020,2022.

[3]中共中央宣传部.习近平新时代中国特色社会主义思想三十讲[M].北京:学习出版社,2018.

[4]中共中央宣传部.习近平新时代中国特色社会主义思想学习纲要[M].北京:学习出版社,人民出版社,2019.

[5]中国军事百科全书编审委员会.中国军事百科全书(第二版)[M].北京:中国大百科全书出版社,2015.

[6]中华人民共和国国务院新闻办公室.新时代的中国国防[M].北京:人民出版社,2019.

[7]刘志辉.平易近人:习近平的语言力量(军事卷)[M].上海:上海交通大学出版社,2017.

[8]广西壮族自治区国防教育委员会办公室.广西爱国主义教育(国防教育)基地辑录[M].桂林:广西师范大学出版社,2017.

[9]国防大学战略教研部第一大学生军训教研室.大学军事理论与技能训练[M].北京:国防大学出版社,2015.

[10]李国强.新时代　大视野——大学生国防教育教程[M].北京:航天工业出版社,2018.

[11]《党的二十大报告辅导读本》编写组.党的二十大报告辅导读本[M].北京:人民出版社,2022.

铭谢:本教材部分短视频引自中国军网、央视网等,特此铭谢!

# 附录　推荐学习资源

## 一、军事著作

孙武《孙子兵法》
毛泽东《毛泽东军事文集》
夏征难《外国军事名著精要》
拿破仑《拿破仑日记》
克劳塞维茨《战争论》
图哈切夫斯基《大纵深战役理论》

## 二、纪录片、电影、电视剧

纪录片《强军》
电影《建军大业》《红海行动》《四渡赤水》《古田军号》《金刚川》
电视剧《士兵突击》《跨过鸭绿江》